市场营销理论与实务前沿丛书

PSYCHOLOGICAL CONTRACT VIOLATION AND RETAIL

BRAND EQUITY

心理契约违背
与
品牌权益

刘俊清 著

经济管理出版社
ECONOMY & MANAGEMENT PUBLISHING HOUSE

图书在版编目（CIP）数据

心理契约违背与品牌权益 / 刘俊清著 . —北京：经济管理出版社，2021.1
ISBN 978-7-5096-7690-5

Ⅰ.①心… Ⅱ.①刘… Ⅲ.①商业心理学—关系—品牌营销—研究 Ⅳ.① F713.55 ② F713.3

中国版本图书馆 CIP 数据核字（2021）第 020536 号

组稿编辑：王光艳
责任编辑：魏晨红
责任印制：黄章平
责任校对：王淑卿

出版发行：经济管理出版社
（北京市海淀区北蜂窝 8 号中雅大厦 A 座 11 层　100038）

网　　址：www.E-mp.com.cn
电　　话：（010）51915602
印　　刷：唐山昊达印刷有限公司
经　　销：新华书店
开　　本：720mm × 1000mm/16
印　　张：15.75
字　　数：296 千字
版　　次：2021 年 5 月第 1 版　2021 年 5 月第 1 次印刷
书　　号：ISBN 978-7-5096-7690-5
定　　价：68.00 元

·版权所有　翻印必究·

凡购本社图书，如有印装错误，由本社读者服务部负责调换。

联系地址：北京阜外月坛北小街 2 号
电话：（010）68022974　　邮编：100836

目　录

第一章　绪　论 ··· 001

第一节　研究背景 ··· 003
一、理论背景 ··· 003
二、现实背景 ··· 006

第二节　研究问题及目的与意义 ·· 011
一、研究问题 ··· 011
二、研究目的 ··· 012
三、研究意义 ··· 014

第三节　研究内容与研究框架 ·· 016
一、研究内容 ··· 016
二、研究框架 ··· 018

第四节　技术路线与研究方法 ·· 019
一、技术路线 ··· 019
二、研究方法 ··· 019

第二章　文献综述 ·· 021

第一节　心理契约违背 ··· 023
一、心理契约 ··· 023
二、心理契约违背 ··· 034

第二节　零售商品牌权益 ·· 042
　　一、品牌权益及其测量 ·· 042
　　二、零售商品牌权益 ·· 049

第三节　顾客信任与顾客价值 ··· 051
　　一、顾客信任 ·· 051
　　二、顾客价值 ·· 062

第四节　负面情绪与服务补救 ··· 067
　　一、负面情绪 ·· 067
　　二、服务补救 ·· 070

本章小结 ··· 073

第三章　理论框架与研究假设 ··· 075

第一节　理论基础 ··· 077
　　一、归因理论 ·· 077
　　二、线索利用理论 ·· 079
　　三、购物体验理论 ·· 080
　　四、社会交换理论 ·· 081

第二节　概念模型 ··· 082
　　一、顾客心理契约违背的直接作用 ····································· 083
　　二、中介变量及相互间的作用 ··· 083
　　三、服务补救的调节作用 ··· 084
　　四、概念模型 ·· 085

第三节　研究假设 ··· 085
　　一、心理契约违背的直接作用假设 ····································· 085
　　二、顾客心理契约违背作用于零售商品牌权益的中介变量假设 ·········· 089
　　三、中介变量之间相互作用假设 ······································· 091
　　四、服务补救的调节作用假设 ··· 093
　　五、人口变量、行为变量对顾客心理契约违背感知差异假设 ············ 096
　　六、研究假设归纳 ·· 096

目录

第四节　研究设计 ·· 098
　一、量表设计 ·· 098
　二、问卷设计 ·· 103
本章小结 ··· 104

第四章　顾客心理契约违背量表的开发与检验 ········· 105

第一节　已有的顾客心理契约量表 ·· 107
　一、二维结构量表 ·· 107
　二、五维结构量表 ·· 108
第二节　顾客心理契约违背的量表开发 ····································· 110
　一、量表开发构思 ·· 110
　二、访谈设计 ·· 112
　三、结果的处理 ·· 113
　四、测量项目的开发与量表形成 ·· 117
　五、预调研与测量题项净化 ·· 119
第三节　心理契约违背量表的正式检验 ····································· 132
　一、样本数据的基本描述 ·· 133
　二、信度检验 ·· 134
　三、效度检验 ·· 135
本章小结 ··· 143

第五章　数据分析与假设检验 ·································· 145

第一节　样本概括与分析 ··· 147
　一、样本数据基本描述 ·· 147
　二、数据正态分布检验 ·· 148
第二节　量表的信度与效度 ·· 151
　一、量表的信度检验 ··· 153
　二、量表的效度检验 ··· 153
第三节　探索性因子分析 ··· 155
　一、负面情绪、顾客信任、顾客价值与服务补救的探索性因子分析 ······ 155

3

二、零售商品牌权益探索性因子分析 ………………………………… 158

第四节　验证性因子分析 ………………………………………………… 160
　　一、中介变量与调节变量的验证性因子分析 …………………………… 160
　　二、零售商品牌权益的验证性因子分析 ………………………………… 162

第五节　模型拟合与检验 ………………………………………………… 163
　　一、相关性分析 …………………………………………………………… 163
　　二、调节变量回归分析 …………………………………………………… 169
　　三、结构方程模型（SEM） ……………………………………………… 171

第六节　人口变量、行为变量对顾客心理契约违背影响的差异比较 …… 178
　　一、性别特征差异分析 …………………………………………………… 178
　　二、年龄特征差异分析 …………………………………………………… 179
　　三、学历特征差异分析 …………………………………………………… 181
　　四、职业特征差异分析 …………………………………………………… 182
　　五、网购时间差异分析 …………………………………………………… 183
　　六、每月生活消费差异分析 ……………………………………………… 184
　　七、购买品牌的次数差异分析 …………………………………………… 186
　　八、不同价格感知的差异分析 …………………………………………… 187
　　九、购买品牌频率的差异分析 …………………………………………… 188

　　本章小结 …………………………………………………………………… 189

第六章　研究结论与展望 …………………………………………………… 191

第一节　结论与讨论 ……………………………………………………… 193
　　一、顾客心理契约违背内容与结构维度的研究 ………………………… 193
　　二、顾客心理契约违背对负面情绪的影响 ……………………………… 195
　　三、顾客心理契约违背对顾客价值的影响 ……………………………… 196
　　四、顾客心理契约违背对顾客信任的影响 ……………………………… 196
　　五、顾客心理契约违背对零售商品牌权益的影响 ……………………… 197
　　六、负面情绪与零售商品牌权益的关系 ………………………………… 198
　　七、顾客价值与零售商品牌权益的关系 ………………………………… 198

八、顾客信任与零售商品牌权益的关系 …………………………………… 199
　　九、服务补救在负面情绪、顾客信任、顾客价值与零售商品牌权益
　　　　之间的调节作用 …………………………………………………… 200
　　十、负面情绪、顾客信任、顾客价值中介之间的关系 ………………… 201
　　十一、人口统计变量特征、行为特征差异对心理契约违背的影响 …… 201

第二节　管理借鉴 ……………………………………………………………… 201
　　一、明确顾客心理契约内容，并注重维护 ……………………………… 201
　　二、充分利用心理契约加强客户关系管理 ……………………………… 202
　　三、针对服务失误，进行及时有效的补救 ……………………………… 203
　　四、加强对顾客情绪的管理 ……………………………………………… 204
　　五、高度重视顾客价值的提升 …………………………………………… 204
　　六、以情感维系与消费者的关系 ………………………………………… 204

第三节　研究局限及展望 ……………………………………………………… 205
　　一、研究局限 ……………………………………………………………… 205
　　二、研究展望 ……………………………………………………………… 206
　　三、理论贡献 ……………………………………………………………… 208

参考文献 …………………………………………………………………………… 211

附　录 ……………………………………………………………………………… 237

后　记 ……………………………………………………………………………… 243

第一章 绪 论

电子商务的发展使得线上零售渠道日益发展并完善,成为很多消费者青睐的购物渠道。显而易见,零售业态已发展成为线上线下多渠道发展的模式。线上线下多渠道协同发展极大地推动了零售市场的繁荣,其有传统单渠道经营无法企及的优势与绩效。线下渠道构建顾客忠诚主要通过面对面交流的方式,线上渠道则通过与顾客的互动、物流、退换货等服务方式构建彼此信任机制,消费者在这两个渠道中购物获得良好的购物体验。中国零售业已经步入了多渠道协同发展的轨道,渠道整合以形成协同效应成为零售商应对变革的必经之路。越来越多的消费者热衷于网络购物的便捷性,成交额逐年攀升,这对实体零售商而言不能不说是巨大的压力。面临人工成本和其他成本逐年上涨的压力,传统零售商不得不多条腿走路,线上线下资源共享,多渠道发展的模式已被提到了日程上。从理论角度来说,多渠道协同发展效应比单渠道要具有绝对优势,O2O模式已然成为零售商降低成本、吸引顾客、提升品牌权益的主要手段。多渠道零售是机遇,也是挑战,意味着人力、组织、资源等成本增加。于是,有效的渠道整合成为多渠道零售商青睐的模式。但是在现实生活中,有很多零售企业在多渠道发展的道路上并非一帆风顺,不仅未能将原有品牌效应扩大,反而出现了线上线下渠道的冲突与资源掠夺,多渠道零售商的经营绩效受到冲击，稀释效应出现。这也引起零售商的困惑：到底是渠道选择有问题还是整合策略出错了。通过文献的阅读发现，学者对上述问题均有不同看法。吴锦峰（2009）认为，多渠道零售商应该采取线上线下一致性原则来进行渠道整合，包括商品种类、价格、服务等都要保持一致性。Terbanche（2006）则认为，多渠道零售商在商品种类与信息资源等方面保持一致，而对客服务应有差异性，以体现线上线下渠道的差异并给顾客不同的体验。Roper（2007）主张，零售商采取渠道整合策略要持谨慎态度，因为渠道整合产生的协同效应会造成渠道之间具有极高的相似性，导致销量分流，单个渠道的销售受到影响；而一旦零售商采取互补的整合策略又容易造成渠道之间极具差异性，出现零售商渠道间形象不一致，使顾客难以形成品牌联想，使品牌权益受损。因此，提升多渠道零售商经营绩效的关键所在是，提高消费者对零售商品牌权益的感知，它能为零售商带来各种利益，而不是简单地将线上线下渠道并行发展。顾客在多渠道中购物的过程就是零售商履行契约的过程，也是顾客实现心理预期的过程。如果顾客心理契约得到满足，对零售商品牌的信任度和满意度随之提升，形成品牌忠诚，将更多的消费者吸引到该品牌下，使零售商品牌权益增强。而消费者一旦出现心理契约违背，又会如何影响零售商品牌权益呢？其路径如何？线下传统零售商在零售环境、营销手段等方面与线上店铺有着明显的差异，多渠道零售环境下如何实现顾客心理契约以提升品牌权益，使零售商获得较高的绩效成为当前理论界和实践中需要深入探讨的问题。

第一节 研究背景

品牌管理是企业塑造可持续竞争力的有效途径，它不仅可以为消费者带来实用价值，拉近品牌与消费者之间的情感距离，形成顾客忠诚，而且品牌还可以为企业带来可持续发展的动力。企业一旦拥有品牌，即使面临诸多不利因素，如原材料价格上涨、需求下降、经济低迷等，企业依然可以通过品牌带给消费者的信任和情感纽带获得较高的利润，使品牌权益不断得到保障且企业绩效实现最大化。品牌能够帮助企业在激烈的市场竞争中以较高的价格实现利润增长，不断进行品牌延伸与扩张以获取更多的市场份额，依靠良好的口碑获得更多消费者的信任和忠诚，使企业发展速度、销售额和利润率均有显著提升，品牌溢价能力也随之提高，推动品牌权益的不断增长。可以说，品牌是企业发展中的重要资产，它带给消费者的附加价值越来越多（王高，2004）[1]。随着多渠道零售的日益成熟，消费者对品牌的认知度以及商家对品牌的重视度日益提高，零售企业构筑强大的品牌权益迫在眉睫。

一、理论背景

（一）零售商品牌权益研究和实践的兴起

20世纪80年代后提出的零售商品牌权益是流行于营销界最具价值的概念之一，目前学术界对其概念的界定并未统一。在激烈的市场竞争中，构筑良好的品牌权益是企业生存发展的可持续动力，是品牌带给企业的附加价值与溢价能力及其他一切收益的体现（Keller，2003）。

零售商品牌与产品品牌之间的共性使得学者将产品品牌的研究成果广泛应用于零售品牌管理中，二者之间的差异性又要求零售业品牌管理有独特之处，需要差别对待。零售商品牌主要依靠消费者在购买前、中、后不同阶段的消费体验来形成对零售商品牌的认知，具有复杂性和多样性，这种认知会影响消费者对品牌的情感与信任程度，对品牌权益有重要

---

[1] 王高. 顾客价值与企业竞争优势 [J]. 管理世界，2004（10）：22-29.

影响。当前,品牌权益是衡量企业品牌化经营战略有效性的指数(Cobb-Walgren,1995)。很多学者在研究文献中开始不断使用零售商品牌权益的概念,并认为它与产品品牌一样都拥有资产(Keller,1998)。Farquhar(1990)是首位基于消费者视角阐释品牌权益的学者,认为品牌权益的重要来源就是消费者。Aaker(1991)认为,品牌权益不仅能够为消费者带来价值,增强消费者与企业之间的情感纽带,而且有利于企业绩效的提升。Kim(1990)认为,通过品牌营销能够推动顾客主动去感知、体验品牌产品,形成消费忠诚,最终产生购买行为,即形成了品牌权益。近年来,随着消费者需求日益多样化、市场竞争日趋激烈,加上人口老龄化、消费模式变化等因素导致零售商经营绩效增长缓慢,通过构建品牌权益来提升企业绩效成为首先要解决的问题。有部分零售商已经意识到品牌权益建设的重要性,并付诸实际行动去积极构筑且取得了良好的效益。而大多数零售企业未能全面认识品牌权益建设的战略意义,收效甚微。与此相伴的有关品牌权益的学术研究也才刚刚起步,成果不够丰硕,从理论支撑方面远远满足不了零售商品牌实践发展的需要。

(二)品牌关系具有心理契约的本质

品牌关系的本质就是企业与顾客之间建立的一份心理契约,是企业通过各种营销手段向顾客传递品牌的价值理念、企业文化以及企业承诺,顾客通过购买和体验品牌产品来感知品牌价值观以及企业承诺的履行程度(Roehling,1997)。企业在与顾客的互动过程中,既有正式的契约,也有隐性契约的存在。随着双方彼此的互动,正式契约往往成为附属,顾客与品牌之间的关系更多是靠隐性契约得以维持,它是内隐的,大家心知肚明或心照不宣地去维护,成为彼此信赖关系的纽带。一旦这份隐性契约遭到破坏,如产品质量缺陷或服务失误对消费者造成损害,或商家未按承诺履行责任义务等,顾客心理契约违背即会出现并伴随一系列负面影响。心理契约理论日益成为学者关注的焦点(余琛,2004)[①],心理契约违背现象频出,在组织行为学和市场营销领域成为广泛存在的现象(Herriot,1997)。

心理契约起源于社会交换理论,责任和义务被认为是交换关系的基础(Cox,1962;Berry,1983),心理契约则是对双方责任和义务履行程度的感知(Levinson,1962;Rousseau,1998)。20世纪90年代后,随着

---

① 余琛.四类不同心理契约关系的比较研究[J].心理科学,2004,27(4):958-960.

市场发展格局、劳动力市场变化,心理契约理论在企业管理中得到广泛应用,心理契约违背日益成为学界关注的焦点问题,很多学者(Turnley & Fekiman,1999;Oliver,1999;余可发,2011;魏峰,2005)都对心理契约违背进行了深入研究,发现心理契约违背可以引起组织公民行为下降(Restubog,2007);导致员工对组织的期望值下降、工作绩效下降、离职意愿增强(Turnley & Feldman,1999);导致员工工作满意度下降、组织公平感降低、离职倾向增加、企业绩效下降(Olson,1972);导致员工忠诚度降低、反生产行为增加等(李原、郭德俊,2002)。

随着理论界对心理契约理论的关注,组织行为学中雇员与雇主关系的研究逐渐延伸至营销领域,Louviere(1990)认为,心理契约的研究适用于个人与组织之间的各种关系,且对渠道双方意义重大。心理契约在营销情境中研究的是顾客与企业之间的关系,学者研究了其概念、特点以及心理契约满足与违背产生的后果对比等。罗海成和范秀成(2005)[①]探究了心理契约与顾客信任、顾客忠诚之间的显著关系路径。Pavlou 和 Gefen(2005)[②]经过研究发现,顾客对某一零售商的心理契约违背会扩展至对整个行业的负面感知,并会导致负面行为的出现。游士兵、黄静、熊巍(2007)深入研究了品牌关系中心理契约的形成及其主要内容。廖成林、李苗、石刚(2010)研究发现,心理契约违背会导致顾客的抱怨情绪增加、忠诚度下降,品牌负面口碑增加。罗海成、范秀成(2005)作为国内在心理契约领域开展研究比较早的学者,着重阐述了心理契约与顾客信任之间的关系及其影响机理;Pavlou 和 Gefen(2005)通过调查论证后发现,顾客一旦出现心理契约违背,必然对所购产品相关行业和卖家有片面的认识与看法,这种偏见会降低品牌的口碑宣传。Rousseau(1998)[③]指出,心理契约违背会增加顾客的购物风险,使顾客对网络商家的信任降低并延伸至对网络渠道的质疑,破坏性极大。陈明亮(2003)[④]认为,在顾企交易过程中,顾客购买商品希望得到使用价值,而企业出售商品希望得到价值,

---

① 罗海成,范秀成.基于心理契约的关系营销机制:服务业实证研究[J].南开管理评论,2005(6):48-55.

② Pavlou P. A., Gefen D. Psychological Contract Violation in Online Marketplaces: Antecedents, Consequences, and Moderating Role [J].Information Systems Research, 2005, 16(4):372-399.

③ Rousseau D. M. Psychological and Implied Contracts in Organizations [J].Employee Rights and Responsibilities Journal, 1998(2):121-139.

④ 陈明亮.客户重复购买意向决定因素的实证研究[J].科研管理,2003(1):111-115.

双方对彼此都有隐性且含蓄的期望，这就可以被视为心理契约。一旦出现心理契约违背，顾客会对企业产生抱怨。金立印（2007）论证了心理契约违背对消费者行为的影响，分别是抱怨、终止品牌合作、忍受沉默、转换商家等，并认为在心理契约的2个维度中，顾客更关注交易型契约的满足，关系型契约对消费者的购买行为和购后行为影响不是特别显著。此后，理论界越来越多地关注品牌关系及品牌忠诚，从产品属性、消费情绪、顾客介入度、购后感受等方面对品牌忠诚进行了探讨（Weiner，1979；Oliver，1980；Keller，2001；Jacoby，1978）。也有学者认为，品牌关系质量积极影响品牌忠诚，顾客对品牌的忠诚本质上是一种心理状态，是一份隐性契约（Kevin，2001；Holbrook，1996；常亚平，2009）。

随着零售业的发展，品牌管理的重要性不言而喻，如何维护与构建良好的企业—顾客品牌关系显得尤为迫切，特别是品牌关系中心理契约的内容、维度、影响机制等是当前研究的重点。虽然我国零售商品牌权益的研究刚刚起步，但是基于中国本土零售市场的特点和背景深入探讨心理契约违背对品牌权益的影响机制是本土化理论和实践的有机结合，具有深远的意义。

二、现实背景

（一）多渠道零售情境下，顾客心理契约违背现象频出

互联网的发展改变了人们的生活方式，也促进零售业发生巨大变革，传统零售商转战网络市场，渠道融合与整合势在必行，成为主流趋势。线上平台成为消费者与零售企业交流沟通的重要渠道之一。互联网络信息中心最新公布的统计报告显示，截止到2017年6月，我国网购消费者人数达到5.14亿，比2016年增长10.2%，其中使用手机移动客户端购物的消费者有4.8亿（见图1-1）。

多渠道零售的发展使得研究型购物者越来越多了，消费者选择的空间和余地大了，总是要线上线下不断对比，选择性价比高、质优价廉的商品。

线上购物渠道的便捷性、价格优势等，使手机移动终端越来越成为消费者喜欢的购物方式。然而，现实中往往更多地出现了消费者购物后心理契约违背的情形：本来在网页上看到的商品款式新颖、颜色鲜亮、质地满意，结果收到货后发现，商品的颜色暗淡、质地与成分标识不符、款式不满意、手感较差，甚至卖家曾经承诺的售后服务也未履行，这会造成顾

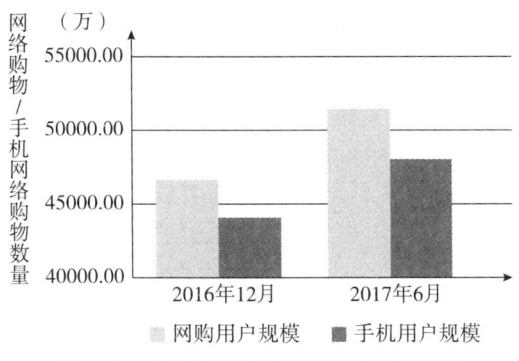

图 1-1 中国互联网络发展状况统计调查

客心里极大的落差,不满情绪随之产生。这时消费者会采取行动维护自己的权益,如投诉、和商家沟通索要优惠券或折扣、在评论区直接差评并告诫其他消费者勿买,消费者会通过这样的方式发泄自己心中的不满,也是对零售商不履行契约的惩罚,这会给零售商造成诸多的负面影响,使顾客对商家的信誉产生质疑,因不信任而终止购买或者转向其他零售商。此时,如果零售商能够及时主动地与顾客进行沟通,消除误会,或针对产品质量以及服务失误进行弥补,采取主动道歉、承担责任、有形赔偿、情绪安抚等措施,不仅会消除顾客不满,重新博取顾客信赖,而且主动诚恳的态度会让顾客的忠诚感更强烈,他们会在各种平台和渠道进行正面口碑的传播,这对品牌权益的提升有着莫大的帮助。于是就出现一个问题,同样是零售商没有履行承诺的责任与义务,顾客为什么没有终止购买行为或实施报复等措施,而是采取了原谅、继续信任和重购行为呢?这其实完全取决于零售商采取的补救措施调节了彼此的关系质量,为零售商赢得顾客信赖与忠诚起到了很好的缓和与促进作用。

营销情境下的消费者与商家之间的契约关系约束了彼此应尽的责任和义务。以前很多研究都是比较关注明文规定、明显的且具有法律效力的契约,对顾客与商家之间的隐性心理契约关注度不高。而现实中频繁出现的顾客对明文规定条款以外的责任和义务的感知,不断影响消费者行为,使消费者出现失望、愤怒、抱怨等负面情绪,甚至与企业产生纠纷。企业如果不加以重视,任由这种负面情绪和行为持续下去,会造成企业形象、经济效益、社会口碑等下滑。这些结果恰恰不是显性契约的影响,而是隐性心理契约在背后持续不断地影响着消费者心理和行为。于是,Roehling (1997) 为了解释现实中顾客与商家的隐性契约关系,在消费者行为领域引进了心理契约的概念。

随着多渠道零售的日益发展，在消费者行为领域中对顾客心理契约的研究非常有必要，并成为零售业买卖关系中极为重要的环节。首先，顾客对与商家签订的具有法律效力的显性契约了解并不多，但是顾客对商家应该承担的责任与义务却有着主观的感知和判断，这种感知和判断会影响顾客的购买行为以及购后的评价等。其次，商家即使违背了显性契约，也不能准确反映顾客的真实想法，而当商家并未违背显性契约，但是顾客仍然认为商家没有履行应尽的责任和义务时，就出现了心理契约违背。由此，顾客心理契约违背的概念被引入消费者行为领域，为解释顾客与商家之间的纠纷开创了全新的视角。尤其是在美容美发、餐饮等服务性行业，顾客在体验产品和服务之前并未与商家签订合同，但是双方彼此的隐性心理契约却在维护着顾企之间的良好关系，是对商家的期望与隐性契约履行度的感知，对商家不断改进产品与服务质量起到很好的促进作用，对双方关系的维系与破裂起到良好的解释作用。随着多渠道零售的发展，线上购物行为越来越多，贵重物品、小商品应有尽有，弥补了现实零售领域中商品供应种类相对匮乏的缺憾，满足了顾客的购物需要，顾客也乐此不疲地穿梭在各购物渠道体验购物乐趣。由于互联网购物的虚拟性特点，顾客与商家无法面对面交流沟通，导致顾客对卖家的责任与义务存在误解，一旦卖家没有按照顾客的期望或预期执行，顾客就觉得商家未履约，心理契约无法达成，这时心理契约违背就出现了，这种现象在现实生活中随处可见，负面影响越来越广，是日益困扰商家的问题之一。于是，对该主题的研究成为当前零售领域和消费者行为领域需要关注的焦点。

众多学者对心理契约违背的研究取得了丰富的成果，主要集中于组织行为学，营销领域则着重研究消费者心理契约违背出现的购买态度和购买行为的转变，现实中的行为特征在理论上得到印证，为零售企业制定发展战略和决策提供了参考，也为企业更细致入微地了解顾客需求提供了理论依据。随着理论研究的不断延伸，结合现实生活中心理契约违背给商家及顾客带来的危害，学术界开始关注心理契约违背的预防这一话题。

（二）零售品牌化已成为塑造零售企业竞争优势的新手段

多渠道零售的发展带来了前所未有的机遇和挑战，零售商要转变经营思想，走转型之路，才能适应日益变化的市场环境。面对消费者日趋理性的购物方式以及新科技带来的技术变革，多渠道零售商不得不以差异化的经营方式寻求新的增长点，另辟蹊径吸引顾客，提升顾客价值。传统的低价格营销策略以及激烈竞争中的效仿等手段，已不足以吸引更多的消费者关注品牌，首要问题就是维系顾客的品牌忠诚，实现品牌权益的最大化。于是，理论界和实践者都集中关注零售商最具市场价值的资源——品牌，阐述了品牌给零售企业带来的诸多竞争优势，它可以宣传企业、降低顾客风险感知、赢得顾客忠诚、获得更多的合作资源与渠道，更有实力地抵御市场竞争和冲击、树立差异化经营形象等。越来越多的零售企业希望公司的产品和服务走品牌化道路，以寻求更多的利润与市场空间。

在欧美，很多零售业走品牌化的经营之路已成主流，因为大家达成共识，零售品牌化是企业在激烈的市场竞争中的生存利器，是企业遭遇风险时的保护利器，是企业提升绩效的发展利器。以往的理论研究和现实经验表明，消费者独特而美好的购物体验往往发生在具有特定品牌的商店，而消费者也习惯于将某些喜好的元素与零售商品牌联系起来。品牌的独特性和品牌认知是很难被其他品牌替代的，它是推动零售企业在市场中走差异化经营道路的根本所在。长期以来，品牌化的经营道路不仅是零售企业追求的目标，更是营销领域研究的重要课题，它是企业决策者们思想的驱动力，更是企业可持续发展的源泉和根本。

（三）基于心理契约视角加强零售商品牌权益成为新的途径

零售企业品牌化的最终目的既是为了更好地服务于顾客，让他们买得放心，用得安心，无后顾之忧，又是为了实现企业利润的有效增长。品牌化的确能为企业带来可观的经济效益和社会效益，但是很多企业在构筑品牌的过程中一再失败，其根源在于品牌具有脆弱性，在顾客与品牌接触的过程中很容易受到外部或内部各种因素的影响而失去优势效应，使得顾客与品牌关系出现危机，顾客对品牌不再信任，产生质疑，甚至传播负面口碑直至更换品牌。探究消费者终止与品牌关系的原因，主要体现在以下两个方面：一是双方发生过不愉快的经历，使顾客出现了负面情绪、不信任等心理活动；二是消费者自身追求多样化，不断变化喜好、目标等，均会导致消费者更换品牌。由此可知，随着多渠道零售的日益发展，消费者在购物时面临多种选择，零售商们对消费者展开营销攻势招揽顾客，目的是将顾客维系在品牌之下，也成为企业可持续发展的决定因素之一。究其根源，消费者与品牌之间的关系本质就是心理契约，零售企业利用各种营销手段来宣传本企业的企业文化以及对顾客的各种承诺，消费者购买产品的过程即服务体验的过程，通过与商家的接触互动来感受企业的文化、价值观以及顾客认为企业应尽的责任和义务。因此，Roehling（1997）认为，品牌的本质就是企业与消费者之间达成的心理契约，是隐性的，根植于彼此心理和精神层面，它的实现与否关系到品牌关系的存续与断裂。虽然，品牌与顾客在建立良好关系时一般会有正式书面的契约作为交易基础，但很多时候顾企关系的好坏与交易契约关系不大，有时甚至会成为彼此关系的附属。品牌与顾客关系的实质其实是内隐的、双方心理活动的结果，是依靠大家心知肚明的隐性契约来维系的，这是品牌长期营销努力的结果，也是企业极力在维系着与顾客之间心理期望的动态平衡，良好的品牌不但能扩大企业知名度和美誉度，促进绩效增长，而且有助于增强顾客凝聚力，实现真正的顾客忠诚。

  零售商品牌权益是品牌带给零售商的可被顾客感知到的额外价值，对零售企业的推动作用显著，零售商可以利用品牌有效地区别于竞争对手，实现差异化经营来提升绩效。零售行业竞争日益激烈且同质化现象越来越多，对立足于创新经营的企业来说是巨大的挑战，而品牌之路、差异化经营成为企业制胜的法宝，可以将企业的价值观、发展思想和理念传达给忠实的消费者，带给消费者独特而强烈的联想，在众多的品牌中脱颖而出，形成积极正面的口碑效应和消费态度，品牌权益随之提升（范秀成，2000）。当前，零售商普遍认识到品牌权益带给企业的巨大推动作用并全力去构筑，对于消费者，品牌更是放心、信心和权益的保障，也是企业对顾客的隐性承诺。尤其在网络购物平台，其最大的特点是虚拟性，消费者不能触摸、试穿、体验，对商品的判断难免有偏差，这个偏差既缘于自身的判断失误，也缘于商家对产品描述的不一致。此外，与商家不能面对面交流，利用旺旺等交流方式，在语气、语感等方面会产生理解歧义，加上退换货、物流等其他因素的影响，使得顾客对商家服务态度、服务质量、产品质量有偏见，加深了彼此之间的隔阂，心理契约违背现象极易出现。因此，线上线下购物均有特定因素引起顾客的不满，尤其线上购物风险感知较大，而品牌恰恰是让顾客安心、放心选择商品的决定因素。

  总而言之，多渠道零售的目的是为了开源节流，吸引更多的消费者感知品牌，实现品牌忠诚，逐步塑造品牌在市场的影响力。因此，零售商要想方设法来提高顾客对品牌权益的感知，进而让其产生持续不断且重复购买行为，以提高企业经营绩效。

第二节 研究问题及目的与意义

一、研究问题

梳理国内外文献可知，近年来，学者开始关注心理契约违背和零售商品牌权益的研究，且以国外学者为主，国内学者研究成果不多，尤其是在营销领域消费者行为方面的成果更不多见，处于起步阶段。在营销领域，零售商的产品靠质量取胜，消费者购买的不仅仅是产品，更多的是体验服务（是在舒适的环境中细致周到的服务），给顾客带来美好体验，体验往往决定了顾客的品牌联想与购买倾向。有时候产品质量等没有问题，却也能产生顾客心理契约违背，顾客的心理感知和服务体验决定了对品牌的感知质量，这也是本书研究的关键点，以区别于其他领域的商家。

实体零售的特性决定了顾客与商家处理问题的方式，当顾客发现商品质量或服务方式有问题，顾客会当面指出并要求予以解决，这样处理问题及时有效。而网络零售的虚拟性特点导致商家与顾客无法面对面接触，当顾客出现心理契约违背时，少数人只是内心不满但仍继续光顾该商家，购买该品牌。但也有部分顾客会采取各种行动维护自己的权利，比如直接联系卖家实施抱怨并要求索赔（包括赔礼道歉或物质补偿），如果卖家解决问题的态度不当，顾客会在商品交易后的评论区给差评并提醒其他消费者谨防上当受骗等，还会向自己的亲朋好友等传播负面口碑，终止与该商家或该品牌的交易，甚至有的顾客还会通过法律渠道、消费者协会以及网络官方平台的客服进行投诉，要求合理解释与补偿。

根据现实生活中的情形，很多顾客在发生心理契约违背后并不直接联系卖家来解决问题，而是采取沉默或者向周围的人传播负面口碑的方式来宣泄自己的不满，这样的解决方式使卖家无法了解顾客的真实想法，无法正视自身存在的问题，更无法改进产品质量或服务质量，可能问题的遗留会给商家带来更严重的损害。因此，作为卖家应以积极、诚恳的态度与顾客多沟通、多交流，尤其是 VIP 顾客，对品牌与商家是有情感基础的，更应成为商家征询意见的重点群体，这样有助于产品和服务质量不断提升。卖家积极解决问题的态度，不管是物质手段还是赔礼道歉等方式均会安抚顾客的负面情绪，提高顾客对零售商品牌的信任度，从而增强零售商品牌权益。顾客一旦出现心理契约违背，其购买频率会明显降低，直接影响零售商利润，消费者对品牌的态度也会发生转变。当商品质量、商家服务、品牌信誉等方面出现问题时，消费者的心理契约违背会对零售商品牌权益产生显著影响吗？影响的机制如何？有哪些因素起到中介作用？哪些调节因素会起到缓和或促进作用呢？品牌权益是消费者对品牌态度、品牌情感、购买行为的外化表现，它是零售企业在激烈的市场竞争中占据一席之地的砝码，是决定品牌竞争力的关键因素，而目前学术界还没有人从顾客心理契约违背的视角探讨品牌权益。因此，本书试图对该问题进行研究，以期对零售企业发展、顾客关系管理有所裨益。

二、研究目的

目前在营销领域还未有学者探讨心理契约违背对零售商品牌权益的影响，二者之间的关系及对中间传导机制的研究较为匮乏。而心理契约违背恰恰是线上线下购物时频繁出现的现象，对消费者、零售企业均有深远的影响。本研究的目的就是想通过梳理心理契约违背、零售商品牌权益的概念及内容，研究其中的传导机制和调节机制，并深入探讨营销情境下顾客心理契约违背的量表及其测量，希望能为零售企业构筑与顾客之间的品牌关系提供理论及实证依据。具体研究目的如下：

（一）梳理品牌关系中顾客心理契约违背的内涵和维度

主要为了构建适合多渠道零售环境下的顾客心理契约违背量表。从20世纪60年代初管理学领域开始关注心理契约，逐步有很多学者对其定义做了阐述，尤其1989年Rousseau的著作给予了更为详细的阐述，被视作研究顶峰时期。杨杰（2003）、罗海成（2006）、张爱武等（2006）[1]、陈加州等（2001）[2] 等均对心理契约做了相关论述。由于心理契约量表在组织行为学领域比较成熟，但在营销领域，尤其是消费者行为方面的量表没有统一，学者都是根据自己研究的需求进行量表开发，本书在梳理文献的基础上，结合多渠道零售的特点给出心理契约违背的定义，并通过访谈、

---

[1] 张爱武，李锡元. 组织—员工雇佣关系与知识共享 [M]. 北京：经济管理出版社，2006.
[2] 陈加州，凌文栓，方俐洛. 心理契约的测量与评定 [J]. 心理学动态，2001（3）：253-257.

归纳演绎等方法得到心理契约违背初始量表，通过信度、效度、探索性因子分析和验证性因子分析等实证方法检验其合理性与可靠性。

（二）探究心理契约违背对零售商品牌权益的影响机制

梳理文献可知，诸多学者集中于研究心理契约违背的概念、内涵、理论模型，也有部分学者关注心理契约违背与顾客满意、顾客信任、顾客抱怨之间的关系机制。但是笔者认为，中间的传导机制应该细化，同时要关注调节机制。也就是说，顾客出现心理契约违背后，会有哪些反应？产生哪些后果？如何影响到品牌权益？难道所有的顾客心理契约违背均会影响品牌权益吗？如果不是，那么还有哪些因素会起到调节作用呢？为了回答上述问题，我们通过实证研究予以解释，希望能对零售商管理实践活动起到借鉴作用。

（三）研究顾客心理契约违背的各个维度与其他变量之间的关系

心理契约是动态变化的，且容易受到交易过程中多种因素的影响。本书在文献梳理和焦点小组访谈的基础上开发了顾客心理契约违背的量表，分为四个维度：基本规范型、人际关系型、交易利益型、社会情感型，并深入研究这四个维度与中介变量、因变量之间的关系，希望更加细致地探讨顾客心理契约违背出现的原因，使研究结果更加精确，为零售企业有效了解顾客需求、针对性地进行营销管理提供参考和依据。

（四）探查心理契约违背与品牌权益的关系，检验服务补救的调节作用

本书针对多渠道零售环境下顾客心理契约的需求机制提出合理化的管理对策，以指导实践。本书将隐性的心理契约违背相对明显化，增强零售企业品牌管理的针对性和有效性，使企业与顾客之间建立起切合实际的心理契约，我们希望探讨零售商品牌权益的形成机理，揭示影响零售商品牌权益变量之间的关系以及与结果变量的关系，为零售商建设品牌权益提供战略和策略借鉴。

三、研究意义

（一）理论意义

1. 扩展了心理契约违背的应用范围

心理契约概念最早是在组织行为学领域提出的，慢慢地演变成该领域的重要理论，是人力资源管理领域中重要的研究课题，后来随着对消费者行为的日益关注，心理契约及其违背现象日益受到重视，成为营销领域关注的重点。本书结合现有相关文献，结合营销领域和组织行为学中的成熟理论，将心理契约违背与零售商品牌权益有机结合起来，另辟蹊径解读品牌权益的构建与维护，而这方面的研究极为匮乏。

2. 明晰了心理契约违背影响零售商品牌权益的路径

本书通过定性与定量相结合的研究方法开发了营销情境下顾客心理契约违背的量表，确定了其内容与维度，对以往心理契约违背的研究是非常有意义的补充，并检验了心理契约违背四个维度对中介变量和结果变量的影响机制，对服务补救在中介变量和因变量之间的调节作用进行了假设检验。心理契约具有动态的特点，其违背过程也不是一蹴而就的。理论界和零售企业不仅要了解顾客心理契约违背形成的原因，更要对交易过程和购后行为的变化予以关注，尤其是顾客情绪、心理契约的变化，这对于深层次了解顾客心理契约违背形成的原因、影响及产生机制具有重要的意义。

3. 丰富了零售商品牌权益理论在营销领域的研究

从现有文献来看，对零售商品牌权益的研究大多是从静态的角度切入，以影响策略、商店形象等要素对品牌权益的影响研究为主，而从消费者与企业互动的视角进行心理契约方面探究的几乎没有。零售商品牌实际是服务品牌在零售渠道中的具体化，但二者也有差异，不能完全照搬服务品牌理论来研究零售商品牌。本书以多渠道零售为研究背景，结合服务品牌和产品品牌领域丰富的研究成果来进一步探究零售商品牌，并根据零售商品牌的不同内容和影响机理来构筑良好的品牌关系，实现企业绩效最大化，这是对传统品牌权益理论的扩展和提升。

（二）现实意义

1. 有利于现实生活中的现象找到理论支撑

从现实角度来看，顾客对零售企业的期望值较高，总是希望有独特的购物体验，然而频发的商品质量和服务质量问题，使顾客期望破灭，产生失望、愤怒等负面情绪，致使顾客对零售企业的信任感遭到背叛。尤其在电商发展如此迅猛的时代，网络购物的跨时间、跨地域、高互动、便捷性等特点吸引了众多消费者转移到线上渠道，线上渠道也成为传统零售商拓展业务的重要渠道。但是我们熟知的零售企业，如王府井百货、银泰百货、国美等在多渠道经营过程中，渠道的增多并没有带来效益的增长，这种困惑不得不引起理论和实践界的思考，提高零售商经营绩效才是企业发展的立足之本，长久之道。而最有效的办法是提高顾客对品牌权益的感知，让顾客感知到企业在竭尽全力地履行责任和义务，并按照承诺提供超出预期的服务，使顾客价值得到提升，信任感增强，品牌权益实现最大化。因此，顾客心理契约违背研究有助于零售企业更清楚地知道企业应该承担的责任和义务有哪些，哪些责任的不履行对顾客影响是最大的、顾客心理契约违背如何影响零售商品牌权益、通过哪些因素传导，这些理论上的验证足以为零售商提供决策参考和依据。

2. 有利于零售商更加重视顾客心理契约的满足

本书的研究结论揭示了顾客与品牌关系断裂的原因，除了缘于商品与服务质量出现问题外，还会受到消费者对零售商履行责任义务的程度感知，顾客在消费体验中的情绪、认知、价值感知等均会对品牌关系产生影响，同时也说明隐性心理契约对零售商品牌权益有着积极的影响，对企业绩效有着至关重要的作用。由于顾客与企业之间的关系在很大程度上受到隐性契约的影响，而明晰双方责任、义务对减少彼此认知偏差，提升企业管理水平具有重要意义。因此，本书对心理契约违背内容与维度的确定，能够积极推动零售企业更好地满足顾客需求，赢得顾客忠诚。即使出现心理契约违背，也要采取及时有效的补救措施来弥补，修复心理契约，实现企业绩效最大化。

3. 有利于零售企业构建长期竞争优势，提升品牌管理水平

与其他产品品牌的发展和管理水平相比，零售商品牌的经营管理水平仍很滞后，理论成果较少，而现实中具有国际影响力的零售品牌屈指可数。因此，对零售商品牌权益的问题进行深入研究有利于中国零售企业管理水平不断提升，推动其向国际化水平迈进。从顾客与企业之间的互动视角探讨品牌权益，能够为零售企业的发展提供具体思路、策略和方法，有利于塑造高品质的零售商品牌形象，构筑企业的优势竞争力，推动零售企业差异化经营并形成可持续发展动力。

4. 有利于零售企业加强顾客体验管理

零售企业在获取高绩效的同时更要为顾客创造价值，才能持久地维系与顾客之间的品牌关系。顾客价值能够直接或间接地影响到零售企业的经营绩效。多渠道零售商维系好与顾客的关系是至关重要的，这决定了企业产品的销量以及口碑和形象的塑造。老顾客对企业发展的重要性是不言而喻的，但是企业要想发展壮大，还需要不断吸引新顾客，而提升顾客价值感知是非常重要的环节。现实中很多零售企业未能全面理解顾客价值的重要意义，导致零售品牌化的发展受到阻碍。本书将顾客价值作为重要变量引入其中，并探究其与其他变量之间的关系，通过实证数据和结论能够让零售商更深入地了解如何增加顾客价值和顾客信任以减少顾客负面情绪。掌握了这些答案，企业也就知道如何满足顾客心理契约，实现顾客满意与忠诚，达到品牌权益最大化。

第三节 研究内容与研究框架

一、研究内容

西方学者主要从两个视角展开了对品牌权益的论述：一是企业层面，着重分析了品牌权益带来的溢价、超市场份额、超额利润、市场价值等（Simon & Sullivan, 1993; Mahajan, Rao & Srivastava, 1994），他们将品牌带来的效益的增量视为品牌权益。二是从消费者层面，着重分析了消费者对零售商品牌的认知、联想、态度等（Keller, 1993; Kevin, 2001），主要的代表人物是 Aaker（1991）和 Keller（1993）。Aaker（1991）将品牌权益定义为"与品牌名称、标识等相关的一切因素，通过产品或服务传递给顾客的价值"，他还提出了有关品牌权益的模型，包含十大要素。Keller（1993）基于消费者行为提出了品牌权益的定义，他认为品牌权益之所以有巨大的价值，是因为它不仅关系着零售企业的发展命脉，更关系到顾客在交易过程中的满意度，对顾客具有极高的价值，这个概念的解析为研究消费者行为提供了新的思路。汪旭辉、张其林（2015）认为，品牌权益是指顾客对零售商所做的一系列营销活动引起的感知上的差异，这种差异会影响顾客后续的购买决策和行为。零售市场的竞争日益激烈，产品同质化现象越来越多，差异化经营、塑造品牌特色、关注顾客契约满足是提升企业绩效之本。心理契约违背现象如何预防、零售商品牌权益如何构筑成为当前研究者关注的热点问题。本书内容安排如下：

第一章：绪论。介绍选题背景，主要从两方面进行阐述：理论背景和现实背景。从顾客心理契约违背现象频出的现实出发，阐述与顾客互动过程中构建高质量的零售商品牌权益是本书的研究目的，并说明此研究的理论意义和现实意义。介绍本书主要的研究内容、研究方法与技术路线等。

第二章：文献综述。着重对本书相关变量进行理论梳理、归纳，对核心变量心理契约违背和零售商品牌权益的概念、理论等进行详细阐述。在此基础上，对其他变量的概念、测量及与核心变量间的关系进行总结，梳理这些变量间的脉络关系，并对相关的国内外研究进行归纳，总结其有待进一步研究的地方，为后文的研究奠定坚实的理论基础。

第三章：理论框架与研究假设。构建心理契约违背对零售商品牌权益的影响模型。基于SOR理论、归因理论、线索利用理论、购物体验等理论（这些理论在消费者行为领域中的影响力比较大，权威性比较高，尤其是对消费者行为的预测比较具有代表性），梳理本书中几个关键变量的概念，总结出每个变量最具代表性和可靠性的测量量表。提出本书的假设，通过访谈和文献得到初始问卷，为后续的实证研究奠定基础。

第四章：顾客心理契约违背量表的开发与检验。随着多渠道零售的快速发展，对顾客心理契约违背内容和结构的研究成为热点。国外比较成熟的是组织行为学中对心理契约量表的开发，国内具有代表性的是罗海成的二维结构量表和游士兵的五维结构量表。本书在深度访谈和文献梳理的基础上，通过内容分析法总结出多渠道零售环境下顾客心理契约违背的四个维度，并运用实证分析法对四个维度及所包含的题项进行检验，删除不合理题项，对剩余的题项继续进行信度、效度、探索性因子分析、验证性因子分析等检验，最终得到符合本书研究情境的顾客心理契约违背量表。

第五章：数据分析与假设检验。本章着重对心理契约违背与负面情绪、顾客信任、顾客价值、零售商品牌权益间的影响关系进行实证检验。通过对问卷的纯化展开大规模调查，采用结构方程模型的统计方法检验了顾客心理契约违背及各维度对效果变量的影响；检验中介效应以及中介变量间的相互作用；检验了服务补救的调节效应；最后对人口统计变量和顾客购买行为特征对顾客心理契约违背的影响差异进行细致的分析与研究。

第六章：研究结论与展望。本章归纳总结本书的研究结论，得到管理启示和借鉴；指出本书存在的局限性和后续研究的主要方向，指明本书的理论贡献。

二、研究框架

本书的研究框架如图 1-2 所示。

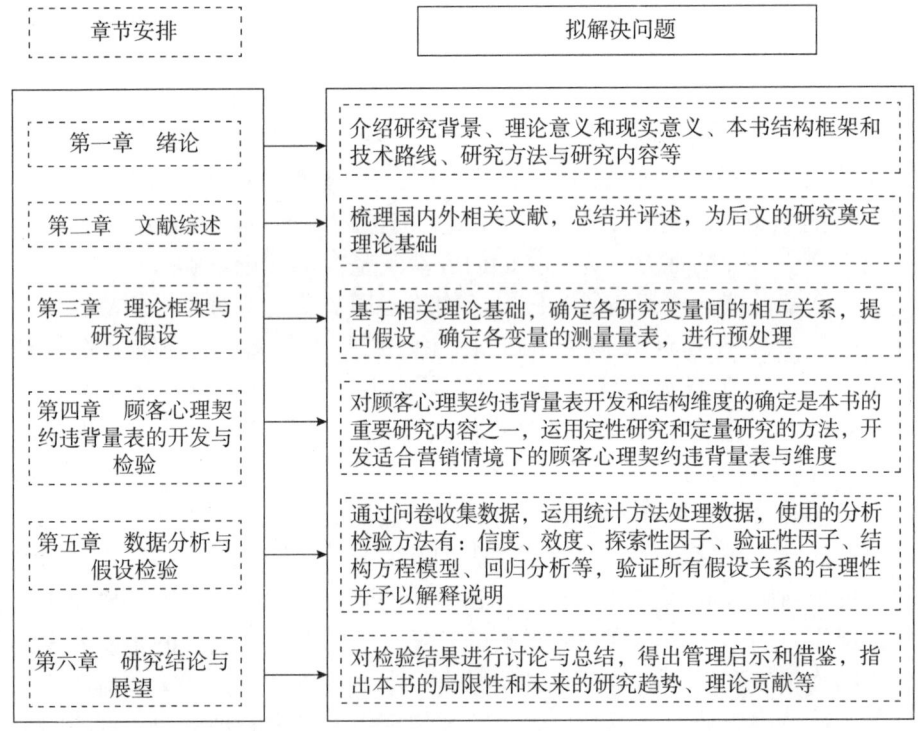

图 1-2　本书的研究框架图

第四节　技术路线与研究方法

一、技术路线

本书的技术路线如图 1-3 所示。

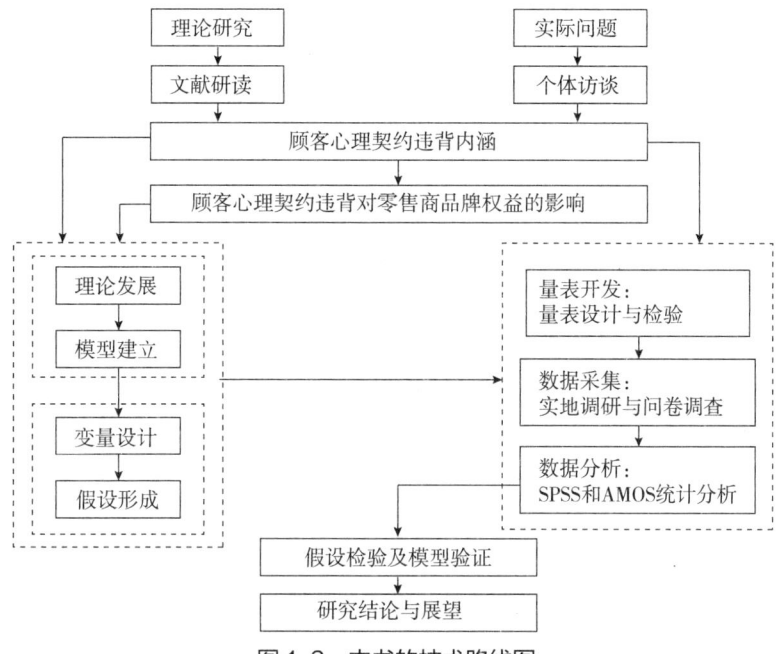

图 1-3　本书的技术路线图

二、研究方法

（一）文献研究法

文献研究是对前人研究的总结和归纳，为本书后面的研究奠定基础。本书收集整理了国内外相关领域对心理契约违背、品牌权益等的理论成果，梳理其脉络，发现其不足及空白之处，为本书的研究找准切入点。结果发现，目前学术领域对本书相关主题的研究很少，在营销情境下的研究更是少之又少。因此，本书主要从营销情境下顾客心理契约违背研究开始，逐步扩展延伸至对零售商品牌权益的影响研究，这样就构建了本书的概念模型，搭建起了研究框架，厘清了模型中各变量之间的逻辑关系。

（二）内容分析法

内容分析法是社会科学领域应用最广、最基本的研究方法之一，也被称作质性研究。其基本范式是先提出要研究的问题，由现象到本质，找出内在特征和规律，抓住本质回答问题。定性研究的主旨是探索消费者行为（包括态度和看法）出现的根本原因。本书首先进行半结构化访谈，收集营销情境下顾客心理契约违背出现根源和驱动因素的测量题项，再用内容分析法对这些题项进行归纳和总结，初步得出心理契约违背的维度及各测量题项。同时，对初始测量量表进行信度和效度检验，为后续研究奠定基础。

（三）调查研究与统计分析法

其属于定量的研究方法，是对问题进行分析、检验、验证的过程中利用数据探索出变量间的关系及变化规律。本书使用调查研究法进行了心理契约违背及整体模型问卷数据的收集、测量，研制出适合本书需要的测量量表。在形成初始问卷的基础上，优化和删除题项以形成正式测量量表。接下来进行大样本调查、数据收集、假设检验，主要使用 SPSS 和 AMOS 统计软件进行数据分析和处理，探索顾客心理契约违背通过中介和调节机制对零售商品牌权益产生影响的路径，得出最终的结果和模型，验证了相关假设。

第二章 文献综述

本章的研究目的是针对本研究涉及的主要变量的相关理论与实证研究进行回顾与梳理，在此基础上对研究变量理论进行总结与规范，为后面的研究设计、研究假设的提出、变量的测量提供理论基础。本研究涉及的主要变量有心理契约违背、顾客负面情绪、顾客信任、顾客价值、零售商品牌权益、服务补救等。

第一节 心理契约违背

一、心理契约

(一)概念界定

1. 组织行为学领域

心理契约的概念最早是从组织行为学的领域引入而来,1960 年第一次被 Argyris 提出来并在组织行为学中得以应用,但对这一概念具体的含义并未有清晰的界定,当时只是用来描述雇员和雇主的关系,这种关系被认为是隐性的、非正式的。Levinson(1962)[1]经过自己的调查研究与访谈,对 Argyris 的观点表示认可与接受,他认为心理契约是一种隐性契约,存在于个人与组织之间,双方为了达成彼此的心理契约都要付出一定的努力,达成的结果会给企业与个人带来丰厚的回报。此后,对心理契约概念的研究越来越深化,Cavanaugh(1999)认为,心理契约是雇企双方对应承担的责任和义务的感知,这种感知结果对雇员的行为和企业的决策有很大的影响。Paul 等(2005)[2]对这一概念进一步扩展认为,其是非正式的契约,是雇员与企业对彼此的期望,这种期望是未经口头或书面表达,存在于内心的、隐性的。如雇员希望企业加薪、获得提拔晋升的机会、换一个轻松满意的岗位等,这些想法和期望往往不说出口。Spector(2013)的研究证实心理契约包含两个层面:员工和企业,随着企业组织的发展变化,雇企之间心理契约的内容也在变化,被赋予新的内涵。他认为,心理契约理论在组织行为学中有着重要的作用,为我们理解雇企之间的心理博弈提供了新的思路。心理契约被定义为一个组织成员和他们的管理者之间的默契,特别是雇主和雇员之间的相互承诺和义务(Robinson & Rousseau,1994)。Rousseau(1998)对心理契约的研究又上了新的台阶,

---

[1] Levinson Harry. Men, Management and Mental Health [M]. Cambridge, MA:Harvard University Press, 1962.

[2] Paul A. Pavlou, David Gefen.Psychological Contract Violation in Online Marketplaces:Antecedents, Consequences, and Moderating Role [J]. Information Systems Research, 2005, 16(4):372-399.

他认为，心理契约是双方隐性交换协议的体现，如企业答应给员工的薪酬待遇、工作时间、工作标准、发展机会等，当员工认可了企业的这些条件和信念，双方就形成了心理契约。他对 Kotter 的观点表示赞同，认为企业的中层管理者是企业的代言人，行使一定的管理指挥权，对于心理契约的实现有重要的影响。Rosseau（1998）为了更清晰地了解心理契约的概念，从多角度、多情境进行论证，提出了心理契约即在互惠原则和公平交换原则基础上形成的雇企之间应尽责任和义务的感知，是信念体系，因为它是雇企双方心理活动的结果，每个人对责任义务的认知会有偏差，相应的心理契约内容也有所不同。Rosseau（1998）认为，心理契约更多的是指员工的个人感知，企业要尽力去满足员工的这种期望，以达成心理契约。

国外学者对组织行为领域中心理契约的概念进行了详细论述并取得了丰硕的成果。随着全球经济一体化进程的加快，我国经济发展水平迈上新的台阶，企业规模越来越大，企业的所有制形式也越来越多样，企业管理体制改革不断推进，如何合理有效地管理员工的问题被提上了日程，如何能在日益变迁的改革浪潮中合理平衡雇企之间的矛盾？如何能够最大限度调动员工的积极性？如何能够让员工努力奉献形成企业忠诚？如何能够实现雇企的双赢？这一系列问题的提出，引起了诸多学者的关注。国内学者在国外理论研究成果的基础上，结合自己的研究领域展开激烈的研讨，李原（2006）、陈加洲（2003）、余琛（2004）、白长虹（2001）等均从雇员的角度探讨了心理契约的作用和影响，虽然是隐性的契约，但它是雇佣关系质量的体现。总之，学者对心理契约的定义没有特别统一的定论，但基本都比较认可 Rousseau 的定义，本书将不同学者的相关定义总结为表 2-1。

表 2-1　心理契约概念的不同定义

学者	定义
Herriot 和 Pemberton（1997）	雇企双方关系中对彼此责任和义务的感知
Levinson（1962）	心理契约是企业与雇员的关系，企业履行责任义务的程度由雇员的态度和行为予以体现和外化
陈加洲（2001）	雇企之间通过一系列心理活动形成内心的期望，不说出口，隐性的
Macneil（1985）	一种对双方持有的互惠协议的感知
罗海成（2005）	员工对企业应尽责任义务的感知，更强调企业的履行程度在员工感知上的体现

续表

学者	定义
阳林（2008）	员工在与企业互动发展的过程中感知到的企业必须承担的责任和义务
Bolton（1991）	雇企之间隐性的、未说明的彼此期望的综合表现
Jacoby J.（1978）	企业中每一位员工内心对企业隐性期望的总和
Rousseau（1990，2001）	基于信任、承诺、感知形成的员工对企业责任义务的感知
Kotter（1973）	存在于雇企之间隐性的不成文规定的协定，更多是指员工希望从企业得到更多有利于自己的回报，是心理期望的体现
Morrison 和 Robinson（1997）	员工对建立在彼此承诺基础上的责任义务的感知，这种内心活动是隐性的，不为组织所察觉
Johnson（2004）	员工与企业之间未书面化、未说出口的协议，约束着彼此的行为

总体而言，目前学术界对心理契约的概念没有统一定论，有的学者强调心理契约是企业与员工双方之间的关系；有的认为是员工对企业的单向关系，是员工对企业应该承担责任义务的感知。这种争议给心理契约研究造成了一定的困扰。

2. 营销学领域

虽然心理契约是组织行为学领域比较成熟的研究主题，但是随着理论和现实发展的需要，心理契约开始被引入营销学领域，关注顾客与零售企业之间的关系，但成果不多。Blancero 和 Ellram（1997）在营销领域引入心理契约的概念，认为供应商的合作关系中存在心理契约，供应商与顾客之间也存在，如果能够得到顾客持续的信赖，必然会带来业绩的持续提升。Pavlou P. A.（2004）认为，顾客在购物过程中，对产品和服务的关注度较高，交易型心理契约比较容易形成。国内最早在营销学领域展开心理契约研究的是罗海成（2005），他界定了心理契约的概念，开发了测量量表，用实证方法检测了量表的信度和可靠性，为心理契约的相关研究奠定了基础。随后，他探讨了心理契约与顾客信任、顾客忠诚之间的关系，并构建了实证模型，用结构方程模型进行检验，数据结果全部合理通过，对后续学者的研究具有重要借鉴意义。申学武（2007）认为，网络商家与消费者之间也存在心理契约，由于网络平台的虚拟特性，无法面对面交流，增加了顾客的购物风险，消费者在决策时往往依赖自己对商品的判断、对卖家信誉的主观认知。因此，心理契约可以理解为网络消费者对卖家履行承诺程度的感知。李原（2006）[①]认为，心理契约是消费者通过购买品牌，在领悟感知的基础上，形成了对品牌在经济和情感上的期望与诉求，这是隐性的协议，心理契约的实现有助于品牌发展和企业经济利益实现。庄贵军（2002）认为，心理契约是顾客与企业在长期互动中形成的感知，主要是对产品质量和服务水平以及企业经营理念的感知，并认为是企业应该承担的责任感知。随着多渠道零售的发展，研究型购物者和网络购物者日益增多，学者将研究视野从传统营销转向了网络营销。Pavlou和Gefen（2005）[②]在网络营销情境中展开了对心理契约的研究，认为心理契约是顾客对网络卖家营销活动和产品服务的总体感知，具有隐性、不成文等特点，它比明文条款规定的契约内涵更宽泛，更难把握，更不易察觉。翟艳平（2010）对心理契约的定义展开了论述，认为网络购物虽然具有虚拟性，但是卖家和买家之间也存在心理契约，顾客通过浏览网页、咨询客服、商讨退换货保障服务以及对总体服务水平的感知形成了心理契约。

总而言之，学术领域对心理契约概念的研究越来越多，尤其随着经济环境、企业发展的不断变化，顾客对责任义务的感知也有所差异，存在争议是正常的。这样的争议带领我们更进一步去理解心理契约的内涵。而且心理契约的研究对象广泛，涉及企业员工、顾客、卖家、供应商等，研究价值和前景非常光明，值得引起我们足够的重视。

（二）心理契约的内容

由于心理契约是个人主观上的感知，每个个体有差异，其内容也会有较大不同。组织行为学领域中对心理契约内容的研究着重体现在以下方面：Rousseau（1990）首次对心理契约进行了实证研究，他通过对MBA毕业的已经参加工作的大学生进行访谈、问卷调查后得到数据，然后用统计方法进行实证分析得知，员工认为企业应该履行的责任义务有发展的空间、系统的培训、丰厚的待遇、超额奖励、职业安全、人际关系等；员工自身应承担的责任为忠诚、奉献、愿意担当重任、适度调换岗位、保守公司机密、拥有较高团队精神、不随便抱怨等。Levinson（1962）对各行各业管理者和员工进行访谈后得知，员工对组织的期望包括公平合理的薪酬

[①] 李原. 心理契约违背的理论模型及其应用［J］. 经济与管理研究，2006（8）：82-85.

[②] Pavlou P. A., Gefen D. Psychological Contract Violation in Online Marketplaces: Antecedents, Consequences, and Moderating Role［J］. Information Systems Research，2005，16（4）：372-399.

待遇、良好的福利、经常性的培训、关心关怀员工、和谐的人际关系、公平公正的管理政策、信守承诺等；员工自己应承担的责任有诚实守信、爱岗敬业、爱企如家、合作互助、遵守规定等。魏峰（2004）通过对企业管理者和员工的访谈得知，企业应承担的责任包括给员工宽广的发展空间、经常培训、帮助员工发展、提供干净舒适的工作环境等；员工应承担的责任包括遵守企业规章制度、对企业忠诚、有较强的团队精神、愿意为企业奉献、时刻维护企业声誉和形象等。Campbell（1959）通过对数以千计的企业经理和员工的访谈得知，员工心理契约更多追求的是一种公平感，即付出与所得要匹配，不能相差太大，这样就容易达成心理契约，主要包括报酬与福利要公平合理、职业培训要经常进行、企业要时刻为员工的发展提供帮助、给员工足够的发展空间、给予员工足够的职业安全感等。综观学者的研究结果可以看出，企业中组织和员工心理契约的内容相差不大，因地区、文化、职业类别、经济环境等稍有差异，但核心内容是不变的，且大多是从员工角度进行心理契约内容分析的。

有关心理契约内容的研究在营销学领域成果较多，Lee等（2001）[1]探讨了酒店管理中顾客与服务人员的心理契约，他认为顾客在酒店体验产品和服务的过程中希望服务人员能够履行以下责任：提供微笑友好的服务、清洁工作到位、替顾客着想，而服务人员希望顾客做到：不提出过分的要求，提出的要求都是服务人员工作职责和范围内的，并且在服务人员对顾客提供了额外的帮助后，顾客应该支付一定数额的小费，平等对待服务人员等。罗海成（2005）[2]认为，营销领域大多涉及的是服务行业，顾客在整个过程中居于主导地位，一切营销活动都以顾客的需求为根本出发点，所以，顾客的感知价值是企业营销的目标，是重点研究对象。他通过访谈调查总结了顾客对企业的心理契约内容包括以顾客需求为出发点、舒适的环境、热情周到的服务、为顾客推荐适合的产品、重视与顾客之间的友谊、长期保持与顾客联系（尤其关注产品的售后使用感受）、真诚地视顾客为家人等方面。游士兵（2008）研究了品牌关系中的顾客心理契约，认为顾客主要关注的是常客奖励、质量和服务保障、社会和情感需求、有效沟通、价格5个方面。其中，顾客对产品质量和服务质量、商品价格的关注度最高，也是最在意的。申学武、聂规划（2007）针对网络购物的特点提出了网

---

[1] Lee M. K. O., Turban E. A Trust Model for Consumer Internet Shopping[J]. International Journal of Electronic Commerce, 2001, 6 (1): 75–91.

[2] 罗海成. 营销情境中的心理契约及其测量[J]. 商业经济与管理, 2005 (5): 574–580.

络消费者的心理契约包括网页制作简洁美观、购物链接方便快捷、客服主动响应顾客需求、客服专业性强（能够回答顾客所有疑问且耐心细致）、商品描述与实际相符、商家诚信经营、不欺瞒顾客、给予老顾客价格优惠或免邮服务、重视与顾客长期的合作关系、出现问题及时解决并主动承担责任、退换货方便以解顾客后顾之忧等。

通过梳理国内外学者对传统营销和网络营销情境下心理契约的研究发现，心理契约相关研究日益受到学者的重视，尤其网络购物情境下心理契约方面的研究更多，因为网络购物无法亲身试验导致顾客心理契约实现起来比较困难，顾客下单全凭主观判断和网购经验，加剧了结果的不确定性和风险性。因此，加强线上线下渠道，尤其是网络营销渠道中顾客心理契约的研究更为重要与迫切。

（三）心理契约的结构

随着理论界对心理契约内容研究的逐步深入，也为了更全面、直观地了解心理契约这一概念，学者开始关注心理契约的结构。目前，比较普遍被接受的结构划分是二维、三维和五维结构。

1. 二维论

Rousseau（1990）是对心理契约研究比较全面深入的学者之一，他的很多研究结论为后续的研究奠定了基础。对于心理契约的结构，他对129名大学毕业走向工作岗位的学生进行了访谈，结果发现，这些员工对企业应该履行的责任义务的阐述内容可以概括为两大类：第一类反映了员工在经济利益方面的需求，如较高的薪酬待遇、超额的奖金回报、广阔的发展空间和培训深造的机会，员工自己也表示愿意经常加班付出超额劳动来换取上述利益，这些内容都反映了物质和经济利益方面的契约，叫作"交易型心理契约"；第二类反映了员工情感和人际关系方面的需求，如随时接受组织调换岗位、对企业忠诚、希望企业发展壮大以体现员工的社会价值等，这些内容反映了员工与企业之间以情感和关系纽带为基础的契约，称作"关系型心理契约"。Rousseau（2001）[1]通过对企业与雇员心理契约的研究，将心理契约分为2个结构维度，分别为"交易型心理契约"：是

---

[1] Rousseau D. M. Schema, Promise and Mutuality: The Building Blocks of the Psychological Contract [J]. Journal of Occupational and Organizational Psychology, 2001, 74 (4): 511-542.

指员工通过个人工作努力换取相应物质利益的契约，如丰厚报酬、职业发展空间、培训晋升机会、奖金等；"关系型心理契约"：是指与员工情感相关的契约，如企业重视员工的内心想法、关心照顾员工的工作和生活、保持员工对企业的情感依恋等。Cavanaugh（1999）通过对企业中雇主和雇员之间的心理契约进行实证研究发现，雇员对雇主应尽责任义务的感知可分为两大类：物质利益方面和精神情感方面。Cappelli（2000）以企业中的员工为调查对象，通过数据进行实证分析，提取出心理契约的两个公因子，称作"外在契约"和"内在契约"，外在契约主要与工作、物质和利益相关，内在契约主要与发展、空间和情感有关。

国内学者也展开了对心理契约内容的研究，罗海成（2005）借鉴了组织行为学中心理契约的量表和内容，结合营销的现实情境开发了新的量表，主要是针对服务行业进行调查研究的，结果发现，营销情境中的心理契约同样分为交易型和关系型两个维度。申学武、聂规划（2007）为了研究网络营销中心理契约的内容，对热衷网络购物的大学生进行了调查研究，结果表明，网络营销情境下心理契约分为两个维度：交易型心理契约和关系型心理契约。陈加洲为了更清晰地了解心理契约的结构内容，对不同地区 43 家企业做了大型的调研，以 4069 名员工为调研对象获取数据并进行实证研究，在 Rousseau 问卷和量表开发的基础上，设计了新的适合我国企业现实背景的调查问卷，共包含 24 个测量题项，数据处理结果证明，由于东西方文化和理解方面有差异，员工对心理契约内容的理解不一样，期望也不一样，他将心理契约的结构分为两个维度："现实因子"和"发展因子"。"现实因子"是指工资、工作环境、奖金等，"发展因子"是指升职空间、发展机会、企业关怀、员工忠诚等。总的来说，对心理契约二维结构的划分比较广泛地被国内外学者接受和认可，并在较多的研究中得以利用。

2.三维论

随着理论界对心理契约结构不断深入研究，有的学者认为将心理契约划分为二维结构太粗略，不足以反映现实生活中雇员或顾客的内心真实期望，于是，提出了三维结构的说法，尤以 Tijorimala 为代表。他认为心理契约除了包含前人研究出的"交易型和关系型"结构以外，还包括"团队成员"，员工与企业更侧重和谐人际关系的营造与团队融洽氛围的形成。

Herriot等（1997）[①]通过对企业雇员的调查分析验证了Tijorimala的研究结论是正确的，表示持相同观点。Amber（2013）等[②]通过实证分析，提出了心理契约的三个维度，分别是交易型契约、关系型契约和培训契约。Kissler（1994）通过理论分析和实证研究，将心理契约划分为三个维度：绩效收益、职业发展、员工承诺。国内学者对心理契约的结构维度也展开了研究，李原、郭德俊（2002）认为，企业与员工的责任义务，可以分为规范型、发展型和人际型三个维度。规范型责任主要指企业应该承担的物质经济方面的责任，如工资奖金等，员工则要保质保量地完成组织交给的任务；发展型责任指为了员工能够更快更好地发展，企业要为他们提供一切帮助和支持，创造机会，员工则要为了更大的晋升空间努力工作；人际型责任对企业而言是要创造和谐融洽的人际关系氛围，让员工工作舒心，缓解压力，员工则需要努力维护并创造这样的氛围。张爱武（2006）通过研究提出了心理契约的三个维度：工资待遇、职业规划、发展平衡。万映红（2013）认为，心理契约可划分为交易型契约、关系型契约和发展型契约。魏峰等（2005）[③]以企业中的员工为研究对象，验证了心理契约除了大家比较认可的两个维度"交易型契约和关系型契约"外，还包括"管理型契约"，主要是指企业中的管理者要学会授权给员工、信任员工、采用激励手段管理员工、与员工实现无缝沟通等。郑彬和卫海英（2011）[④]着重对我国知识性员工进行了调查研究，发现员工认为组织应该履行的责任包括物质激励、环境支持和发展机会三个维度，员工需要履行的义务有规范性、忠诚度、发展性。

综上所述，国内学者通过实证和理论方法得出了心理契约具有三维结构的结论。但是，结合组织行为学和营销学的发展来看，仍有部分现实问题在理论上得不到合理解释，三维结构的论断还不足以全面涵盖现实现象。于是，有的学者采用更先进的方法进行研究，如聚类分析、追踪调查等，以求得到更完善、更有说服力的维度结构，心理契约结构的研究仍需深入下去。

[①] Herriot P., Manning W. E., Kidd J. M. The Content of the Psychological Contract[J].British Journal of Management, 1997, 2（2）: 51-62.

[②] Amber Jamil, Usman Raja, Wendy Darr.Psychological Contract Types as Moderator in the BreachViolation and Violation–Burnout Relationships [J].The Journal of Psychology , 2013, 147（5）: 491-515.

[③] 魏峰等.国内外心理契约研究的新进展[J].管理科学学报，2005, 8（5）: 82-89.

[④] 郑彬,卫海英.基于消费者心理契约违背的品牌危机产生机理研究[J].企业活力,2011（8）: 41-44.

3. 多维论

学者为了更好地用心理契约解释现实中的诸多现象，经过不断探索验证，提出了心理契约多维论。其中，尤以游士兵、黄静（2007）为代表，他们主要研究了顾客与品牌的关系，从顾客心理、情感、物质等需求出发，通过调查问卷得到翔实数据，经过归纳总结后发现，消费者心理契约可概括为常客奖励、质量和服务、社会和情感利益、沟通、价格五个方面。Robinson（1994）认为，企业应该履行的责任包括五个方面：工作内容、发展空间、人际关系、人力资源管理、激励。Goles（2009）认为，组织应该承担的责任有公平合理的薪酬待遇、舒适的工作环境、职业安全、弹性工作制、培训等，但是没有对心理契约的维度进行划分。

4. 双层次、多维度结构

余琛（2004）为了深入了解心理契约维度内容，通过实地调查研究，并对数据进行定性和定量分析后得出心理契约的多维度、双层次结构（见图 2-1）。双层次是指员工对企业应该履行责任与义务的感知和员工对自身应该承担责任的感知；多维度是将心理契约划分为四个维度：工作支持、发展空间、员工授权、生涯规划。他的研究结论为我国学者研究营销情境中的心理契约提供了全新的视角和途径，为零售企业构建与顾客之间的良好关系提供了很好的分析框架。

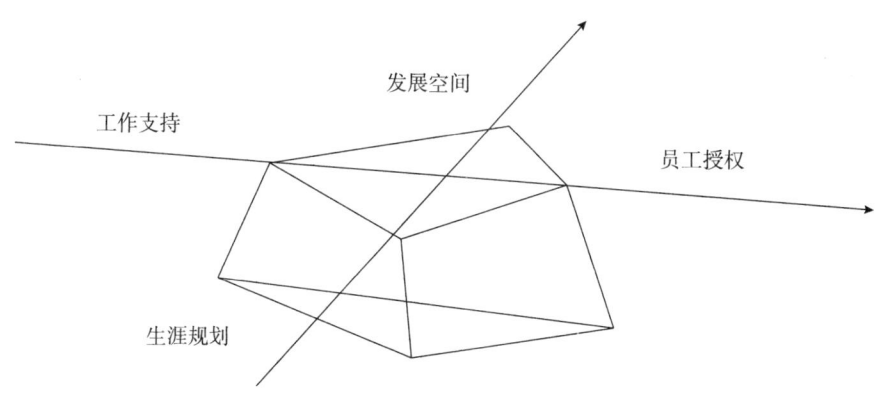

图 2-1　余琛的心理契约双层次、多维度结构模型

通过以上分析可知，学术界关于心理契约维度的研究没有统一定论，二维结构的划分得到了普遍认可，很多学者在研究中普遍使用二维结构的划分来验证自己的观点。国内外学者由于受文化背景不同、国情不同、企业环境不同等因素的影响，因此对心理契约维度划分存在争议。总体

而言，Rousseau（1990）提出的交易型契约和关系型契约两个维度是比较稳定且受到广泛认可的，虽然后来学者也提出了新的维度因子，如发展契约、团队成员契约等，但并未得到广泛认可与接受，还是具有不稳定性。随着外部环境的改变，理论界对心理契约的研究会更加深入、更加精细，维度因子方面的研究会更有利于解释现实现象，实现理论和现实的一致性。

（四）心理契约的特点

1. 主观性

不管是在组织行为学中还是在营销学领域，心理契约都是对企业承担责任义务的主观感知，其内容比较复杂，而且一般都没有明文规定，员工或顾客可以凭借自己的理解来达成心理契约，这就可能会导致员工、顾客与企业在心理契约理解上的偏差（Robinson，1994）。

2. 动态性

一般来讲，明文规定的契约是一成不变的，一经确定不会更改，而心理契约是主观上的感知，它会随着双方工作环境、情绪、第三方因素等发生变化，处于动态的过程。例如，企业产品的更新换代、服务方式的转变、企业环境的改善、经济报酬的调整、行业背景变化等，均会造成心理契约的改变。尤其是员工或顾客心理状态的变化更能引起心理契约的变化（Shapiro，2000）。

3. 内隐性

日常生活中人们常说的比较正式的契约是明文规定、看得见、内容十分明确的，心理契约则是依靠企业、员工自己去感知，没有明确规定具体内容，是双方关系中所隐含的相互义务，但却是大家心里都清楚的，存在于内心而不外显，这样的契约只有自己知道。这就对企业管理者提出了挑战，如何能够了解员工内心的真实想法？如何能够知道顾客想要得到的是什么？双方博弈的过程就是心理契约实现的过程。一旦企业某个环节出现纰漏，对企业来讲也许不是太大的问题，但是员工或顾客感知以后，心理契约实现不了，不满情绪油然而生，不知不觉中彼此疏远了，造成双方关系的破裂。

4. 心理契约类似于期望而又有所差异

最早关于心理契约的研究是将其看作双方对彼此的期望，后来随着研究的深入，认为心理契约更多的是对责任义务的感知，不仅仅包含期望。Robinson（1996）认为，心理契约是对组织和企业期望和信念的总和，期望来源比较广泛，心理契约则是员工通过自己的努力应该得到的权利。期望是含有信念的成分，心理契约能促进期望的产生，但并非期望都来源于双方感知到的承诺，心理契约其实是建立在彼此理解、信任、交换基础上的（贺爱忠等，2008）[①]。

（五）影响心理契约的主要因素

1. 企业的营销宣传

消费者心理契约的形成很大程度上会受到企业广告宣传的影响，一个产品从问世到被消费者熟知，很大程度是靠广告宣传的效应。尤其是现在的信息时代，广告无处不在，消费者的视觉、听觉随时都被广告充斥着。好的广告能使消费者产生强烈的购买欲望，尤其有的企业采用名人代言广告，更是用现身说法增强了产品的可信度，让消费者产生爱屋及乌的购买心理。营销效果好的广告具有强烈的刺激消费、诱导消费的作用，看到广告宣传后，消费者心里自然而然形成了心理契约，即广告标准。如果顾客购买产品或体验服务后，并未达到如广告所说的效果，在产品性能、质量、体验等方面均不尽如人意，心理期望并未实现，即会产生心理契约违背。

2. 顾客曾经的购物体验

如果顾客曾经购买过该产品或体验过该服务，那么顾客心里就会形成自己对该产品质量、使用感受和购物体验的感知，就会按照曾经的购买经历和服务标准来衡量，即使该品牌产品已经更新换代或者功效有所改变，顾客依然会按照自己的体验与认知来衡量商品与服务，进而形成期待，对心理契约的实现有重要的影响作用。

3. 企业销售人员的营销技巧

在消费过程中，导购会向顾客介绍该产品的质量、使用方法、功效等，

---

① 贺爱忠，李钰. 论品牌关系生命周期中消费者品牌信任与心理契约的建立［J］. 商业研究，2008（6）：175-178.

在介绍过程中还有可能会做出某些功效或售后方面的承诺，让顾客打消后顾之忧，以促进顾客产生购买产品的动机。导购的介绍会让顾客形成期望，认为是该商家应该尽到的责任和义务，是该品牌产品必须要达到的功效。有的导购为了提高自己的业绩不惜夸大其词，做出超出现实的承诺，以博取顾客眼球。另外，导购的服务态度、服务技巧、专业知识储备等均会使顾客形成一定的期望，对心理契约的形成产生影响。

4. 非官方渠道传播的消费

当顾客购买某品牌产品时，除了利用自身对品牌知识的了解和攻略以外，更多获取信息的途径是靠亲人、朋友、同学、同事等向他们有意识或无意识地介绍，包括产品质量、使用经历、产品功效、商家诚信等方面的信息，这会给顾客留下第一印象，形成对该品牌的期望，对顾客的购买意愿和购买行为产生重要的影响。

5. 产品自身传达出来的信息

当消费者在选购商品时，视觉营销在购买过程中的影响作用巨大，一定程度上决定了消费者的购买行为。如产品的包装、手感、商品名称、产品外形等都会给顾客留下第一印象，能使消费者联想到该品牌商品的质量，联想到商家应该履行的承诺，对企业形成期望，这些因素均影响心理契约的形成。

6. 企业的社会形象和品牌美誉度

企业在公众心目中的形象在很大程度上影响消费者的决策，企业文化、店铺形象、企业责任等方面如果塑造成功，均会给消费者留下美好的印象。当面对很多品牌类似商品的选择时，消费者会毫不犹豫地购买该零售商产品。或者当别人提起类似产品时，消费者脑海中马上会联想到该品牌商品。企业的社会形象和美誉度影响着商品在消费者心目中的形象，影响心理契约的形成。

二、心理契约违背

（一）心理契约违背的概念

在过去的几十年里，心理契约的概念在文献中得到了相当多的关注，为我们对员工与雇主关系的理解做出了重要贡献。社会交换理论是跨越社会科学学科的重要理论。虽然观点和细节可能会有所不同，但这一理论的基本前提是，人际关系对于生存是至关重要的，个体之间的互动是为了满足他们的需要（Tim，2015）。随着企业规模不断扩大，企业的生存越来越艰难，不得不进行改革，员工的压力也越来越大，雇企之间的关系也越来越紧张，员工常常认为心理契约被忽视和违背，不满情绪和反生产行为越来越严重，经济效益的提升受到了挑战。于是自20世纪90年代起，学术界开始关注员工心理契约违背现象，希望从理论上找到根源和解决办法。

心理契约违背（Psychological Contract Violation）是契约理论中的重要内容之一，学者主要以心理契约违背带来的后果为主要研究对象，组织行为学对此现象的研究比较多见，将其定义为"员工内心因企业并未履行最初的承诺而出现的情绪和情感状态"。心理契约违背在企业管理中频繁出现，日益引起理论界的高度重视，企业管理者也希望能够采取有效措施来避免或降低心理契约违背带来的不良后果。

Rousseau（1998）认为，心理契约违背是指员工感知到自己的心理契约未实现，遭到了破坏后产生的一系列情绪，如愤怒、不满、失望、悲伤等，是员工心理的一种认知继而出现的情绪和情感体验。Robinson（1996）认为，心理契约由双方对雇佣关系、组织和个人的认知构成，而这是双方关系中所隐含的相互义务，责任义务的未达成即意味着心理契约违背，必然会引发负面情绪的出现。Morrison和Von（1990）认为，心理契约是指企业未按约定去履行承诺而引起了员工在情绪和情感方面的感知，由此出现了抱怨、愤怒、沮丧等强烈的情绪和情感反应，影响到员工的工作状态和绩效。Rousseau（1998）认为，心理契约不仅涉及协议，还包括在正式雇佣合同中未发现的相互承诺或义务。当组织被看作是做出这种承诺的一方时，双方的义务是由个人而不是由组织来定义的。雇员们在这段关系中加入了一种假设，即雇主和雇员有共同的义务。因此，他们的合同在很大程度上是非正式的，并且需要进行解释，而且它是在个人和组织之间的雇佣关系这一术语的基础上发展起来的。雇主的这种承诺会给员工带来期望，例如，关于薪酬和福利、技能、发展机会和工作内容。因此，员工认为只有当他们的期望得到满足时，雇主才算是履行了义务，期望未实现，雇员即会出现心理契约违背。

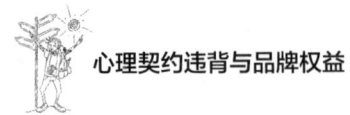

心理契约违背与品牌权益

Macneil（1985）[①]认为，心理契约已经变得越来越具有交易性。从家长式的劳资关系，转变到雇主要为员工提供向上空间、工作保障、退休福利等，这导致了员工对雇主的期望越来越模糊，从而增加了员工认为雇主没有履行其承诺和义务的可能性（Mehrabian，1986）。因此，学者强调了实现预期期望的深刻影响。在 Robinson、Rousseau 等的早前研究成果中经常能看到心理契约违背被当作重要的变量进行研究，结果证明，这种现象在组织行为学领域中普遍存在且负面影响日益严重，不得不引起企业管理者和学者的高度重视。

随着研究的逐步深入，人们发现心理契约违背不仅是情绪和情感的外化表现，更是员工对企业综合评价情感反应（Grewal et al.，1998）[②]。员工的信念是基于对贡献的感知，员工觉得雇主有义务向员工提供条件并激励员工，认为雇主有义务提供回报（Ailawadi，2004）。未满足的部分被视为双方心理契约中的主要部分，取决于员工对雇主的基于文化的期望（Coyle，2003）。例如，具有公平感或高度个人主义的个人更注重于平衡和即时的努力补偿。因此，这样的员工如果得不到及时公平的补偿就有可能出现心理契约违背（Mowday，1979）。另外，高度集体主义的员工不太可能期望他们的贡献得到直接的补偿，并且对不平等的结果更加宽容（Dunaheem，1974）。员工感知到的破坏会引起情感反应，导致努力和行为接触的减少（Morrison & Robinson，1997）。这种对心理契约违背的感知与社会交换理论和互惠规范相一致，如果员工认为他们为企业付出了，雇主却没有回报他们的贡献，那么员工可以通过改变他们对组织的贡献或者考虑离开组织来恢复社会交换平衡。随着组织行为学对心理契约违背现象的关注，其研究成果也越来越丰富，从不同视角进行了全面探索。营销领域也关注到顾客与企业之间经常会发生心理契约违背的现象，于是，Levinson（1962）[③]认为，在顾客与企业进行交易的过程中，顾客对企业的责任和承诺是有一定期望的，一旦企业未履行承诺，顾客便会感到心理契

[①] Macneil I. R. Relational Contract：What We Do and Do not Know [J]. Wisconsin Law Review, 1985（10）：483–525.

[②] Grewal D., Monroe K. B., Krishnan R. The Effects of Price Comparison Advertising on Buyers Perceptions of Acquisition Value, Transaction Value, and Behavioral Intentions [J]. Journal of Marketing, 1998, 62（4）：46–59.

[③] Levinson Harry. Men, Management and Mental Health [M]. Cambridge, MA：Harvard University Press, 1962.

约违背。基于此，卖家总是竭尽全力地满足顾客需求，维系好彼此之间的关系。有时候商家觉得不算违约，但在顾客心里却认为是违背了心理契约，Davidow（1997）认为，顾客的这种心理反应加大了对企业的不信任感，减少光顾行为，这种负面影响会使顾客对整个网络商家的感知降低，认为网络购物是充满风险和不信任的，后果非常严重。

正因心理契约违背现象频出，我国学者也对此现象给予了高度关注，但研究成果不多。郑彬、卫海英（2011）探讨了心理契约违背对品牌产生的影响，认为顾客一旦出现心理契约违背，必然会引起一系列负面情绪，极大地影响顾客的购买倾向和重购意愿，并且顾客会以负面口碑传播的方式发泄自己的不满，导致品牌在顾客心目中的地位和形象也随之崩塌。阳林、李青（2010）对心理契约违背后顾客的行为进行了研究，顾客在感知到违背后出现了负面的情绪，如沮丧、失望、愤怒等，也伴随抵制行为的出现，如拒绝再购买、传播负面口碑、沉默等。赵鑫（2012）认为，心理契约违背的出现，会影响顾客信任和满意度，并通过实证分析得出结论：心理契约违背显著正向影响顾客抱怨行为。汤发良、阳林（2011）研究了服务管理行为对顾客心理契约违背的影响，再次证明了在服务领域，更要以顾客需求为根本出发点，服务管理中一旦出现失误或疏漏，必然会导致顾客心理契约违背的出现，对企业造成不利影响。正因为心理契约违背现象越来越多，学术界对此现象的研究越来越多，将该问题作为关注的焦点问题之一。

本书通过梳理文献后基本同意 Robinson 和 Morrison 的观点，认为心理契约违背是指顾客对零售商未能履行其在产品、服务等方面义务的知觉程度，是基于对商家权利和义务感知对照而产生的，即顾客认为商家应该履行承诺到某种程度，而商家却并未如顾客所愿，没有实现顾客预期，期望和现实没有匹配和对称，中间有落差，这个差值就会导致顾客的不满，导致其心理、态度和行为出现扭转，心理契约违背即会出现。当然，这种承诺均是未书面化的，是彼此心知肚明、认为必须做到的，内心认可的契约。这点已经在前面的论述中得到了印证。

由上述分析可见，顾客心理契约违背已经成为频繁发生的现象，逃避和无视是非常不可取的。心理契约违背均因心理预期未达到而出现了落差，造成情绪和情感体验的反差。由文献可知，心理契约破裂是员工对企业是否兑现承诺的主观评价，而心理契约违背则是心理契约破裂后出现的一系列情绪反应，如愤怒、生气等（Morrison & Robinson, 1997）。破裂可以预见违背，但并非必然出现违背，破裂是违背的必要非充分条件。

对这两个概念的深入理解，有助于现实生活中的现象在理论上得到解释和支撑，也有助于企业更好地理解顾客心理契约，及时采取措施予以补偿。因此，随着零售业的快速发展，顾客需求的日益变化，顾客对商家的期望和责任义务的感知也会发生变化，心理契约违背的影响因素会不断增多，对其概念及内涵的研究仍是学术领域的焦点和热点问题。

（二）心理契约违背模型

在理论界，对心理契约违背研究比较深入的学者，应该是 Morrison 和 Robinson，他们不仅对心理契约违背的概念、影响做了深入探讨，还提出了心理契约违背模型，为后人更直观地了解心理契约违背的形成机制奠定了良好的基础。

图 2-2 展示了从心理契约破裂到心理契约违背的过程。破裂更多是指认知与感知上的评价，违背则是指情绪和情感体验。员工或顾客经常会感到自己的期望未得到满足，或者企业并未完全履行承诺，心理契约破裂随之出现，但是不一定所有的承诺未履行均会产生心理契约违背，这是二者的区别所在（Rousesua, 1995; Turnley & Feldman, 1999）。

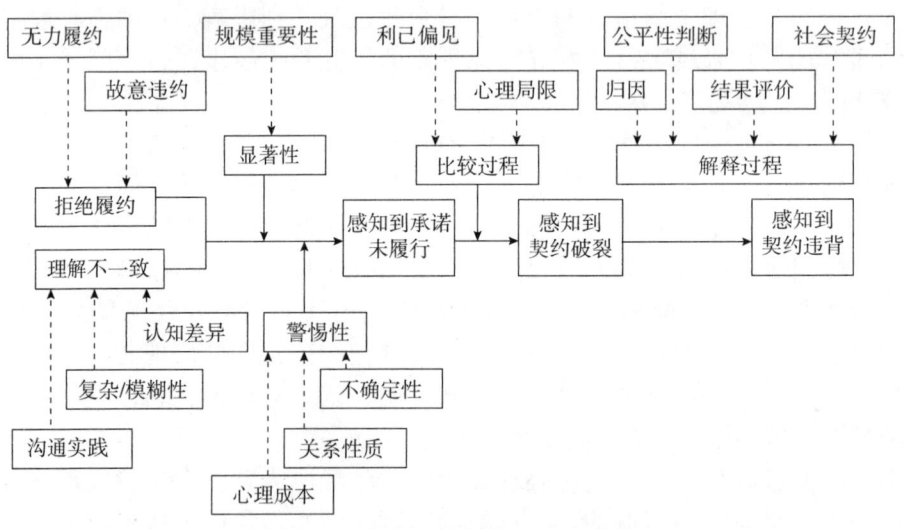

图 2-2　心理契约违背的动态机制模型

心理契约违背的特点如下：第一，心理契约源于主观知觉。其是员工或顾客感知到了不对称的信息造成心理落差后的情绪与情感体验，受主观知觉的影响，是在不断比较、解释过程中形成的。第二，警惕性和显著性。

如果员工或顾客并不保持警惕性，那么当企业未履行承诺时，他们也感知不到，就不会出现心理契约违背。同样，员工与企业之间的心理契约对员工而言必然是显著的，有重要意义的，才会引起他们高度重视。第三，互惠性。心理契约被描述为雇员与雇主之间的互惠交换关系的条款和条件。两者均体现了个体的需求或期望未实现，或者自己的付出未得到回报，付出与所得不匹配、不对称，这种落差感代表了违背的程度。Turnley 和 Feldman（1999）提出了心理契约违背的食言模型（见图 2-3），认为心理契约违背的出现有三个影响因素：员工期望来源、心理契约破裂的具体原因、食言本身的特点。心理契约违背的出现会导致一系列不良后果，比如员工绩效的下降、离开企业等，这些行为的出现也受其他因素的影响，比如个体性格特征、企业的补救措施、周围人的调解等。

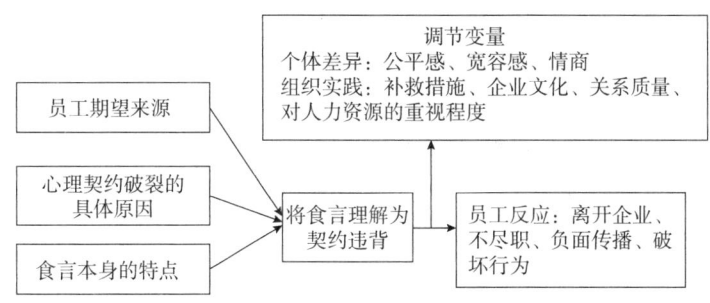

图 2-3　Turnley 和 Feldman 员工心理契约违背的食言模型

（三）顾客心理契约违背的作用机理研究

1. 有关心理契约违背的结果变量的研究

随着多渠道零售的发展，顾客心理契约违背出现频率越来越高，带来一系列消极影响，引起了学术界的关注。学者对心理契约违背与信任、满意、购买倾向、重购意愿、抱怨行为、口碑传播、品牌危机等方面的研究居多。国内学者对于顾客心理契约违背的研究，理论研究多，实证研究少，成果还不是很丰富，有待进一步深入。阳林（2010）发现，交易型心理契约违背会使顾客出现抱怨、沉默、抵制等行为，关系型心理契约违背会影响忠诚度、凝聚力和对企业的情感依恋。雷亮（2008）发现，心理契约违背影响顾客满意度，并对顾客购买行为产生负向影响，往往表现出更强烈的背叛情感。曹威麟（2007）认为，心理契约违背与信任正相关，顾客曾经的购买经历以及满意度在其中起到调节作用。何旺兵、胡正明（2012）发现网络环境下顾客更容易出现心理契约违背的情况，而且抱怨情绪是最容易出现的,结果证明,心理契约违背会导致顾客出现沉默抵制、直接抱怨、传播负面口碑三种行为。李原(2006)、伍颖(2003)、杨柯(2009)、范钧(2009)[1]、翟艳平(2010)、杨杰(2003)、余可发(2009)[2]等均从不同视角对心理契约及其违背对消费者行为的影响进行了详细论述。林艳、王志增(2016)研究发现,交易型心理契约违背会影响关系型心理契约,二者是正相关关系,服务补救措施在心理契约违背与顾客品牌态度之间起调节作用。Woodruff(1997)认为,心理契约违背会导致顾客与品牌的关系断裂,再续品牌关系就比较困难了。陈瑛(2005)认为,心理契约违背的出现,会影响顾客与企业的关系,使彼此信任度大大降低,对卖家的印象和好感荡然无存,随之减少购买行为。李敬强(2007)发现顾客与品牌之间的关系具有一定的脆弱性,心理契约违背势必影响二者之间的关系,会出现失望、沮丧等情感体验,使顾客对商家的认知、情感、行为均会发生转变,出现终止品牌合作、传播负面口碑等行为,对品牌的发展与企业的绩效产生重要的影响。Paul A. Pavlou 和 David Gefen(2005)研究发现,顾客心理契约违背的出现主要受以下负面因素的影响:假冒伪劣商品、商家未履行承诺、产品实物与描述不符、快递延迟、退换货不方便、支付方式不便捷等。

2.心理契约违背的调节变量

心理契约违背引起的消极后果在学术界引起了重视并取得了较多的研究成果,但随着实践中的调查研究发现,并非所有心理契约违背都能产生恶劣的影响,其对结果变量的影响程度受到其他因素的调节作用,如若调节作用效果显著,会使顾客出现二次满意,反而增强顾客对企业的忠诚度。于是,更多的学者开始关注调节变量的研究。组织行为学领域对涉及调节变量的现实问题进行了较为详细的阐述。Kingshott(2006)研究了心理契约违背与员工之间的关系,验证了个体差异、企业环境、劳动力市场等在其中起到调节作用。Robinson(1996)验证了在心理契约违背与员工职业发展关系中,公平感起到重要的调节作用。Argyris(1960)[3]探讨了心理契约违背与员工离职倾向之间的关系,论述了未被满足的需

---

[1] 范钧.服务消费情境中的顾客心理契约形成机制研究[J].江苏商论,2009(2):30-32.

[2] 余可发.品牌关系理论研究述评:视角、主题和核心观点[J].广西经济管理干部学院学报,2009(2):54-58.

[3] Argyris C.Understanding Organizational Behavior[M].Illinois:Dorsey Press,1960.

求、工作满意度在二者之间起到调节作用,并且心理契约违背与公民行为呈负相关关系。Goles 等(2009)[①]论述信任在心理契约中的作用时指出,心理契约违背与满意度、信任和忠诚度均呈负相关关系。Dunaheem(1974)论述了雇员心理契约违背的出现会给企业绩效带来影响,但是企业的补救措施在其中起到调节作用。

在营销学领域,学者也关注并验证了心理契约违背的调节变量。Pavlou 和 Gefen(2004)证实了顾客以往的购物经历和满意度会对心理契约违背的程度起到调节作用,如果顾客与卖家曾经的合作过程和结果是令人满意的,那么顾客对商家会持有友好的态度,敏感度很低。而情感是人与人之间信任的关键要素,即使遭遇心理契约违背,顾客对商家处理问题的能力也深信不疑,负能量行为出现的概率较低。喻建良(2011)通过问卷和统计分析方法得出结论:顾客在交易过程中感知到商家的未履约行为,导致认知信任和情感信任的破坏,使交易型心理契约违背出现,但是这样的破坏似乎不太可能影响到关系契约。违反了情感信任关系,则会导致强烈的关系型心理契约违背,二者均影响顾客忠诚度。商家补救行为有一定调节作用,包括服务补救的维度对结果变量的影响关系也较显著。

王静一(2007)以餐饮业和银行业的消费者作为研究对象,通过收集的 359 份样本数据发现,心理契约违背能否导致顾客抱怨行为会受到很多因素的影响,如顾客的性别、职业、品质等,这些都是具有调节作用的因素,尤其是顾客对自己应该履行责任的感知在心理契约违背与抱怨行为以及购后行为中的调节作用比较显著。

范钧(2009)验证了转换成本能够调节顾客的重购意愿,即当顾客出现心理契约违背时,能否重购该品牌也会受到转换成本的影响,如果转换成本高,顾客会考虑继续重购;反之,转换成本低,顾客必然会因心理契约违背带来的负面情绪和情感体验而转换品牌。

谢鸿飞(2010)在论证心理契约违背与信任的关系时,论证了顾客以往购物经历的满意度在二者之间的调节作用,得出关系心理契约违背与信任之间的关系不随以往购物经历满意度的变化而变化,也就是没有显著的调节作用。说明如果顾客与商家出现关系心理契约违背,由于双方出现情感上契约的破裂,即使以往的购物经历是满意的,也很难改变顾客对商家信任的降低。

[①] Goles T., Lee S.J., Rao S.V., Warren J.Trust Violations in Electronic Commerce:And Reactions[J]. Journal of Computer Information Systems,2009(6):1-9.

第二节 零售商品牌权益

一、品牌权益及其测量

品牌权益也被称为品牌资产,二者互为通用的关系最早流行于西方广告界,逐步延伸至营销领域。1980年后,学术界开始关注品牌权益的研究,大量的研究成果接踵而来,主要关注品牌权益的形成、现状、构建和如何管理的问题。随着营销理论和管理实践的发展变化,人们对品牌权益的认识也有所改变,其形成过程中的影响因素越来越多,对其概念的界定也并未统一。不同学者根据自己的研究需要对品牌权益做出不同的界定(Buttner,2008)。Chaudhuri(2002)认为,品牌权益是指品牌给企业带来的超额价值的集合。Aaker(1991)认为与品牌相关联的称号、标识等集合,既能增加对顾客的服务,也能降低产品质量,均会影响企业资产或负债。Aaker(1996)认为,品牌权益最早是用于财务管理的,其背后体现了企业的现金流和效益,即品牌权益大小代表了企业效益的好坏。Amine(1998)认为,品牌权益比没有品牌的商品能拥有更多的现金流。从消费者角度来看,是顾客忠诚的结果,包括态度忠诚和行为忠诚;从企业角度来看,是企业长期维系顾客关系的结果,是高品质关系质量的体现。Dellarocas(2007)认为,品牌权益是当消费者面临在有品牌和无品牌的商品之间进行选择时表现出的差异化反应和购买行为的集合。汪旭辉(2015)认为,品牌权益是能为企业带来良好社会口碑和经济效益的顾客关系的集合。汪旭晖、冯文琪、张扬(2015)研究认为,品牌权益是顾客对企业一切营销活动、策略、产品、服务等在心理、态度、认知、情感上的差异化反应,这种差异化反应直接将品牌与其他企业区别开来,顾客行为的忠诚给企业带来效益的提升和客源的稳定。

由学者对品牌权益概念的界定得知,品牌权益具有复杂性,将标准统一比较困难,且从这些定义来看,他们之间的描述并非矛盾对立,而是统一的(宁昌会,2005)。经过梳理后发现,其实对品牌权益概念的理解基本是从两个视角进行的:一是企业视角,着重分析了品牌权益在现金流、顾客忠诚、社会形象等方面带给企业的效益;二是顾客视角,着重分析品牌权益在关于品牌知识、态度、情绪、情感体验和自信等方面带给顾客的改变（江明华、董伟民，2003）。而且发现一个重要的问题就是消费者在品牌权益的形成过程中占据日益重要的地位。因此，本书给出品牌权益的定义也是基于消费者视角，因为离开消费者行为，品牌权益就是空囊，根本无法形成绩效和社会影响力。本书所指的品牌权益，是指零售商通过一系列的营销活动和影响策略带来的消费者在态度和行为上的改变，最终影响企业绩效。

（一）基于企业的品牌权益

品牌的经济效应和社会效应为企业带来了可持续发展的持久动力，是企业的无形资产（沈鹏熠，2012）。因此，很多学者从企业层面对品牌权益进行测量，想要更深层次了解品牌权益到底能为企业带来哪些收益（许正良，2011）。主要通过以下指标来测量品牌权益：为企业在经济市场上带来的财富值、品牌权益溢价表现、品牌权益替代成本、品牌持续盈利能力、股票市场的变化、降低成本的能力、企业市场发展的稳定性等。这些指标的提升，都足以说明品牌权益不可估量的作用。

（二）基于顾客的品牌权益

从顾客视角对品牌权益的研究是现阶段的热点和焦点，国内外大量文献都对该问题予以关注。Kelley（1993）正式提出顾客品牌权益，他对品牌权益的解释是对顾客有价值，才能最终对企业有价值。Ailawadi 等（2004）[1]认为，品牌权益是顾客脑海中对企业一切营销活动的差异化反应与感知，其形成基础是顾客的品牌知识。品牌知识的维度见图 2-4。当消费者看到某类产品时，其脑海中马上能联想到某品牌，并能清晰地知道品牌名字、标识、包装等，能够清楚地辨别品牌的能力叫作品牌认知（Keller，1998）[2]。品牌形象是品牌根植于顾客心中的总体印象，能够影响顾客喜好和顾客联想，积极正面的品牌形象有助于促进购买行为，负面形象只会减弱顾客的购买意愿（Gommans，2001）；品牌态度是顾客对品牌的评价，

---

[1] Ailawadi K. J., Keller K. I. Retail Branding: Conceptual Insights and Research Priorities[J]. Journal of Retailing, 2004, 80（4）: 331-342.

[2] Keller K. L. Strategic Brand Management: Building Measuring and Managing Brand Equity[M]. Prentice-Hall, Upper Saddle River, 1998.

是比较抽象的品牌联想的体现,当顾客对某品牌的经营理念、风格等认同度很高的时候,顾客对该品牌会表现出强烈的喜好,有独特的联系,在众多的品牌中顾客会毫不犹豫地选择该品牌,这样的购买行为无疑有助于品牌权益的形成(Mitra et al., 2006)[①]。从顾客视角研究品牌权益有助于企业清楚地知道顾客的哪些行为有助于形成品牌权益,这对品牌管理具有重要的现实意义。

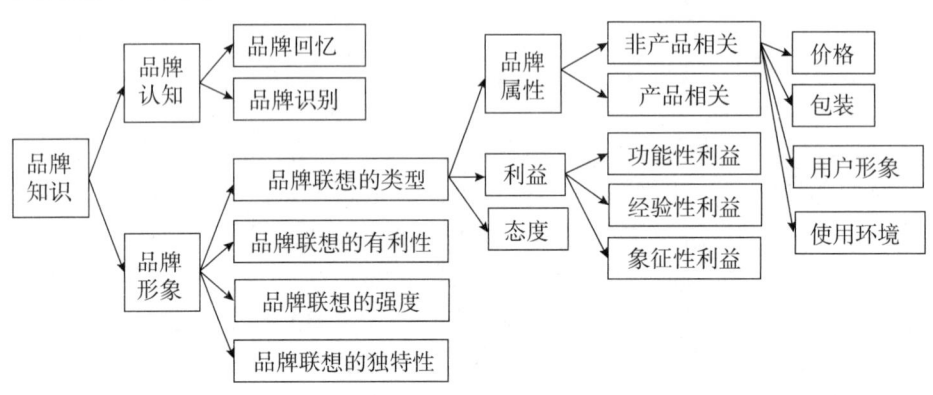

图 2-4 品牌知识的维度

(三)基于顾客品牌权益的测量

品牌权益的构成一直是学者比较关注的焦点问题,他们运用了很多评估方法,分别从财务、市场、消费者等视角进行研究。而在所有的评估测量方法中,以从消费者视角研究为主,成果也比较多,因为基于消费者视角才能真正反映出品牌权益大小,是品牌权益形成的直接驱动力。比较典型的评估模型有 Aaker 模型、Keller 模型、三维度模型和国内一些学者提出的评估测量模型等。

1. Aaker模型

它是由学者 Aaker 于 1991 年提出来的概念模型,将品牌权益分成了五个维度,分别是品牌忠诚、品牌知晓度、感知质量、品牌形象和其他专属资产。他认为前四个维度是品牌权益的重要组成部分,这一结论也

---

① Mitra D., Golder P. N. How Does Objective Quality Affect Perceived Quality? Short-Term Effects, Long-Term Effeccts, and Asymmetries [J]. Marketing Science, 2006, 25 (3): 230–247.

被其他学者广为接受,在理论界得到广泛应用。张彤宇等(2005)[①]认为,此模型是最有影响力的,对解释现实现象起到很好的支撑作用。后来又在此模型基础上增加了10个因素,更丰富了该模型的内容(见图2-5)。

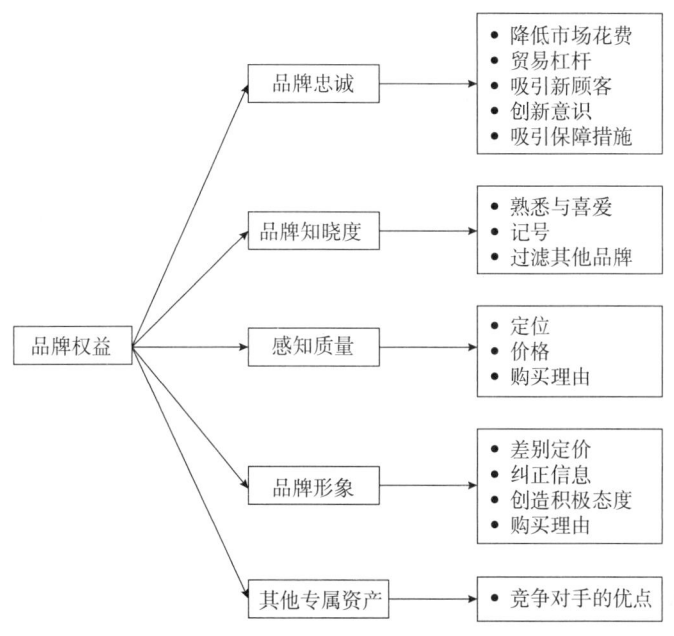

图2-5 Aaker品牌权益模型

该模型的优点:①结构清晰、内容全面,得到了学术界较多专家的认可并在实践中被广泛采用;②品牌权益维度的划分比较细致、全面,品牌权益的实质和内涵得到了全面体现,体系完整,具有一定的稳定性;③该模型体现了品牌形象在品牌权益形成过程中起到重要的作用,为品牌形象的研究奠定了理论基础。

该模型的不足:①该模型属于扁平结构,逻辑从属地位体现得不明显,层次感没有区分出来;②各维度之间的关系及重要性权重没有明显体现;③各维度细分后的十大要素阐述不够细致、全面,未能清晰地表述各维度的具体内容;④最后一个维度细化要素的表述有待商榷,因为不同品牌、不同行业领域、不同的消费群体对品牌权益的感知是不同的,差异比较大,应该针对具体情况进行具体分析。

---

① 张彤宇,范秀成.基于顾客感知的服务营销组合与服务品牌权益研究[J].营销科学学报,2005,1(2):87-102.

2. Keller模型

1993年美国著名学者Keller提出了品牌权益模型（CBBE），认为品牌权益形成的基础和核心是品牌忠诚，而品牌知识、品牌回忆、品牌识别、品牌形象等均是测量权益的指标。品牌知识由两个维度构成，品牌认知主要指消费者脑海中对品牌的记忆与识别能力，品牌形象是与品牌构成的某一个或某几个要素相关联在顾客头脑中的感知。该模型是消费者对品牌知识了解后对品牌一切要素的认知与记忆，如图2-6所示。

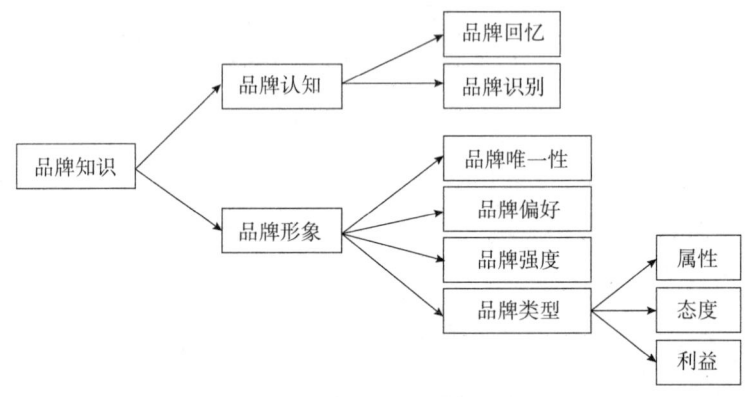

图2-6　Keller品牌权益模型

该模型的优点：①该模型构成比较全面，结合了很多学者品牌权益研究成果的精华，思路清晰、内容全面；②该模型对各要素进行了层次罗列，体现了各要素之间的逻辑关系，这是比较大的进步，消除了以前同级罗列扁平结构的弊端；③该模型展示了品牌权益的结构以及构建流程，对企业的实践活动具有现实指导意义；④品牌权益模型涉及的变量较多，层级复杂，该模型层次清晰、结构完整，对品牌权益理论的深入研究具有重要的作用。

该模型的不足：①该模型涉及变量较多，结构复杂，在现实中应用和操作起来较困难；②模型适应的面比较广，但专业性较弱，行业的针对性不强；③品牌权益各维度的划分没有Aaker的严谨，也没有对各维度之间的关系进行进一步说明。

这是Keller基于品牌知识的模型，后来随着理论研究的深入，他又提出了基于顾客的品牌权益模型，叫作金字塔模型。该模型着重展示了品牌创建的四个步骤，如图2-7所示。

第二章 文献综述

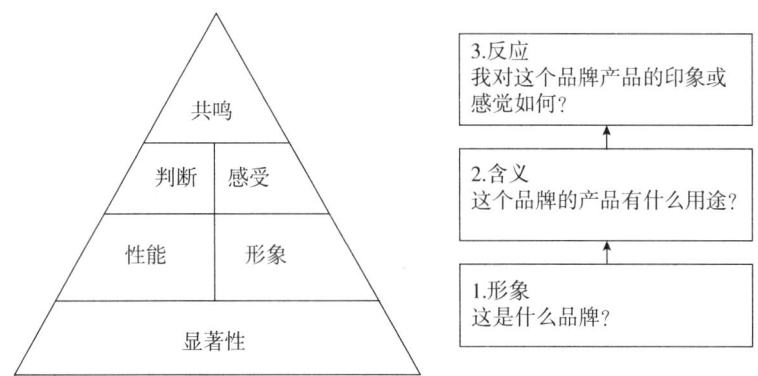

图 2-7 基于顾客的品牌权益金字塔

该模型是 Keller 在实践中不断摸索后提出来的，他认为在市场竞争中，光靠品牌来构建顾客的品牌知识是有很大局限性的，应该在品牌知识和其他要素之间构建关系，影响品牌联想，实现品牌忠诚，达到宣传品牌、宣传企业的良好效果。

3. 品牌权益三维度模型

在 Aaker 十要素模型的基础上，运用实证分析方法，Yoo（2000）得出了品牌权益包含三个重要的维度：品牌认知、品牌形象、品牌联想。针对这三个维度与消费者之间的关系，作者在现实中的不同行业中进行了调查研究和数据分析检验，结果证明信度和效度良好。他发现各维度之间不是平行并列的关系，而是有一定的层级关系，不同国家、不同行业消费群体对这几个维度的重要性感知是有差异的。那么企业就要针对不同的顾客心理和行为差异采取营销策略，以构建品牌权益，如图 2-8 所示。

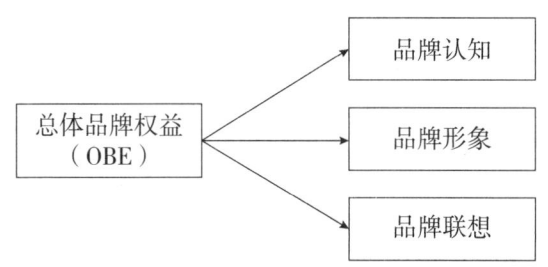

图 2-8 Yoo 的品牌权益评估模型

4. Pappu 等的顾客满意对零售商品牌权益的驱动模型

Pappu 等（2006）研究了顾客满意对品牌权益的影响路径，提出了一系列假设并加以检验，形成了驱动模型（见图2-9）。他们在实体百货和专卖店中进行了调查跟踪，发现品牌权益的四个维度与顾客满意度的关系非常密切，严重影响着品牌权益的形成。同时也告诫管理者们不能以追求经济利益为目的，而是要将目光和资源投放在顾客身上，满足顾客需求，只有顾客满意了，才能产生持久的购买力，才能为企业做出积极正面的口碑宣传，才能形成良好的品牌权益。

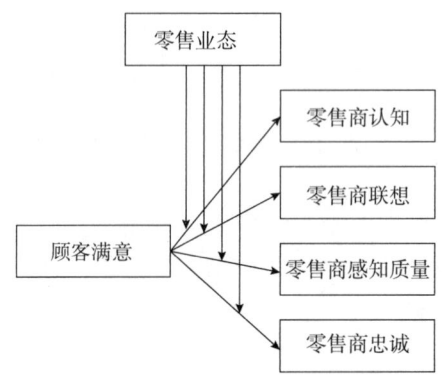

图2-9 顾客满意对零售商品牌权益的驱动模型

5.国内相关模型

张彤宇（2005）探讨了服务营销组合与品牌权益的关系，认为品牌权益包含7个维度：品牌忠诚、品牌创新、品牌延伸、品牌形象等。

宁昌会（2005）认为，品牌资产的核心是品牌效用，它是品牌价值的真正体现，也是顾客获取品牌的根本目的，他以品牌效用为基础构建了品牌权益模型。

欧阳洁（2003）提出了品牌权益的三维度模型，包括品牌知识、品牌形象、品牌忠诚。

黄嘉涛等（2006）[①]对品牌权益的内涵与构建进行了深入研究，发现其维度包括品牌想象、品牌意识、品牌共鸣、品牌认知。

汪明华（2003）探究了中国市场情境下顾客品牌权益的形成机制，认为品牌忠诚、品牌形象、品牌支持、企业家形象等要素均影响品牌权益的形成，并运用实证方法检验其合理性。

---

① 黄嘉涛,陈春花,陈永清.品牌权益的内涵及模型构建[J].财会通讯,2006（8）：6-9.

6.品牌权益模型评价

品牌权益的研究始于西方国家,我国涉入时间短,成果还不够丰富。通过梳理国内外文献可知,对品牌权益的研究大多是从消费者视角进行的,主要探求消费者与企业之间的关系。企业通过采取各种措施来刺激和满足消费者需求,以使消费者在态度、心理和行为方面向着有利于企业发展的方向转变,形成良好的口碑效应和品牌忠诚,提高企业绩效。这些品牌权益模型的研究,更是为该领域提供了较细致的视角,为管理者们的实践活动提供了理论指导和帮助,但美中不足的是,这些模型大多都是概念模型,未经过翔实数据的实证检验。可以说,这为下一步的研究留有空白领域,值得学者继续沿着该主题深入下去,推动品牌权益的发展。就品牌权益的维度而言,学者还是有一定争议的,但是综观各位学者提出的品牌权益构成模型,品牌联想、品牌知名度、感知质量和品牌忠诚是被提到最多的,也是最被认可的几个维度(李存超,2014)。

二、零售商品牌权益

Keller(1998)和Kramer(1999)认为,零售商和品牌管理类似,也有权益,其实质也是品牌权益。他们提出了零售商品牌权益的概念,并指出包含了零售商认知与零售商联想两个维度。Louviere等(1990)[1]给出了零售商品牌权益的定义:由于零售商的营销活动而在顾客头脑中形成的关于零售商之间的差异化反应。这种差异化反应代表了顾客对零售商品牌的偏好、记忆、行为方面的差异等(Mathwick,2002)。也就是当消费者面临选择时,会自然而然进行对比形成差异化认知,最终会选择自己偏好的品牌(Nunnally,2010)。

Michel(2002)[2]和Lee(2004)研究发现,基于消费者视角的品牌权益包括品牌认知/联想、感知质量和品牌忠诚,这三个维度的测量同样适用于零售商品牌权益;Gulati(1995)认为,零售商品牌权益包括四个维度:品牌标识、零售商联想、商店忠诚、服务质量。他认为产品质量和感知价值构成了零售商联想,但零售商联想还会受到很多因素的影响,如服

---

[1] Louviere J. J., Johnson R. D. Reliability and Validity of the Brand-Anchored Conjoint Approach to Measuring Retailer Images [J]. Journal of Retailing, 1990, 66 (4): 359–382.

[2] Michel Laroche. Selected Issues in Modeling Consumer Brand Choice:The Extened Competitive Wuluerability Model [J]. Advances in Business Marketing and Purchasing, 2002 (6): 114–169.

务水平、店铺地址、商品价格、购物的便利性、环境设施等,而产品质量和感知价值仅仅是零售商联想的一部分内容,不能够全面涵盖其内容,有一定的片面性。Bloemer(1997)认为,零售商权益包括商店认知、商店忠诚和店铺形象。店铺形象实际是对零售商营销刺激的感知,代表了顾客记忆中与零售商相关的一切节点与要素,因此,用零售商联想取代店铺形象比较合适,它涵盖了商店知识的所有内容。

通过梳理关于零售商品牌权益的文献可以看出,它应该包括四个维度:①零售商认知:顾客对某零售商记忆识别的能力;②零售商联想:消费者能够想起的一切与零售商相关的节点、信息,也是区别于其他零售商的要素;③零售商感知质量:零售商产品及服务在消费者心目中留下的印象和判断;④零售商忠诚:消费者对零售商的偏好,即使营销环境和价格策略等发生变化,消费者也不会转换品牌,而是选择继续重购的态度和行为(Brucks,2000)。随着对零售商品牌权益结构的深入研究,学者开始注重对零售商品牌权益的测量。Lee(2000)的测量量表同样被广泛应用,Bloemer(2002)进行了适度的修改和调整,将测量题项扩充到18个。Pappu和Quester(2006)经过调查研究,开发出了包含四个维度23个测量题项的量表。

随着电子商务的发展,网购消费者越来越多,成交额逐步攀升,学者逐步将研究目光投向了网络零售商品牌权益。该权益主要是指顾客基于线上体验、互动、商品质量、情感联结等形成对网络零售商的认知与情感(Paul,2006)。多渠道零售商是以线下实体零售为基础在线上渠道所做的营销努力,给顾客留下的品牌差异化反应(Ring,1992),是集合了线上线下零售商整个品牌的认知与情感的结合体。提高多渠道零售的绩效是提高品牌权益的根本所在,线上线下渠道的绩效具有互相促进的协同作用,也有稀释效应。而多渠道零售成为当今社会的主要趋势,既满足了顾客的需求,也提升了企业的效益。所以,当前学者的研究普遍以多渠道零售商为研究对象,探寻品牌权益形成的机制问题,本书也是如此,研究对象为多渠道零售商。

综观有关零售商品牌权益的文献可以发现,和以往的品牌权益研究有些许不同:第一,内涵进一步延伸。零售商品牌权益是顾客基于商店知识对零售商品牌的认知与情感反应,商店知识既包括零售品牌,也包括零售企业,比以往的品牌涵盖面更广、内涵更丰富。第二,测量量表更全面、更系统。以往的品牌权益测量量表是针对有形产品的,而Pappu和Quester(2005)、Arnett(2003)等提出的零售商品牌权益测量量表更体现了消费者的作用，认为消费者的体验和感知在零售商品牌权益形成机制中起着举足轻重的作用。这也说明，未来的研究都是以消费者行为为主，且顾客类型、顾客体验、性别等因素在零售商品牌权益形成路径中的作用成为新的研究热点。

第三节 顾客信任与顾客价值

一、顾客信任

（一）信任的定义

信任是来自于社会学和心理学领域的一个概念，在管理学、营销学等领域得到广泛应用，在关系营销学领域，信任是非常重要的变量，对其他变量有重要的影响作用（Anderson，1996）。企业要想长期发展下去，构建与顾客良好的信任关系和信任基础是非常重要的（Corbitt，1983）。企业的管理者们也普遍认为，信任有助于提升企业管理水平和利润增长，是企业前进的动力，是塑造企业良好形象的必要条件（Flint，2001）。不同学科领域纷纷对信任做了概念界定，管理学中认为，信任是可以避免冲突或使已经发生的冲突得以平息，是一方对另一方的信赖程度（Mowday，1979）。Morrison（1990）认为，信任是一方对他人持有善意、诚信等积极正面的期望，相信对方不会背叛自己，并愿意承受背叛代价的心理认知。Robinson（1995）认为，信任可以增强彼此双方的关系基础，一方相信另一方不会做出不利于己方的行为。信任可以使企业受益，通过降低交易成本，提高它们的灵活性和效率，帮助它们更准确地设计未来的营销计划或策略。信任是指一方在特定情况下愿意依赖另一方的意愿。McKnight等（2002）[①] 和 Chervany（2002）阐述了信任意向中包含的五个重要组成部分。这些因素包括潜在的消极后果、信赖、安全感、特定的情境以及缺乏对控制的依赖。首先，负面的后果或风险可能会强调信任的重要性。

---

① McKnight D. H., Choudhury V., Kacmar C. Theimpact of Initial Consumer Trust on Intentions to Transact with a Web Site: A Trust Building Model [J]. Journal of Strategic Information Systems, 2002, 11（3-4）: 297-323.

其次，信赖也是支持信任意图的重要因素，也可以被定义为依赖的权力，这意味着一方愿意为另一方提供权力，源于依赖。再次，安全感使人的信任倾向更强，增加了人们依赖另一方的意愿，因为他们感觉更可靠和舒适。复次，人们对另一方的信任程度也取决于具体情况（Moorman C., 1993）。最后，缺乏对信任的依赖意味着人们可能不依赖于控制机制，但当他们信任另一方时必须"依赖信任"（McKnight，2002）。

在营销学领域关于信任的定义也比较多，McKnight（2002）认为，信任是一方对另一方保持信赖、善意的程度，对另一方的可靠性和品质拥有足够的信心。Stkin（1993）对信任的理解是：一方愿意完全信赖和依赖另一方的程度。Peppa 等（2012）[①] 认为信任是一方对另一方保持信赖、善意的主观认知。信任是一方认为另一方的行为永远会朝着有利于己方的方向去努力的预期和信念（Johnson，1996）。一般来说，信任是指对人或事的完整性、能力或特征的依赖。换句话说，这意味着委托人有信心，受托人会关心他或她的利益，而委托人愿意依靠受托人的决定，即使结果不立即可见（Blodgett，1997）。Bitner（1990）和 Berry（2003）认为，信任可以分为两种基本类型，即直接信任和第三方信任。直接信任是一种建立起来的信任关系，由双方自己决定。第三方信任是在两个主体之间发展的信任，双方可能互不相识，但愿意彼此信任。信任在网络世界中尤为重要。Nooteboom（1997）认为，信任并不是无限的，它与一个想法有关，即如果一个人选择在更大程度上信任一个零售商品牌，那么他或她将会减少对其他品牌的信任。因此，信任可以降低消费者接受竞争对手提供的服务或产品的意愿（Rotter J. B.，1971）。此外，信任能够增强最终用户在不确定的情况下与另一方合作的动机（McKnight & Chervany，2002）。最终用户通常更愿意与他们信任的一方合作，而不是与他们没有建立任何信任关系的一方，尤其是在他们不熟悉或无法控制的环境中。

在文献中似乎有一个普遍的共识，信任是网络世界中客户关系的重要组成部分（Nooteboom, B.，1997；Preece，1987）。信任有助于客户降低在网上进行复杂业务的风险和不确定性的担忧（Shankar，2003；McKnight & Chervany，2002）并鼓励他们参与在线活动。此外，当用户信任他们所接触的各方时，更愿意与他们合作，并且相信如果他们维持这种关系，将获得长期的利益（Stewart K.J.，2003）。关于信任的准确定

[①] Peppa V., Lysikatos S., Metaxas G. Human-computer Interaction and Usability Testing：Application Adoption on B2C Web Sites [J]. Global Journal of Engineering Education, 2012, 14（1）: 112-118.

义，学术界尚无统一定论，通过梳理相关文献可以看出，大部分学者对信任概念的界定来自三个要素：主观感知、意愿、行为。从主观感知视角来看，信任是指一方认为另一方可靠、正直、真诚、善意的感知，是对另一方充满了信心的表现；从意愿及行为视角来看，信任是指受信方在行为上有所表现的意图和倾向。其实，综观各领域、各学科、各视角对信任的定义可以看出，信任归根结底是指一方对另一方在情感上表示认同，在行为上予以支持和理解，并愿意与对方协同一致采取行动。表2-2是本书对学者关于信任定义的汇总。

表2-2　关于信任的定义

学者	定义
Kotter（1973）	信任即信念，具有稳定性和灵活性，信任程度依每个人面对不同的环境时的反应有所差别，尤其在陌生的环境中，信任对一个人的影响远远超越其他因素
Niehoff（1993）	信任是一方基于另一方的人格而做出的行为决策依据
McLean（1994）	信任是对被信方放心、安心，并认为其言行是可信的，并且会如期履行自己的责任和义务
Perdue（1986）	信任是人们对彼此可靠性与善意的集合，相信都会朝着预期去实施计划
Doney（1997）	一方对另一方能够如约履行责任和义务的期望，相信对方一定能够做到的心理反应
Garbarino（1999）	信任在风险感知的基础上，相信受信方能够按照之前约定的或承诺的去行动而不改变初衷
Gefen（2003）	信任是施信方对受信方的信赖、期望，是彼此不言而喻的情感与机制，相信对方一定能够完成承诺
Kim（2004）	信任是双方彼此之间的互动，是对对方的期望与信赖程度，相信对方能够按预期完成约定的内容
Bart（2005）	信任是一方对另一方具有信心和信赖的程度，是具有主观性的，相信对方有能力完成，且不管在任何情况下对方都会善意地如约履行承诺，而不被任何风险阻碍
Buttner（2008）	施信方对受信方充满期望和信心，相信对方不管在面对任何风险的情况下，都不会做出有损于自己利益的事情，而是一如既往去执行任务
Johnson（1996）	信任是对伙伴持有的有能力完成预期目标的信心，并愿意承担一切风险的意愿
Kimery（2002）	信任是对伙伴的可靠性、能力、善意的信赖，愿意和对方一起去承担风险带来的损失的意愿

续表

学者	定义
Lee（2007）	信任是对伙伴能够履行各种承诺的能力的期望，认为对方是可值得信赖的，是可靠的，任何情况下都不会背叛自己
Lee（2001）	电子商务信任是对电子商务平台充满了期望，即使有风险，相信电子商务平台也会尽量确保安全、可靠

通过总结学者从不同学科、不同视角对信任的解释与阐述，本书给出信任的定义：消费者对企业充满了期望与期待，认为对方是可值得信赖的，即使面对风险，对方也会以消费者利益为中心采取行动，而不会将风险结果转给消费者。这种心理反应是经过长期合作逐步累积起来的心理密切程度，是对受信方诚实守信、正直善意程度的心理认知。

（二）信任相关问题的研究模型

国外关于信任研究比较成熟的理论模型比较多，内容也比较完善，如 Fishbein 和 Ajzen（1975）提出的理性行为模型、Ajzen（1991）基于理性行为模型又提出计划行为理论、Davis（1989）基于理性行为模型提出了技术接受模型（TAM 模型）。TAM 模型是最早应用于电子商务领域的，用来研究消费者感知价值与行为的模型，为电子商务领域研究拓宽了思路、奠定了基础。

1. 理性行为模型

消费者行为领域应用最广泛、影响力最大的就是 Fishbein 和 Ajzen（1975）提出的理性行为模型。该理论认为，人都是比较有理性的，在做任何事之前都是根据自己的意向认真分析与思考，进行合理判断，这种意向决定了个体采取行为的动机。也就是说，人的任何行为都是受主观意图和态度决定的。而且，该理论有一个重要的基本假设前提就是，人都是有能力控制自己的言行的，只不过在某些环节和条件下，会有一些外部因素对人的行为意图造成干扰，产生了偏离主观意愿的行为结果。因此，为了研究结果的准确性与客观性，可以引入一些控制变量。该理论对人的行为意图、态度、主观规范之间的因果关系予以了详细阐述（见图2-10）。

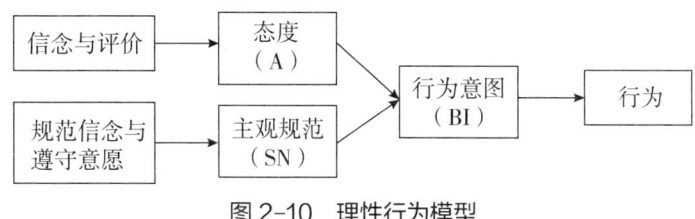

图 2-10 理性行为模型

由理性行为模型可知，消费者的信念和主观规范会影响消费者意愿，而行为意愿对行为又有直接影响。根据该理论的假设前提，如果消费者对执行某项任务或采取某种行动的心理意愿特别强烈，那就说明他对此事很感兴趣，愿意对此行为可能出现的风险承担后果，他的情绪会高涨并且积极响应，积极参与的态度必然会加强行为意愿，促使行为结果的出现；反之，消费者如果不喜欢某事或某种行为，他必然会消极应对，不予行动。主观规范是个体对采取某种行为在主观上感到的压力，外在的规范性对个人的行动意愿产生影响，规范性越强，个体越能遵守个人意愿去采取行动。

2. 计划行为模型

计划行为理论（TPB）是 Ajzen（1991）提出来的，是对理性行为理论的继承和发扬，是预测人们行为的重要理论。该理论认为，人的所有行为并非全部心甘情愿，而是来自于控制，因为人的行为是能够被完全控制的。消费者在交易过程中难免会受到很多外部因素的干扰，使得自己不能完全按照主观意愿去行动，这种影响因素来自三个方面：自己本身的态度、外在主观规范性和知觉行为的控制。这是计划行为理论最大的特点，也对理性行为理论做了进一步有益的补充，计划行为模型如图 2-11 所示。

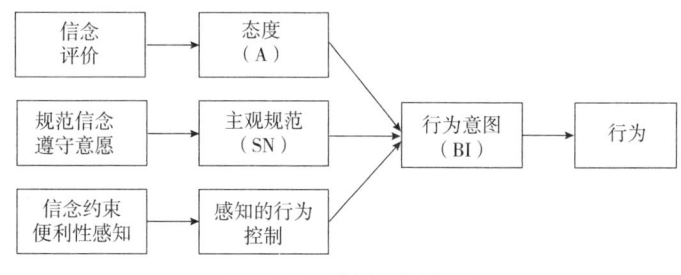

图 2-11 计划行为模型

TPB 理论对研究消费者比较复杂的行为提供了全新的视角和框架，消费者感知的行为控制对采取行动的意愿有着很强的预测能力，对现实生活中大部分的消费者行为具有解释作用。感知行为控制比较容易测量，数据获取和检验容易完成，所以，TPB 理论在市场营销学领域占据重要的地位，成为分析消费者行为的重要理论支撑。随着电子商务的发展，网购消费者越来越多，很多学者展开了对在线信任的研究，同时将 TPB 理论引入其中，对在线信任影响机制的研究起到了重要的推动作用。

3.技术接受模型

Davis 等（1989）[①] 在理性行为理论的基础上提出了技术接受模型（TAM）（见图 2-12）。该理论认为，高的积极情感和高的负面情感可能与个人的态度和行为有关，人们在现实工作与生活中感受到的有用性和方便性会影响到个体对待事物的态度，方便性与便捷性会受到外部一些因素的影响，这些外部变量会影响科技的使用情形，能够解释或者预测影响信息技术使用的因素，对研究外部环境因素对消费者购买行为的影响导致消费者行为变化能够做出系统、成熟的解释，很有说服力。

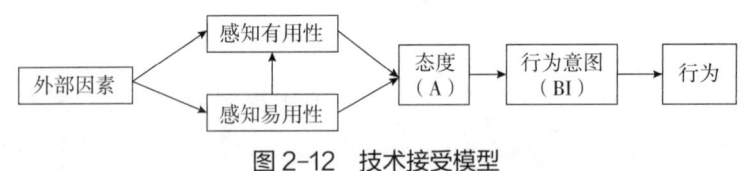

图 2-12　技术接受模型

TAM 理论更明晰了消费者态度和行为出现转变的前因，首次将外部因素的影响作为消费者行为研究的重要变量，还提出了影响消费者态度的两个重要的因素：感知有用性和感知易用性。消费者对采取某种行为能够给自己带来利益或绩效提升，叫作感知有用性；消费者对在某个渠道中实施行动的感知与同意的程度，叫作感知易用性。由模型可以看出，外部变量会影响感知有用性、感知易用性，并对消费者的态度、行为意向和最终采取行动都有显著的影响。消费者对某事或某物的感知有用性和感知易用性越强烈，其愿意接受某物或对某事采取行动的愿望就会越强烈，也就是说这二者对消费者行为具有显著的积极影响。

4.国内关于信任的研究模型综述

第一，有关 B2C 环境下消费者在线信任模型。

[①] Davis F., Bagozzi R., Warshaw P. User Acceptance of Computer Technology: A Comparison of Two Theoretical Models [J]. Management Science, 1989, 35（8）: 982-1002.

电子商务的特性使消费者购买行为充满了不确定性和风险性,而在线信任成为影响消费者行为的重要变量,消费者对商品、商家服务、交易安全、隐私保护等方面的信任会促进其产生积极的购买行为,如美观的图片、详细的商品信息、温馨的提示、热情的沟通互动、无后顾之忧的退换货服务等。关于如何构建消费者的在线信任,鲁耀斌、周涛(2005)[①]验证了影响在线信任的五个要素,分别是网站有用性、网站易用性、商家声誉、网站安全和消费者信任倾向,见图2-13。

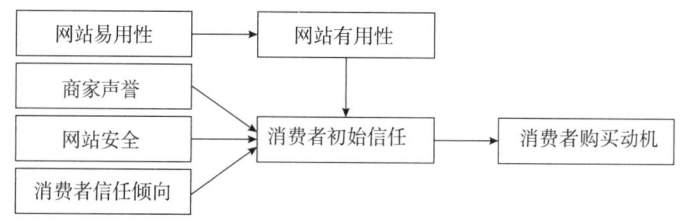

图2-13 B2C环境下消费者初始信任模型

该模型根据TAM模型提取了网站有用性和易用性两个变量,在电子商务中,网站有用性是指网站对于消费者而言能够为其带来利益或绩效提升的程度;网站易用性是指网络这个购物平台对消费者来说是容易驾驭的,不需要消费者通过特别的努力就能实现。这两个因素都直接影响消费者的初始信任,使消费者产生强烈的购买动机,提升网络零售商的绩效。

第二,在线购买信任倾向的研究模型。

信任是双方在不断交流互动的过程中逐步形成的一方对另一方信赖的程度,其形成基础是社会互动理论和交换理论。在B2C电子商务发展过程中,在线互动能够使消费者对在线零售商有更深入的了解,将购买风险和不确定性降到最低,彼此的信任感才能更好地建立(于坤章等,2005)[②]。B2C情境下的在线互动是以网站平台为基础,与供应商进行直接互动,针对商品、使用以及售后等方面的问题进行互动交流,以达成买卖契约。因此,在线互动与传统实体购物最大的不同就是无法面对面,需要凭借主观意识去判断、感知,形成自己的认知,以此作为决策的依据

[①] 鲁耀斌,周涛. B2C环境下影响消费者网上初始信任因素的实证分析[J]. 南开管理评论,2005(6):96-101.

[②] 于坤章,宋泽. 信任、TAM与网络购买行为关系研究[J]. 财经理论与实践,2005(26):119-123.

(Wood et al., 2008)[①]。在线互动具有虚拟性、技术性和社会性三个特点，消费者的互动也可以分为三类：消费者与网站的互动、消费者与供应商的互动、消费者与消费者之间的互动（许正良、古安伟，2011）[②]。商品供应商通过良好的网络技术、过硬的商品质量、全面的沟通方式赢得顾客的信任，达成长期合作的伙伴关系，详见图2-14。

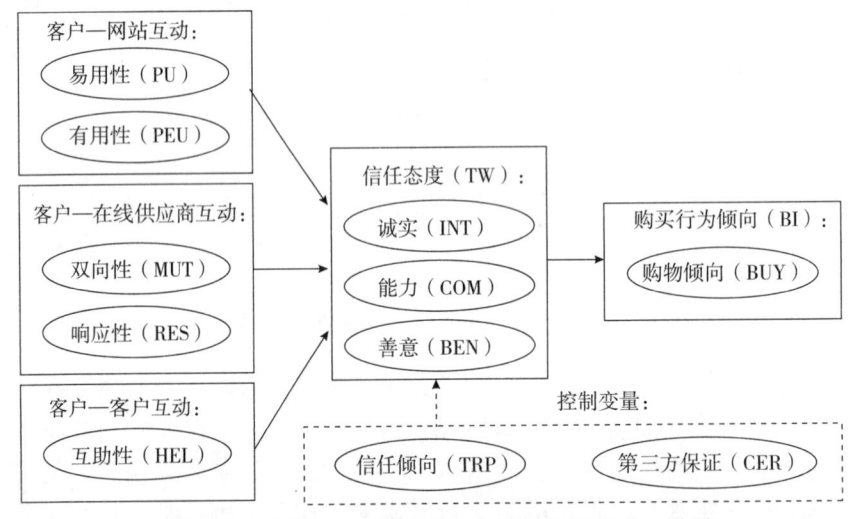

图2-14 互动性、信任及信任相关行为倾向关系模型

由图2-14模型可知，互动与信任的关系是非常密切的，线上零售商若想让顾客全面了解自己的经营理念、产品信息、企业文化等，必须通过有效的互动方式与顾客进行交流，展示这些能力，让顾客对他们放心，产生信任感（李存超，2014）。线上零售商在向消费者展示这些实力时，消费者如果对供应商正直、能力、善意三个维度中任何一个不满意（张仙峰，2006），均会影响他们的在线信任，也就是说，在线零售商应该着重通过这三个方面来提升自己以便赢得更多的消费者信任。该模型的目的就是能让消费者对在线供应商产生高度的信任，以形成积极的购买行为，能够给供应商提供较好的理论帮助和支持（Sujan，1993）。

第三，实体和网络零售下消费者的信任转移与渠道迁徙模型。

---

① Wood J., Boles J., Johnston W., Bellenger D. Buyers' Trust of the Salesperson：An Item-Level Meta-Analysis [J]. Journal of Personal Selling and Sales Management，2008，28（3）：263-284.

② 许正良，古安伟．基于关系视角的品牌资产驱动模型研究 [J]．中国工业经济，2011（10）：109-118.

第二章 文献综述

多渠道零售模式的日益发展促使越来越多的零售商由传统渠道向在线渠道延伸,在线商店成为了越来越多消费者尤其是年轻消费者的首选,人们产生的购物乐趣和购物体验源自质优价廉、货品丰富、应有尽有、足不出户等优点。因此,在线零售是零售商扩大销售领域的有利阵地,扩大客源、提升影响力,带来更高的绩效。虽然在线购物的优点很多,但是消费者比较关注的是交易安全、隐私泄露、售后保障等方面,这些方面的顾虑使消费者建立在线信任比较困难。传统零售商需要着力解决的难题就是线下信任向线上信任转移,增强顾客对品牌的线上信任以实现多渠道协同发展的效应。因此,随着网络竞争日益激烈,产品同质化现象日益严重,如何在众多零售商品牌中脱颖而出并形成较高的在线信任对多渠道零售商提出了挑战。越来越多的学者也关注到了这一现象,并展开了积极研究。金立印(2007)对此问题展开了研究,并构建了线下信任向线上信任转移的模型,详见图2-15。

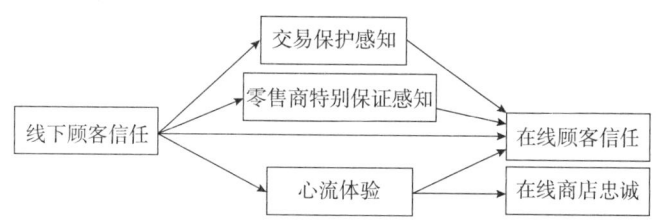

图2-15 传统零售商信任转移及其对线上延伸绩效的作用模型

由图2-15模型的研究结论可知,零售商线下信任可以通过中介机制转移到线上渠道,形成积极的在线信任,促进消费者形成购买行为,促进零售商线上绩效的提升。

第四,在线信任对渠道保留行为的影响研究模型。

目前,理论界对多渠道领域中的渠道购买行为的研究主要集中于概念、路径、影响因素和策略等方面。我国学者对消费者跨渠道保留行为的研究相对匮乏,渠道保留是提升零售商绩效的根本。许多学者展开了此方面的论述,金玉芳(2006)提出了消费者跨渠道保留行为模型,详见图2-16。

消费者的在线信任对跨渠道保留行为产生直接的影响,消费者对在线商店的信任度越高,越容易形成购买意愿、产生持续的购买行为,渠道保留意愿也容易提高,并将在线渠道作为自己购物的主要渠道(杨德锋,2007)。由图2-16模型可知,跨渠道保留意愿不仅受在线信任的影响,还受多渠道整合质量通过线上信任和感知控制所产生的影响。

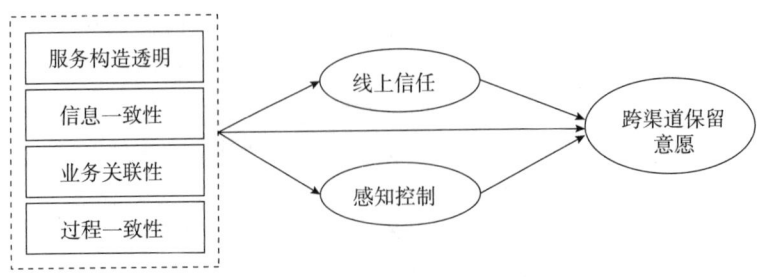

图 2-16　多渠道整合质量对顾客跨渠道保留行为影响模型

（三）关于品牌信任的研究

品牌信任的定义是对品牌的可靠性和意图的信心（Vander Heijden，2003），被认为是促成消费者和品牌之间长期联系的主要因素，是品牌忠诚度发展的核心（Verhagen T.，2006）。在消费者与品牌的关系中，消费者对购买品牌风险的感知会随着他们对品牌的感知而减少，因为他们认为品牌更有信誉、更可靠、更可预测。在零售商的网站上购物，线下品牌的信任甚至可以改变消费者对网上购物的普遍看法（Yoon S. J.，2002），还可以减少对互联网的负面态度及对零售商网站的感知质量。Corritore（1989）认为，品牌信任对消费者的决策购买行为有重要的影响；Chaudhuri（2001）认为，消费者基于产品质量和服务满意形成的对品牌的可信赖程度，超越了产品本身的性能，是对品牌认同的表现。Chang（1994）认为，品牌可以拉近消费者与企业之间的距离并使其融洽、和谐起来。Gremler（1996）认为，品牌信任是消费者在与品牌接触的过程中放心的、安全的，不需要顾虑风险的心理状态，这种安全感来自于日常积累的比较满意的购买经历，是消费者对品牌质量的认可以及品牌带来的其他方面的效应，品牌能够满足消费者的需要且留下了可信赖和友善的感知。Gardner（1986）认为，品牌信任是指消费者在面临风险的情况下依然坚持该品牌的信念，是品牌与消费者在长期的互动中积累下来的情感与值得信赖的感觉，让消费者愿意相信品牌不会损害顾客的利益去换取商业价值。Gefen（2003）认为，品牌信任可以给消费者带来安全感，增进消费者与品牌之间的关系。Davidow（1997）进一步指出，如果一个品牌满足消费者的最低期望，那么良好的声誉就会增强消费者对该品牌的信任；如果一个品牌没有良好的声誉，消费者就会对品牌产生更多的怀疑，对品牌中可能出现的任何瑕疵都更加挑剔。在多渠道零售的情况下，消费者对零售品牌的信任可能会影响到线上对该品牌的信任。换句话说，消费者从他们在实体店的经验中建立起来的信任，可以直接转化为对该品牌在网店的信心（Doney，1998）。Keller（1993）发现，消费者对线下服装商店的信任，极大地预测了他们对该公司网上商店购物的信心以及他们从该网站购买的意愿。Geldago（2003）提出了品牌信任的构成要素，见图2-17。

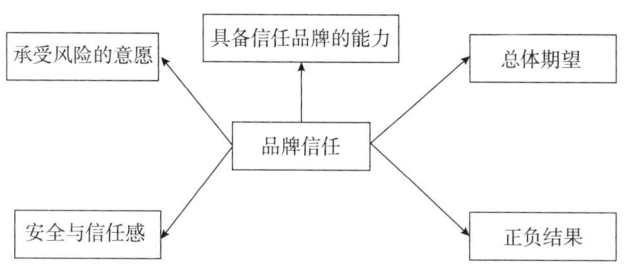

图2-17　品牌信任的构成要素

国内学者对品牌信任也做了大量的研究，于春玲（2005）认为，品牌信任是指消费者购买品牌时感知到的安全感和信赖感，认为品牌能帮助自己降低购买风险，是对品牌的期望和信念的集合。金玉芳、董大海、刘瑞明（2006）探讨了品牌信任机制，认为品牌信任是消费者在有风险或不确定性的环境里对品牌能力和善意的积极正面的期望，相信品牌能为了消费者的利益去努力实现预期的意愿。金玉芳（2004）认为，以前有的学者将信任的概念过分抽象化，在实证研究中很难去测量。他认为品牌信任是消费者在众多品牌中对某一品牌保持积极正面的态度，认为品牌有能力去达到消费者的信赖和善意的程度。

零售行业领域中的品牌信任对消费者购买意愿有显著的作用（景奉杰等，2005），与传统零售商相比，拥有实体商店和网络商店的多渠道零售商更注重消费者品牌信任的构建，因为实体渠道和网络渠道并非独立经营、独立存在的，而是相互影响、相互促进的关系，也会出现稀释效应（Doney et al.，1997）[①]。例如，消费者会将对实体商店的不满意购物经历、情绪带到线上商店，产生不信任感，或者线上商店的不信任感影响了实体商店的购买行为，甚至对品牌产生质疑，影响多渠道零售商的绩效。因此，研究多渠道零售商的顾客信任机制是比较复杂的，需要考虑的影响因素和调节因素比较多。因此，本书认为多渠道零售情境下顾客信任

---

① Doney P. M., Cannon, J. P. An Examination of the Nature of Trust in Buyer-seller Relationships[J]. Journal of Marketing, 1997, 61（2）: 35-51.

是指消费者对品牌履行承诺的积极、正面的预期，并相信品牌不管在何种危机情境下都会为维护消费者利益而做出努力的感知。

很多研究结果表明，信任确实存在于所有的心理契约中，其中认知信任和情感信任在不同的契约中被证明是不同的，认知信任需要在情感信任之前发展，但一旦建立，情感信任就会在缺乏认知信任的情况下继续存在（Miles et al., 1989）[①]。理解在心理契约中的信任及其作用方式，对品牌关系的管理有重要的现实意义。

二、顾客价值

（一）顾客价值的定义

市场经济的发展导致商家之间的竞争日益激烈，买方主导市场成为主流，谁拥有顾客谁就拥有了市场主动权和市场竞争力，才能在市场中立于不败之地。因此，促使更多的顾客成为品牌的忠实拥护者，成为企业追逐的目标，而顾客关心的却是品牌能够给他们带来多大的价值（欧阳小珍等，2006）。于是，顾客价值的研究成为企业界和学术界共同关注的焦点。虽然学者们对顾客价值理论展开了激烈的讨论与研究，但整体来看，关于顾客价值研究也并未达成共识，如顾客价值的定义、影响要素等，仍需进一步研究。查阅以往的文献可知，对顾客价值的界定各抒己见，归纳总结后可分为两大类：一类是从顾客角度出发感受价值，另一类是从企业角度出发探讨顾客为企业创造的价值。就文献而言，更多的是从顾客角度来探究顾客价值的，本书也采用同样的观点进行研究。Zeithamel（1988）[②]提出了顾客感知价值理论，界定了顾客感知价值的概念：顾客在对感知利得与感知利失的基础上形成了对商品和服务的总体评价。不同的顾客偏好会导致顾客对产品或服务感知有差异，满足程度是不同的，导致顾客价值不同。他认为，商品或服务的价值是由顾客感知来衡量的，不由企业决定，企业可以提高顾客对产品或服务的感知利得与利失来提升顾客价值。关于顾客价值定义比较有代表性的观点，详见表2-3。

---

① Miles E., Hatfield J., Huseman R.The Equity Sensitivity Construct: Potential Implications for Worker Performance [J]. Journal of Management, 1989（4）: 581-588.

② Zeithaml V. A.Consumer Perception of Price, Quality and Value: A Mean-End Model and Synthesis of Evidence [J]. Journal of Marketing, 1988, 52（3）: 2-22.

表2-3 国内外学者对顾客价值的定义

学者	定义
Zeithamel（1988）	顾客将购物过程中的利得与自己付出的各项成本进行比较后，形成对产品或服务的总体评价与感知
David（2004）	顾客将购买的产品和享受的服务与自己的付出比较后给出的主观上的评价
Michel（2002）	购买者对自己获得的利益与为此付出的成本进行的比较结果在主观上的感知
Bass（1972）	顾客对产品的价值和给自己带来的利益的感知
Churchil l（1979）	顾客对产品和服务属性所感知到的偏好与评价
白长虹（2001）	顾客对自己获得利益与付出成本的比较
Flint（2001）	顾客购物过程中收获的物质利益与感受到的精神利益的集合
Holbrook（2006）	顾客在购物过程中的感知与体验，最终影响商品价值大小
Jacoby（2006）	顾客对产品质量和服务水平与自己的付出进行主观上的判断，评价的结果影响顾客的决策
Jeffrey（2006）	顾客价值是通过顾客感知后得到的，是知觉利益与知觉成本的差
Koufaris（1982）	顾客的购买经历带来的商品价值与自己付出成本比较后的评价
Parasuraman（1997）	基于关系营销视角，顾客在交易过程中对产品质量、服务水平、购物环境等体验的综合感知与评价

（二）顾客价值的构成维度

Zeithamel（1988）认为，顾客价值就是"利得与利失"的综合权衡，是顾客对质量的感知与价格的感知进行的比较，其结果影响顾客的决策行为。Preece（2004）、Koufair（2004）、Kremer（2012）认为，价值与成本构成了顾客价值，即顾客在交易过程中总是在不断地对获取的价值与自己的付出进行权衡比较，二者的差就是顾客对产品或服务的价值感知。

如图2-18所示，Philip Kotler的顾客让渡价值的提出对顾客价值与顾客成本维度进行了详细界定与分析，对于了解顾客价值构成具有重要的指导意义，使顾客价值的概念更直观、清晰，便于操作。

Woodruff（1997）的顾客价值模型是在产品和服务效用基础上分析顾客价值的，他认为，当顾客出现购买意愿时，首先注意到的就是产品信息（商标、包装、价格等）；其次顾客会关注使用该产品能给自己带来哪

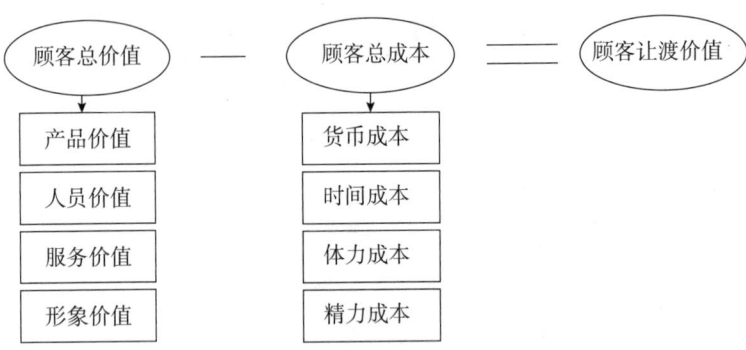

图 2-18 Phlip Kotler 的顾客让渡价值模型

些效果；最后，使用产品后，顾客就会形成达到自己目标的期望，这是最高层次的期望。如果零售企业能够达到顾客最高层次的需求与期望，那么就会得到最大的顾客价值，会出现有利于企业和顾客双赢的结果。详见图 2-19。

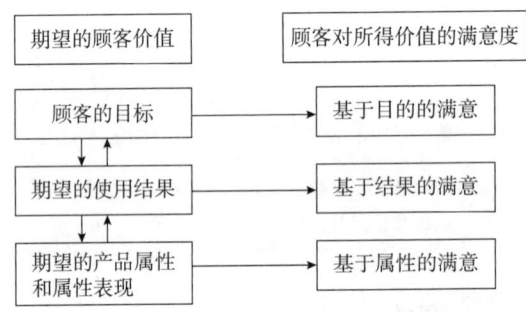

图 2-19 Woodruff 的顾客价值层次模型

Sheth、Newman 和 Gross（1991）认为，顾客购买行为受五个方面因素的影响，分别是功能价值、认知价值、社会价值、情感价值与情景价值，并构建了模型，详见图 2-20。

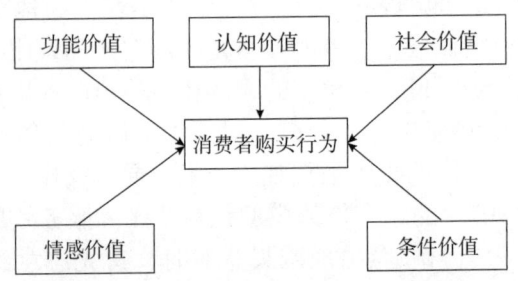

图 2-20 Sheth、Newman 和 Gross 的顾客价值模型

顾客价值的重要性远远超越了商品的价格与质量，只有对顾客价值维度进行深入研究，才能理解顾客心目中什么是最重要的，顾客价值的产生及形成过程，并且哪些因素会影响顾客价值。只有知道顾客价值的构成维度，企业才能了解顾客对产品和服务感知的过程，才能针对性地采取策略满足顾客需求。顾客价值对企业的发展起着重要的作用，对其构成维度的探讨非常必要。相对于国外学者对顾客价值的研究，国内学者的研究起步晚、成果少。王锡秋（2005）提出了顾客价值的三维度：经济、心理、功能。孟庆良、韩玉启（2006）认为，顾客价值的构成维度较多，由社会价值、情感价值、感知成本、功能价值、知识价值五部分组成，他们对此进行了深入浅出的理论分析，并未进行实证检验。王宝、张明立（2010）认为，顾客价值由顾客感知价值和内心标准价值两部分构成，将这两部分进行比较后得到的就是顾客价值，顾客所得价值包括商品质量、服务水平、商品功效等，顾客投入的成本包括金钱、时间、精力、资源等。

综上所述，国内外学者对顾客价值的概念、构成维度等进行了详细的探讨。这些理论成果既有理论深度，又有实用价值，对消费者行为的研究具有指导意义。但是顾客价值的研究仍处于起步阶段，还需不断探索，以使这一理论更加丰富与完善。

（三）B2C电子商务顾客价值研究

电子商务的发展促进了网络购物的繁荣，引发广大学者开始关注电子商务情境下顾客价值的概念及构成。Keeney（1999）将Kolter对传统营销渠道中顾客价值的概念延伸至电子商务领域，即顾客感知利得与感知利失的差即为顾客价值。王成慧（2002）认为，顾客在电子商务平台购物过程中形成的价值就是顾客价值，是指网络消费者对自己网购产品、体验的服务以及网站平台的总体认知与评价，既包括自己为了网购花去的时间、精力等成本，也包括网购带来的产品以及情绪、体验上的乐趣与价值。本书基于电子商务平台的特征及文献，得到电子商务顾客价值是指网络消费者通过电子商务平台进行网购过程中对产品、服务、网站及其他一切相关要素整体效用的感知。

传统营销领域中顾客价值的多维性和复杂性已经得到了证实，随着消费环境的不断变化，顾客价值也会改变。那么在B2C电子商务模式下，网络环境的虚拟性、技术性等特性必然会使顾客价值的构成维度随之变化，很多学者对此问题展开了全面探讨、研究。王高（2004）认为，网络情境和传统情境下顾客价值具有传承性，对顾客价值的三分法"功能价值、程序价值、社会价值"在 B2C 情境下同样适用。Sirdeshmukh（2002）认为，顾客价值包括信息价值（网页信息对于顾客做出决策的有用性）、娱乐价值（网购带来的乐趣）、网站易用性（网购技术难易程度）、营销感知（网站与消费者之间的关系感知）、信用（网站在消费者心目中的可信程度）、互动（网站与顾客购物过程中的交流与互动）。高凯（2009）认为，网购顾客价值包括四个维度：产品维度、服务维度、关系维度和成本维度。高丹（2004）基于 Kolter 提出的顾客让渡价值理论指出，顾客价值的维度多，构成比较复杂，沟通价值、服务价值、商品价值等均是其重要的组成部分。余可发（2009）认为，网络购物价值由情感价值、社会价值和感知成本等构成，并对这些维度进行了实证检验。Wiles Judith（1990）认为，在电子商务环境下，顾客价值不仅受到产品因素的影响，而且网络渠道、网站、互动等都会影响顾客价值，过程体验的价值、娱乐互动的价值、行为结果的价值是其重要的三个组成部分，通过访谈得到这三个维度的 12 个题项，并进行实证方法检验。

  通过文献回顾我们发现，国内外学术界对顾客价值的关注度得到了提升，研究成果很多。但是，梳理文献后发现，目前关于顾客价值的研究仍存在以下问题：第一，很多学者对顾客价值的定义并不明确，对其内涵的分析出现了一定的局限性，如忽视了"售后保障"这方面的顾客价值，对于网购的消费者而言，有无售后保障是非常重要的，在很大程度上影响顾客的购买决策行为。第二，很多学者在对电子商务情境中顾客价值维度进行划分时，借鉴了传统购物渠道中顾客价值的三分法，虽然二者在有些方面具有一定共性，但仍未体现出网络购物平台和网购消费者的特点，需要进一步展开研究，以探索出具有网络购物行为特点的顾客价值维度。

第四节 负面情绪与服务补救

一、负面情绪

(一)消费情绪

1. 消费情绪的概念

近年来,心理学研究中对情绪的关注度越来越高,最早是在心理健康领域比较关注情绪的研究,后来逐步在管理学和消费者心理学中也展开了情绪方面的研究。心理学认为,情绪是反映客观现实与人的主观需求之间的关系,是心理活动的表象,能够引起人们生理和行为发生变化。当外部环境与条件达到个体的主观需求时能够出现积极正面的情绪,反之则会出现消极负面的情绪反应,随着主体与客体之间关系的不断变化,人的情绪也发生变化。Hawes 等(1989)[1]认为,消费情绪是指消费者在使用产品或消费购买的过程中因主观感知而诱发了情感上的反应,这种情感包括高兴、愤怒、失落、生气、愉快、害怕等描述。Holbrook(1984,1996)[2][3]探究了情绪在消费者行为中的重要作用,认为是消费者对产品或服务效用的感知引起的情感上的反应。Patterson(1997)认为,消费情绪是产品或服务带给消费者价值总和引起消费者在情感上的反应。关于消费者行为领域的研究,很多都探究了广告对消费者情绪的影响(Richardson,1994;Roehling,1996;Sujan,1993;Wiles,1990)、商家服务(Williams,1989)、个人偏好(Yeung,2004)以及其他因素对消费者情绪的影响,这些因素与产品和服务无关,但是也会对情绪产生或多或少的影响,导

---

[1] Hawes John M., Kenneth E. Mast, and Swan. Trust Earning Perceptions of Sellers and Buyers[J]. Journal of Personal Selling and Sales Management, 1989(3): 1-8.

[2] Holbrook Morris B. Robert W. Chestnut Terence A. Oliva, Eric A Greenleaf. Play as a Consumption Experience the Roles of Emotions Performance and Personality in the Enjoyment of Games[J]. Journal of Consumer Research, 1984(11): 728-739.

[3] Holbrook Morris B. Customer Value: A Framework for Analysis and Research[J]. Advances in Consumer Research, 1996(1): 138-142.

致消费者对产品判断出现差异，如天气状况、偶然事件等。

2.分类

很多学者对情绪的分类进行了研究，不同学者的研究视角和研究方法均不同，因此，目前对情绪还没有统一标准的界定。本书整理了学者对消费情绪分类的研究，详见表2-4。

表2-4 消费情绪的分类

作者	情绪与情绪维度
Park（1998）	认为情绪包括愉快、生气、沮丧、害怕、害羞、愧疚等，可以分为四个维度：正面情绪、归因于企业刺激的情绪、环境因素刺激的情绪、个人情绪
Richard（1994）	认为情绪包括悲伤、害怕、惊讶、愤怒、轻蔑、恶心、愉快、高兴等反应，并将其划分为五个维度：快乐、惊讶、冷漠、失望、愤怒
Edell（1987）	情绪被分成五个维度：积极情绪、消极情绪、外部归因、自我归因、环境归因
Oliver（1994）	情绪包括愉快、不愉快、唤醒程度三个维度
Mehrabian（1986）	情绪的维度：积极情绪、害怕、消极情绪、唤醒度、烦躁、冷静、惊讶、愧疚、安静、愉悦
Ortony（1988）	情绪分为积极的心态、厌烦、惊讶、安静、愉快、害怕、消极心态、冷静、内疚、唤醒度
Bagozzi（1999）	情绪包括积极情绪、内疚、愤怒、正面情感、负面情感
Oliver（1999）和Fournier（1998）	将情绪划分为正面情绪和负面情绪，正面情绪包括愉快、高兴、快乐、幸福，负面情绪包括生气、郁闷、愤怒
Grewal（1998）	情绪包括愉快、害怕和愤怒

（二）负面情绪相关研究

1.负面情绪的概念

关于情绪的分类，大多学者认为情绪分为两类：正面情绪和负面情绪，每个人的情绪表现都可以体现在这两个维度上。负面情绪也称消极情绪，是负能量的情感反应，是个体在紧张、失落、不愉快的体验下产生的情绪反应，包含愤怒、厌恶、失落、沮丧、害怕、内疚等（杜建刚，2009）。负面情绪会给人带来消极影响，有时与攻击行为有关（Pavlou，2003），与压力、节奏快、紧张等均有不同程度的关系（温碧燕，2003），导致人们心不在焉、工作出错、做出不良行为等。本书认为负面情绪消费是在多渠道购物时遭遇到不愉快购物经历而产生的失望、悲伤、愤怒等情绪反应，对消费者购买决策和购买行为产生重要的影响。

2. 负面情绪的测量

关于如何测量负面情绪，学者探讨的方法较多，但是在心理学领域应用广泛且被认可的是 Watson 于 1988 年编制的正负情绪量表，该量表将情绪分为正面情绪和负面情绪，负面情绪的测量量表由十个词语来表述，用李克特五点评分法测量被试者的情绪强度。Watson 将被试者某一时段的情绪强度作为样本重点，选取了现在的、前几天、前几周、一年以内和总体上这样的编制方法，对这几个版本分别测试，结果问卷的信度系数都高于 0.8，是比较理想的。因此，本研究也使用 Wstson 的量表对消费者的负面情绪进行测试。

3. 消费者负面情绪的来源

消费者与品牌之间的亲密关系有助于构筑良好的品牌权益，形成美好的消费体验。当消费者与品牌的关系出现危机时，消费者自然会出现一系列负面情绪。虽然每个消费者面对相同情境时产生的负面情绪类型和强度均不同，但都会影响消费者的购买决策和行为（Zeelenberg，2000）。消费者的负面情绪分类有很多，强度也会随着时间的推移由强变弱（Bonifield，2007）。因此，企业要根据负面情绪的类型和强度，采取不同的说服策略再续品牌关系。

Dodds（1991）认为，消费者在交易过程中总是对商品、服务有所期待，未按顾客期望进行的交易或服务都算是服务失误。何会文（2003）认为，服务失误可以概括为三类：第一类是员工操作的失误。一线员工在为顾客服务过程中，因未按标准流程操作给顾客造成工作效率低、业务不熟练、态度不好等印象。第二类是顾客言行不妥当造成的失误。服务人员在与顾客互动过程中，总会遇到一些特别挑三拣四、蛮不讲理、很难伺候的人，顾客总会因商品或服务挑刺，言行不满，出言不逊，如果一线服务人员不能有效控制自己的情绪而产生冲突，则会造成严重的后果，影响恶劣。第三类是外部客观原因。企业服务体系的制定不一定最完善，总会有一定的漏洞，导致服务架构不完备、对顾客服务未到位、服务体系设计不人性化、服务失误的保障措施不到位等。以上三类服务失误，均会引发顾客的不满意、愤怒、失落等负面情绪，轻则使其放弃购买产品，重则退出品牌

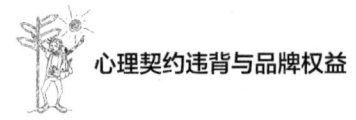

合作关系,甚至对品牌进行负面口碑传播,造成不必要的损失。

二、服务补救

(一)服务补救的内涵

服务大多数都是由人来提供完成的,不能像机器生产零件一样"无缺陷",所以,服务失误在所难免。服务失误给顾客造成的损失会导致不满情绪,引发企业客源流失。企业也一直在寻找恰当的措施予以补救,以期形成顾客满意。关于服务补救的准确定义,目前学者从不同的角度进行了研究但仍未达成共识。Gronroos(1990)认为,服务补救是在发生服务失误后,企业针对顾客的不满采取措施挽回损失的行为。Gronroos(1988)认为,服务补救是企业在出现服务失误后采取措施弥补顾客损失的一切行为,是修复与顾客关系的一种手段。

目前大部分学者针对传统渠道中服务补救进行了研究,并把服务补救的概念延伸至电子商务平台的网络购物情境中。对于服务补救的内涵,学者研究的视角、目的、方式不同,且没有统一的定论。有的学者研究了顾客抱怨情境下的服务补救行为,是商家被动采取措施的角度,有的学者研究了服务补救与顾客满意度之间的关系,是商家主动、及时提供服务的视角。借鉴以往文献的定义,结合本研究多渠道零售的背景,本书将服务补救定义为"在多渠道零售环境下发生服务失误时,零售商对顾客进行的一切补偿活动的总和,包括物质补偿和精神补偿",目的是将服务失误造成的负面影响降到最低限度。

(二)服务补救的内容

1.补救维度

梳理文献得知,很多学者将服务补救的维度等同于服务补救方式(服务失误发生后,企业采取的一切满足顾客需求、消除顾客不满、增加顾客满意度的具体方式),其实,二者是有区别的。Smith(1998)将服务补救划分为物质经济补偿、答疑解惑速度、赔礼道歉、积极响应的诚意。彭军锋和景奉杰(2006)认为,服务补救的维度有两个:经济补偿和符号补偿。杜建刚和范秀成(2007)认为,服务补救包括功利补救和象征补救两个维度,并根据这两个维度提出了四种策略进行补救。韦福祥(2002)认为,服务补救可分成物质补偿、精神补偿、响应速度三个维度。Wirtz（2004）认为，服务补救的维度有补偿、道歉、响应速度、响应渠道。

2. 补救方式

对传统购物模式下的服务补救方式，学者提出了各自的见解。Johnston（1999）认为，服务发生后的修复策略可以包括道歉、解释、补偿、及时反应等。彭军锋和景奉杰（2006）认为有给予赠品、折扣处理、赔偿等方式。张圣亮（2009）认为，服务补救方式包括解释、道歉、补偿等。叶泽川（2012）认为，服务补救方式对消费者归因及其行为有重要影响，他提出了物质补偿与精神补偿两种方式，物质补偿包括给予顾客小赠品或小礼物、折扣处理、经济赔偿等；精神补偿包括道歉、安慰顾客、态度真诚等（Smith，1999）。

电子商务情境下的服务补救方式除了采用传统渠道的补救方式，还有自己的特点。Schwartz（1990）认为，电子商务服务补救方式包括在线互动、在公共区域答疑解惑、表格反馈等，这些措施有助于提升网络顾客的满意度和信任感，降低服务失误带来的负面影响。

3. 补救态度与速度

补救态度在缓解服务失误的负面影响上有重要的作用，学者对此也展开了深入研究。伍颖（2003）认为，道歉和补救的主动性对顾客感知公平有影响。Selnes（1998）认为，不及时、主动回复顾客的抱怨会给企业带来更严重的后果，顾客抱怨显著增强。Terblanche（2004）认为，快速回应对安抚顾客情绪起到缓冲作用，让顾客感到企业是很重视顾客的，避免事态恶化。张圣亮（2011）认为，当服务失误发生后，企业对此的补救速度要快，反应灵敏，他将补救速度分为即时补救、事后补救和延时补救，当然，唯有即时补救才能收到良好的效果，让顾客满意，事后补救和延时补救更有可能增加顾客的不满情绪，使企业遭受更大的损失。

4. 补救质量

关于服务补救质量，也有少数学者进行了探讨。薄湘平、张慧（2005）探讨了如何对旅游服务过程中出现的服务失误进行补救，认为补救质量影响游客的满意度和行为。高斯曼（2011）探讨了网络商店服务补救质量对顾客忠诚度的影响，结果证明二者具有正相关关系。高斯曼（2011）研究发现，服务补救的质量对顾客满意度与行为有正向影响。杨学成（2009）

探讨了服务补救与顾客口碑传播的关系,发现补救质量高低对口碑传播方向有重要的影响。金立印(2005)分析了服务企业的服务失误补救,认为补救质量对顾客公平感知有积极影响。补救越及时、质量越高,顾客越感觉企业公平公正,满意度也越高。

结合学者的研究成果,本书将服务补救分为四个维度:响应态度、响应速度、补救方式以及补救质量。响应态度是指服务失误发生后,企业是积极主动补救还是消极被动补救;响应速度是指服务补救的时效性;补救方式包括物质补偿和精神补偿;补救质量是指补救措施带给顾客的绩效感知,也即对顾客利益的弥补程度。鉴于服务补救是本书研究模型中的调节变量,在实证过程中不再对其细分维度,对服务补救的理解按上述四个维度的最高标准进行假设与验证。

(三)服务补救的调节作用

服务失误发生后,补救与不补救的行为结果有很大的差异,补救既能挽回企业的形象、口碑等,也能提升顾客满意度。Bitner 等(1990)认为,不要以为补救就可以让顾客满意,低劣的补救不仅起不到积极、正面的效果,反而会加速顾客的流逝。Keeney(1999)认为,高质量的补救更增加顾客满意度,提高正面口碑,塑造良好的企业形象,而低质量的补救会加剧顾客不满。Straub(1989)认为,服务补救对顾客抱怨行为有调节作用,补救成功会减少顾客抱怨情绪,调节顾客行为,补救失败反而会促使顾客更快转换到其他企业或品牌之下。常亚平等(2009)研究了电子商务环境下服务补救对顾客忠诚的关系,认为二者具有正相关关系。彭军锋、景奉杰(2006)[①]认为,服务补救对顾客满意度、忠诚度有显著影响,并能树立良好的企业形象,对企业口碑的宣传和顾客的重购意愿均有显著的作用。梁欣鸿(2006)认为,服务补救对顾客信任产生直接的作用,并最终影响消费者行为。常亚平(2012)认为,服务补救的方式很重要,不管物质补偿还是非物质补偿,均能改变顾客的情绪和满意度,高质量的物质补偿更能让顾客满意。林艳、王志增(2016)[②]研究了网络消费者出现心理契约违背后,企业的服务补救与顾客品牌态度的关系,实证检验后

---

① 彭军锋,景奉杰.关系品质对服务补救效果的调节作用[J].南开管理评论,2006,9(4):8-15.
② 林艳,王志增.网购顾客心理契约违背、服务补救顾客品牌态度[J].商业研究,2016(4):52-60.

得出结论：网购情境下顾客心理契约违背会负向影响顾客的品牌态度，服务补救中的有形补偿，能够对交易型心理契约违背的顾客起到显著的调节作用，有时候能使服务补救悖论的现象发生；情感补偿能够调节关系型心理契约违背顾客与品牌态度之间的关系，顾客品牌态度如何转变完全在于企业的补救措施进展如何，二者之间是倒"U"形曲线关系。

（四）服务补救对消费情绪和消费者行为的影响

对服务补救与顾客情绪之间的关系研究相对比较匮乏，杜建刚、范秀成（2007）研究了服务补救过程中情绪与顾客满意度和行为意向的关系，认为成功的服务补救能够使顾客快乐、愉悦、放松，消费者的积极行为与其正面情绪是分不开的，积极情绪不仅能让顾客满意，而且还能促使顾客进行正面口碑的传播，更加深顾客的忠诚度。在现实生活中，口碑在企业发展和消费者决策时的作用越来越强，对消费者购后的态度与评价也有显著的作用。大多数学者的研究证实，服务补救质量越高，消费者正面口碑传播的意愿越强。Berry（1995）认为，高质量的服务补救影响着顾客购买行为的积极程度，能形成顾客积极、正面的情绪，促使其重购行为的发生。

虽然心理契约概念是在20世纪60年代构想出来的，但直到近年来，实践者和学者才对这一领域的理论和实证研究表现出越来越浓厚的兴趣。心理契约违背的发展可能会引起人与人、人与企业之间的争议和分歧，因此对彼此关系产生负面影响。而企业的服务补救质量好明显会缓和彼此之间的关系，防止继续恶化。如果针对顾客的心理契约中所期望的因素去补救，会出现超值满意的效果，势必弱化顾客负面情绪带来的负面行为与负面结果，对企业留住顾客、挽回经济损失、树立企业形象、提升顾客忠诚度等都有积极的促进作用（Bendapudi，1997）。

本章小结

心理契约违背是本研究的核心变量，品牌权益是品牌管理的重要目标之一，现代企业管理中甚至把品牌权益作为对管理者的绩效考核内容。品牌权益在研究中作为结果变量出现，有利于探索基于顾客视角的品牌权益的影响机制。总结上述研究，本书发现，针对顾客心理契约违背和零售商品牌权益之间的影响机制研究尚不健全。

第一，现有文献对营销情境中心理契约违背的研究，多是从顾客满意、抱怨行为、口碑传播等视角进行的，在这些研究中，顾客心理契约违背都是直接和这些变量发生关系，缺少变量间交互作用的深入探讨。本书拟针对这方面的不足进行探究，增加了负面情绪、顾客信任和顾客价值三个中介变量进行传导机制研究。

第二，随着互联网的发展，多渠道零售日益成为全新的零售新业态，信息技术的应用和消费者购买模式的变化为零售商提升企业绩效开辟了更广阔的空间。现有文献较少关注顾客本身的情绪与认知对零售商品牌权益的影响，相关理论更显薄弱。因此，本书选择从顾客视角——顾客心理契约违背的现象出发，通过直接路径和中间机制影响零售商品牌权益，并且研究调节变量在其中的作用。

第三，顾客心理契约违背的出现受多种因素的影响，既有来自于顾客自身的因素，也有零售企业产品质量和服务失误等方面的因素。关于心理契约违背的影响因素，已有文献进行了探讨，但是对于问卷被访者的人口统计变量和行为特征方面的差异是否对心理契约违背造成影响、影响差异如何等问题缺乏深入研究。因此，本书选择从该视角切入，希望研究结论对零售商更好地管理顾客关系有所帮助。

第三章 理论框架与研究假设

本章基于理论基础提出概念模型和研究假设，探究顾客心理契约违背对零售商品牌权益的影响。既是对上一章理论创新成果的延续和深化，又为实证研究提供了可操作化的研究模型以及假设依据。本章首先提出理论基础包括归因理论、线索利用理论、购物体验理论、社会交换理论。然后对顾客心理契约违背的直接作用、中介变量及相互间的作用、服务补救的调节作用以及人口变量、行为变量对顾客心理契约违背感知差异进行说明，根据概念模型的路径关系，提出相应的研究假设及其立论依据。最后，为了验证上述的模型与假设，本章将针对性的做研究设计，从而获取数据来验证假设。因此，根据 Churchill（1979）的量表设计原则：概念可操作化、问项要具有代表性、多问项测量原则、满足信度和效度要求的原则，针对本研究中的六个变量：心理契约违背、负面情绪、顾客信任、顾客价值、零售商品牌权益、服务补救分别设计量表。设计方法主要是参考现有的大量中外文献，从这些文献中获得了大量现成的量表，而这些量表都已经得到很好的实证检验，本书在此基础上根据实际研究需要酌情筛选和整合修订而形成适合于本研究情境的量表。

第一节 理论基础

一、归因理论

归因理论隶属于社会心理学范畴,起源于该学科领域的相关研究。经过40多年的不断发展与完善,归因理论日趋成熟,在心理科学、社会学、管理科学、教育学等领域广为应用,在推动有关学科领域取得研究进展方面起到了重要的基础理论支撑作用,其相关成果也为人们认识人类社会和了解人的行为奠定了较好的理论基础(张爱卿,2002)。

在现实生活中,人们面对负面消极事件时很容易进行归因,通过归因来寻找事件发生的原因,分析的结果有利于避免今后再次发生类似情形(Weiner,1985)[1]。海德(Heider)是最早对归因产生兴趣的社会心理学家,他是归因理论的创始人,主要研究了人们为何归因及如何归因这两个基本问题。1958年,海德(Heider)经过自己的研究第一次在心理学研究中使用了"归因"这个概念,其含义是"以线索特征推测行为或心理出现原因的心理活动"(Heider F.,1958),并解释了归因过程及结论对人们情绪、行为的影响。在社会心理学中,归因通常被定义为个体通过分析他人或自己的外在行为表现以推论和解释其原因的过程(宋亦平,2005)。由于归因是社会认知的重要组成部分,归因理论也成为了社会心理学中长盛不衰的一大研究热点。

关于归因的研究点,早期学者大多关注其前提与过程,研究的重点是探索导致人们将某一特定事件或特定行为结果归属于某种特定原因的因素,即归因的前置因素,同时,人们归因的过程,即如何进行归因也是学者们关注的一大研究重点。Heider特别关注对归因过程的探索与研究,这是其研究的一大特点。Heider认为,人格、品质、动机、情绪、态度、心境、努力、能力等是决定行为的个人原因。情境因素,像任务的难易程度、活动提供的奖赏或惩罚、运气等是决定行为的环境原因(Heider F.,1958)。

---

[1] Weiner B. An Attributional Theory of Achievement Motivation and Emotion [J]. Psychological Review,1985,92(4):548-573.

Smith（1998）研究了人们是如何根据一致性、一贯性和区别性信息做出因果推断的。他的研究为我们揭示了人们对行为结果信息进行内在加工分析的过程，打开了归因的"黑箱"。Weiner（1985）通过总结 Heider 的理论，提出了归因三维度模型，即从原因潜在的归属性（来源地）、稳定性与可控性三个维度解释个人对原因的推断。其中，危机诱发时间的来源即为归属性；企业品牌发生危机的频率，经常还是偶尔，这是指稳定性；危机事件是否能够被控制，人的意志是否能够影响危机，则是指可控性，详见表 3-1。

表 3-1　Weiner 归因三维度模型

维度	属性	解释
来源地	内部 / 外部	对危机诱发事件的来源进行判断
稳定性	偶然 / 稳定	对出现危机是否具有一致性的判断
可控性	可控 / 不可控	对危机事件是否可以控制的判断

Weiner 的理论认为：其一，个体成功的原因，源于自身能力、稳定的坚持、可控的风险，则会出现令人满意且信心倍增的心理感知；反之，如果自身不努力、不坚持、出现外部不可控的风险因素，则自我满足感较差。而对负面结果进行归因时，相较于偶然不可控的外部归因，归因为内部、稳定的可控因素会使个体具有更为强烈的负面情感体验。其二，个体对自己现状包括成功与失败的境遇进行分析，追根溯源，归因的结果会影响个体未来行动的意愿和实施行为的强烈程度（刘永芳,1998）。Bitner（1990）的研究表明，个体如果在归因中得出了正面的结论，则可预见其在今后的相似活动中会付出更多的努力。

在多渠道购物环境下，消费者在线上线下渠道购物，总会因商品的质量与预期不符、颜色与实物差异大、尺码不标准、物流及发货慢、商家服务态度差、网页展示与实物差别大、售后服务不尽如人意、退换货受到阻碍等一系列因素导致出现心理契约违背，从而产生负面情绪，导致对零售商品牌的感知价值降低，不信任感增强。从归因视角来看，如果消费者认为承诺未能履行是由企业不可控制的外部因素，即不可抗力造成的，企业主观上没有损害消费者利益的倾向，那么消费者对企业会采取比较宽容的态度，不会将不满情绪转嫁给企业；反之，如果顾客心理契约违背是因企业主观上的失误或可控因素引起的，那么消费者会认为企业没有完善的质量管理体系、管理技术,并且管理手段落后、企业文化建设不到位等,负面情绪和行为即会出现,不再购买该品牌商品,终止合作关系,甚至转换零售商和品牌,对购物渠道可能会形成偏颇的认知,这对多渠道零售商的发展来说无疑是巨大的压力。因此,加强顾客心理契约的管理对企业有重要的战略意义。

二、线索利用理论

在多渠道零售过程中基于信息不对称,消费者大多通过搜集信息来帮助自己判断商品并做出决策。当然,由于消费者并未具备全面专业的知识和手段,可能难以精确评估产品质量,只能依赖自己感知到的信息进行判断。于是,基于消费者视角探讨线索利用理论受到了关注。Cox(1962)是主要提出者,他认为消费者依靠产品传递出来的一系列信息来判断商品质量以形成购买意愿。线索一般分为两种:内部线索和外部线索。内部线索与产品的本质属性有关,如味道、成分、功效等;外部线索与产品可被感知要素相关,如价格、包装、产地、颜色等。外部线索更容易获取并容易被消费者感知。Olson(1972)认为,内部线索相较于外部线索来说,对消费者的参考性更大。Spector等(2006)则认为,外部线索比内部线索更容易受到消费者关注,对于品牌商品而言,外部线索如包装、商标名称等更重要。杨德锋和王新新(2007)深入研究了零售商自有品牌感知质量,发现消费者对自有品牌质量进行评估时,一般都要借助多个线索,即内外部线索相结合。因此,零售商应该综合利用内外部线索来提升消费者感知质量,不断提高零售商权益。

在消费者与企业互动过程中,顾客善于综合利用和过滤信息,他们会利用自己在购物过程中的所见、所闻来帮助判断。如环境、声音、语音、语调、肢体语言、整洁程度、热情程度等都在顾客的消费体验中起着重要的作用(见图3-1)。

在多渠道零售中,零售商可以控制的线索有商品包装、商品价格、商店环境、背景音乐、灯光等,这些线索都有助于消费者形成良好的购物体验,促进购买行为的产生,增加企业收益。例如,商品价格与知名品牌、高端商店以及高消费群体相关联,广告线索对消费者形成购买决策有重要的影响作用,商店环境是极为有效的刺激因素,很多消费者判断商品质量和品牌品质都是由商店环境来推断的。当消费者在购物过程中感知到了雇员线索、设计线索、情感线索等均良好时,他们会将自己实际所

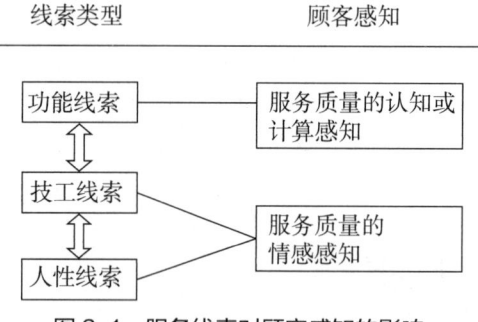

图 3-1　服务线索对顾客感知的影响

得与付出的时间、精力、金钱等成本进行权衡比较，其结果将辅助消费者判断商家履约程度，并影响顾客的消费情绪及购后行为。如果期望与现实落差特别大，心理契约违背随即出现。因此，零售商会千方百计设计各种积极线索以促使消费者产生积极正面的消费情绪和购买体验，形成较高的感知价值，从而形成对零售商较高的忠诚度，实现品牌权益最大化。

三、购物体验理论

该理论认为，消费者在购物过程中与商品、服务、商店环境等形成的互动会影响消费体验，体验中所获取的价值有助于消费者形成购买决策。很多学者关注到情境因素如商店氛围、设计等因素对顾客消费情绪的影响，零售商也越来越重视通过构建良好的环境因素来促使顾客形成良好的购物体验，树立积极正面的形象以产生良好的口碑效应，促进消费者产生积极的购买行为。购物体验被日益提到了零售市场价值创造的重要高度。Golledge（1966）指出，实体环境中消费者与服务员、环境等的交互是购物体验的源泉，对顾客感知价值与满意度产生重要的影响，详见图 3-2。

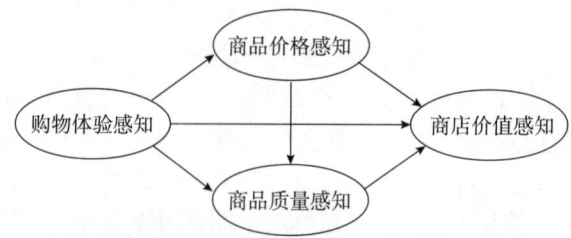

图 3-2　购物体验对商店价值感知的影响模型

Terblanceh 和 Boshoff（2006）认为，消费者对零售商的忠诚度很大程度上取决于购物体验的质量，消费者完整的购物体验包括可控因素与不可控因素，详见图 3-3。

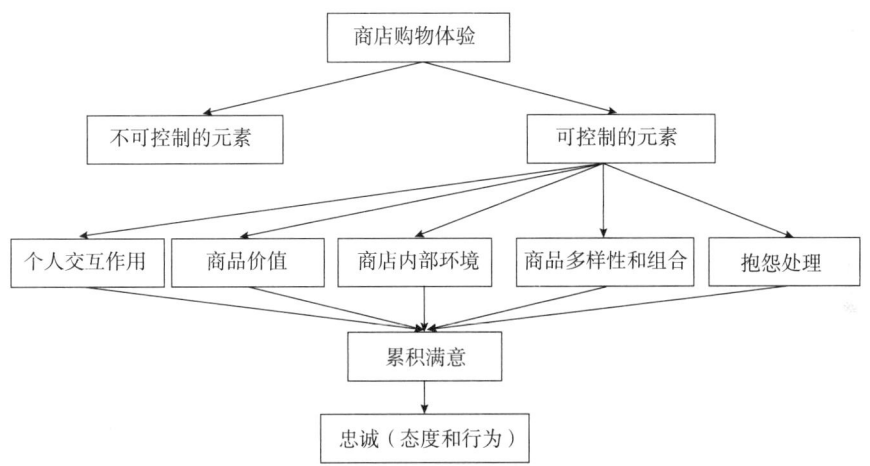

图 3-3　购物体验的构成及其对顾客满意和忠诚的影响

在当前竞争激烈的零售市场，尤其面对产品同质化比较严重的现实，要想赢得顾客忠诚，服务方式和服务质量的提升是重要途径，顾客也越来越凭借自身的购物体验来判断商品（或服务）质量、品牌乃至整个企业。顾客心理契约违背的出现势必伴随着负面情绪的出现，会降低与零售企业的情感联结。零售商要时刻保持对顾客关系的高度重视，帮助顾客形成美好的购物体验，因为这是一个复杂的情感认知与行为反应的过程。加强对顾客购物体验的管理，对零售商品牌权益的提升有重要的推动作用。

四、社会交换理论

该理论认为，人与人之间的社会交往本质就是交换，是受到奖励或报酬的驱使，相互交换各种有价值的物和社会关系的过程。在多渠道零售背景下，企业可以为顾客提供更多的产品和服务，消费者从中获得想要的价值，双方彼此愿意付出努力来获得更多的回报，双方以隐性契约的形式获取彼此的信任感，推动社会交换行为不断重复产生。在多渠道零售环境下，渠道宽度、人际关系质量等均对顾客的渠道保留行为产生影响，彼此的关系质量越好，顾客所得的利益和价值越多，渠道保留时间也越久（Kumar & Venkatesan, 2005）。多渠道环境中消费者通过各渠道与零售商不断互动，既被动接受了零售商带来的服务方式、产品信息等,也主动与零售商互动来建立彼此的信任,交换彼此的利益与价值,履行各自的责任与义务,确保心理契约得以实现。交换的过程及结果直接影响消费者的情绪、情感与行为。交换主要包括以下三个方面的内容:

其一,经济交换。消费者通过向零售商支付经济报酬来获取产品和服务,零售企业则将产品、服务提供给顾客以形成良好的消费体验,树立较高的市场口碑,帮助企业实现绩效的全面提升。

其二,信息交换。消费者和零售企业提供彼此需要的信息(Johnson et al.,1999)[1]。信息的交换需要借助声音、图像、文字等来实现。消费者通过实体店铺的标识、背景音乐和网店的图片、文字、页面设计等获取与产品相关的信息,这些信息对消费者的决策有重要的影响。同时,零售企业可以通过消费者的需求偏好信息来提供更好的商品清单和采取优质的服务方式满足顾客需求。

其三,社会交换。这是服务互动中最重要的内容(Holbrook,2006)[2]。在沟通互动的过程中双方通过交换有价值的信息来与实物等实现价值的最大化。只有当消费者认为实际所得大于付出时才会觉得产品和服务物超所值,才会形成积极正面的消费情绪,产生正面口碑,长久地与零售商合作下去。

第二节 概念模型

目前理论界对心理契约违背和零售商品牌权益的研究呈现出如下特点:缺乏零售商品牌情境下的心理契约违背的研究;定性研究较多,缺乏定量研究;对心理契约违背的维度存在一定分歧,关于心理契约违背与零售商品牌权益之间传导机制的研究较缺乏。因此,本书希望从以下几方面做进一步深入探讨:首先,探究多渠道零售环境中心理契约违背的维度与内容。虽然对心理契约研究已有十几年,但是消费者对零售品牌与服

---

① Johnston R., Fern A. Service Recovery Strategies for Single and Double Deviation Scenarios[J]. The Service Industries Journal, 1999, 19(2):69-82.

② Holbrook M. Consumption Experience, Customer Value, and Subjective Personal Introspection: An Illustrative Photographic Essay [J]. Journal of Business Research, 2006, 59(6):714-725.

务品牌的认知与心理契约的内容存在一定差异。本书的研究结论可以为该领域做出有益的贡献，也是本书的研究重点。其次，对心理契约违背与结果变量之间的中介、调节变量的研究较少，且对零售商品牌权益的影响要素的研究大多是从营销策略、营销环境等方面着手。因此，从消费者心理契约视角对零售商品牌权益影响机制进行研究，无论对于企业还是消费者而言，都具有重要的意义。

一、顾客心理契约违背的直接作用

零售商品牌权益的构建离不开企业与顾客的互动，只有消费者形成对零售品牌的质量感知、品牌联想以及品牌忠诚才能推动零售品牌的不断成长及品牌权益的形成。消费者通过对产品和服务的体验产生对零售商品牌的满意度和信任感，形成对零售商总的评价，最终作用于品牌权益。在消费者与零售商互动的过程中，彼此有一定的期望，即隐性心理契约的存在。一旦消费者因产品质量或服务失误产生负面情绪，势必影响顾客对付出成本与所得利益的权衡比较，顾客价值降低，对零售商的信任度降低，最终影响品牌绩效。品牌忠诚是顾客对产品或服务产生的情感依赖和归属感，以承诺为特征，是对义务和责任的感知，能促使彼此从互动中获取较高的利益，其实质是顾客与品牌之间的深层次心理契约。

心理契约的满足本质是顾客对零售商责任与义务履行程度的感知，心理契约实现程度越高，顾客感知的利益价值越大（万映红等，2013）；顾客价值是顾客对所得利益与付出成本进行比较后形成的价值感知，心理契约的满足程度对顾客价值的感知程度影响较大。顾客信任是基于消费者主观认知与感受并源于顾客对实际价值与预期之间差距的主观感受，只有实际价值远远超越期望值才会产生持久的信任，是顾客对品牌的能力、善意的心理认知状态，与心理契约的内隐性有相似之处。从逻辑上讲，顾客心理契约违背的出现，是顾客对零售商未履行承诺的情绪与情感反应，由"感知—态度—行为"的研究范式可知，心理契约违背对消费者的行为及品牌权益都有至关重要的影响作用。

二、中介变量及相互间的作用

现有文献中对顾客价值与零售商品牌权益的关系研究较匮乏。Chellappa（2002）认为，顾客在交易过程中感知到的价值大小直接影响顾客忠诚。Chang和Wildt（1994）认为，顾客交易过程中形成的感知价值大小会影响顾客的重购意愿。汪纯孝（1999）认为，顾客忠诚始于较高的顾客价值，而顾客对品牌的忠诚是品牌权益的重要维度之一。对顾客价值与顾客信任之间的关系目前没有定论。Hakan（2013）则认为，顾客价值的高低会影响顾客对产品或服务的满意度和信任感。Williams（1989）认为顾客信任驱动顾客价值的产生，他认为消费者只有认为企业会做出有利于自己的行为且能为自己带来价值时，才会产生理性的信任感。基于以上学者的分析，本书认为，消费者通过交易过程中对质量、价值的感知以及美好的购物体验，形成对零售企业能力、正直和善意的认知，这种认知会使消费者认为企业所采取的一切措施均以消费者为中心，不会做出损害消费者利益的行为，即对零售商形成较高的信任度。因此，本书提出顾客价值积极影响顾客信任。关于负面情绪在多渠道零售环境下消费者行为方面的研究较匮乏，但我们依然可以通过梳理文献可知，负面情绪会降低品牌满意度和信任度，消费者认为自己的所得与付出不成正比，是失衡的，顾客价值较低。本书希望尝试性地将消费情绪引入品牌权益的研究中来，构建彼此的影响机制和路径，为品牌管理和消费者行为研究做出有益的贡献。

三、服务补救的调节作用

多渠道环境下的顾客购买行为，在很大程度上会因心理契约违背产生一系列负面情绪，使品牌忠诚度降低，对企业竞争力和经营绩效产生不利影响。有的顾客会终止与品牌的合作关系，有的会继续购买该品牌，甚至有的顾客还出现了比以前更为信任、更加忠诚于该品牌的情感，其根源在于零售商的服务补救措施在其中起到至关重要的作用。Anderson（1993）认为，如果企业的补救措施质量高，就能促使顾客信任重建，重新忠诚于零售品牌。当然，根据归因理论、线索利用理论以及购物体验理论等，如果消费者将心理契约违背的出现归因于企业，那么对零售商品牌权益的影响比较深刻，此时顾客与零售品牌的关系取决于问题的严重程度、补救能否达到顾客心理契约、消费者自身等方面的因素。因此，本书提出服务补救在心理契约、中介变量与因变量之间具有调节作用的假设，而且服务补救在本书中除了有形的经济补偿之外，也包括无形的精神补偿、心理安慰等，这样才会缓和顾客与品牌之间的关系，推动品牌权益的形成。

四、概念模型

经过理论推演和梳理各变量间的逻辑关系,本书提出了如下概念模型,作为本研究相关假设提出的依据。在诸多变量中,心理契约违背是本研究的核心变量,既有直接作用于零售商品牌权益的路径,也有通过中间传导机制对零售商品牌权益产生影响的作用路径,详见图3-4。

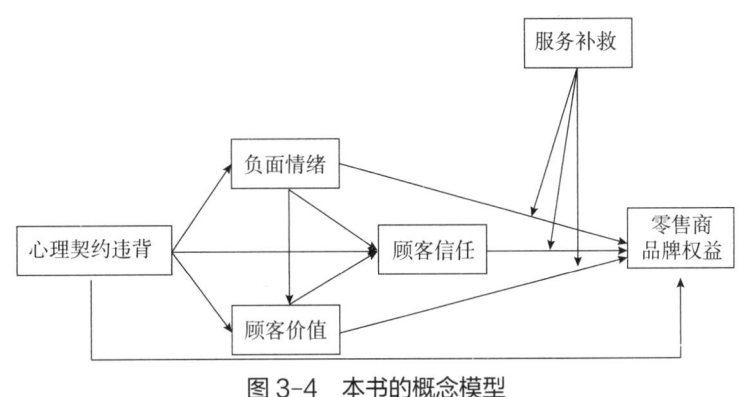

图3-4 本书的概念模型

第三节 研究假设

一、心理契约违背的直接作用假设

当消费者出现心理契约违背,会引起情绪、态度、感知和行为上的变化,与直接的影响作用有很大的关系。因此,本书构建了心理契约违背的直接作用模型,如图3-5所示。

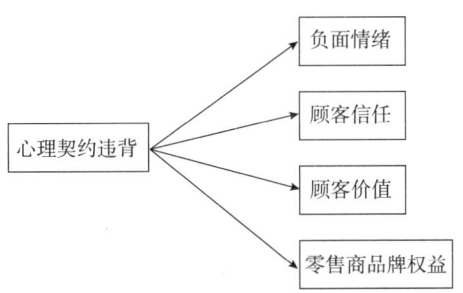

图3-5 顾客心理契约违背的直接作用效果

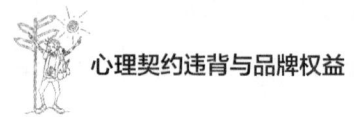

（一）顾客心理契约违背与负面情绪

由 SOR 理论可知，当个体受到外部因素和环境的刺激时，其会触发心理（情绪）、生理、行为变化并做出相应的反应（Wolfe Morrison，1997）。顾客心理契约违背的出现与服务失败、产品质量等不良购买经历有关，会引发顾客的负面情绪（张圣亮，2010）。但是负面情绪并非服务失误的直接产物，由归因理论可知，情绪的产生是由人们对过往行为的认知评价后产生的，归因是对评价结果解释的过程。归因于自己，会产生自责等情绪反应，归因于外部因素，则会出现比较强烈的愤怒、生气等负面情绪。已有学者研究发现，不同原因的服务失误导致顾客的不满程度有差异（William，1999）。由心理契约违背的内涵可知，心理契约违背是双方之间的一种隐性契约关系，是主观感知，当一方感知到了另一方未能履行应尽的责任和义务，将对感知方的情绪产生重要的影响（Peter，2017）。Turnley（1999）等的研究表明，心理契约违背与员工的抱怨行为、消极情绪、离职意愿正相关，与员工的忠诚度负相关。Morrison（1997）和 Robinson（1996）指出，达成心理契约的基础是双方信任，如果一方未能履约，另一方会形成期望与现实的巨大落差，负面情绪的出现是心理契约违背的核心。阳林、李青（2010）验证了心理契约违背与顾客抱怨情绪呈正相关，对顾客的重购行为和口碑传播有影响。由此可知，心理契约违背能引起个体和组织的负面情绪。据此，本书提出如下假设：

H1：顾客心理契约违背对负面情绪有积极影响。

H1a：基本规范型心理契约违背对负面情绪有积极影响。

H1b：交易利益型心理契约违背对负面情绪有积极影响。

H1c：人际关系型心理契约违背对负面情绪有积极影响。

H1d：社会情感型心理契约违背对负面情绪有积极影响。

（二）顾客心理契约违背与顾客信任

梳理文献可知，心理契约是基于信任且是高层次的心理认同，能减少消费者在交易过程中的焦虑和不安全感（Jean，2005）。组织行为学中的研究证实了心理契约违背会降低员工对企业的信任和忠诚，会减少顾客公民行为的出现，增强离职倾向。Singh J.（1991）认为，心理契约违背会导致网购消费者的认知信任和情感信任的降低，增强购买风险。而罗海成

(2005)研究了营销情境中的心理契约,认为它向顾客传递了企业承诺,是彼此联结的纽带,并证实了心理契约与信任之间存在正相关关系。心理契约违背不仅仅是期望的未满足,更是对彼此信任关系的破坏(Goles,2009)。Kingshott(2006)研究了网上拍卖行为,经过实证研究表明心理契约违背负向影响信任,正向影响顾客风险感知,负向影响顾客购买行为。Kline(1998)等研究发现,心理契约违背的出现必然伴随负面情绪的出现,不满、沮丧等情绪会对顾客信任产生影响。综合以上观点,本书提出如下假设:

H2:顾客心理契约违背负向影响顾客信任。
H2a:基本规范型心理契约违背负向影响顾客信任。
H2b:交易利益型心理契约违背负向影响顾客信任。
H2c:人际关系型心理契约违背负向影响顾客信任。
H2d:社会情感型心理契约违背负向影响顾客信任。

(三)顾客心理契约违背与顾客价值

价值是影响人们实施选择和决策行为的重要因素(Smith,1999),也是消费者在购买产品时做出决策的依据。顾客价值是所有营销活动的基础(Anderson,1993),诸多学者研究发现,较高的感知价值是消费者购买产品的主要动机,希望获得持久的、超过预期的价值是消费者不断重购的主要动力。如果消费者实际获取的价值远低于期望值,便会导致行为的转变,如终止品牌合作、转换零售商等。价值感知的大小,会受到消费者在购买过程中的情感、情绪体验的影响(Bejou,1998)。根据线索利用理论,顾客在交易过程中通过搜索和利用各种线索来帮助自己判断,体验服务的过程或购买到商品后的认知评价均会影响顾客的情绪,进而影响其对商品或服务价值的判断,权衡比较的结果对消费行为产生重要影响(汪纯孝等,2001)。零售企业如果采取一系列有效措施,如不断提升产品质量和服务水平、降低商品成本、提高消费体验等,则可以强化顾客心理契约。基于线上与线下购物行为的不同,顾客在网络渠道购物也有一定的价值追求,例如,为了低廉的价格,节省时间、精力、体力等成本,不受时间和地域限制,选择空间更大。并且消费者在评论区域可以和其他买家沟通交流获取有价值的信息,为自己的购买决策提供参考和依据。这些期望构成了消费者与零售商之间的心理契约,通过消费体验来权衡比较从而产生对顾客价值的认知。顾客价

心理契约违背与品牌权益

值在市场营销领域起着重要的作用,但从心理契约的角度来看,学者对顾客价值的研究却很少。心理契约和顾客价值的本质内涵是一致的(Hallowell,1996),心理契约是顾客想要获得高质量的产品、合理的价格、周到的售后、热情的服务,这些需求的满足会增加顾客的价值感知,反之亦然。违背了心理契约,顾客价值也会降低。由此,本书提出如下假设:

H3:心理契约违背负向影响顾客价值。

H3a:基本规范型心理契约违背负向影响顾客价值。

H3b:交易利益型心理契约违背负向影响顾客价值。

H3c:人际关系型心理契约违背负向影响顾客价值。

H3d:社会情感型心理契约违背负向影响顾客价值。

(四)顾客心理契约违背与零售商品牌权益

心理契约违背是顾客对零售企业责任与义务未履行程度的感知,伴随一定的负面情绪与行为(Pavlou & Gefen,2005)。在服务行业中,交易型心理契约违背会增加顾客抱怨行为,减少沉默行为;关系型心理契约违背导致忠诚度降低(阳林、李青,2010)。Bolton(1991)认为,品牌权益是零售商长期的营销宣传和品牌管理的结果,受到所有营销努力的影响。许多学者已经证实,通过各种营销活动可以加强品牌权益。Keller(1993)根据品牌公平理论认为,顾客感知和零售商品牌权益包括产品或服务的直接体验、品牌声誉以及实体商店所涉及的所有有效因素。价值判断已经显示出影响偏好、满意、忠诚和其他重要的产出。那么,心理契约就直接地与零售品牌相关,心理契约违背出现的一系列消极情感,必然会影响消费者对零售商积极正面的品牌联想与质量感知,形成较低的品牌忠诚,导致顾客与零售企业之间的品牌关系难以维系甚至断裂。因此,本书提出如下假设:

H4:心理契约违背负向影响零售商品牌权益。

H4a:基本规范型心理契约违背负向影响零售商品牌权益。

H4b:交易利益型心理契约违背负向影响零售商品牌权益。

H4c:人际关系型心理契约违背负向影响零售商品牌权益。

H4d:社会情感型心理契约违背负向影响零售商品牌权益。

二、顾客心理契约违背作用于零售商品牌权益的中介变量假设

根据概念模型,顾客心理契约违背直接影响顾客信任和顾客价值,导致顾客产生负面情绪,而顾客信任与顾客的情感体验是顾客心理契约中的重要变量,它对零售商品牌权益起着重要的作用,详见图3-6。

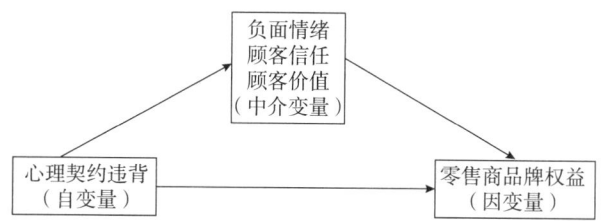

图3-6 顾客心理契约违背作用于零售商品牌权益的中介

(一)顾客负面情绪与零售商品牌权益

在以往的研究中,消极情绪是心理契约违背的必然结果,而消极情感的强度(如悔恨或愤怒)则有所不同(高或低)。消费者决策过程受情绪影响很大,对消费者有一定的说服力(Benard, 2000)。双方买卖过程中的情境因素往往影响着顾客的认知、满意和信任等。顾客满意作为零售商的一个重要衡量变量,已经成为学术界比较认同的内容(Babin, 2000)。零售商满意度与忠诚度的形成有赖于消费者对产品质量和服务体验累积的情感认知,而积极的情感与情绪是顾客满意度形成的重要来源(Babin, 2001)。具体而言,零售商满意、正面口碑传播、重购等行为更多的是由购物的非产品相关方面决定,即消费者的购物体验中情绪和情感的评价是重要的决定因素(Bitner, 1990)。Berry(2006)认为,当出现心理契约违背时,顾客对零售商品牌的感知和联想似乎受到不同程度的影响。Bosmans(2005)研究了顾客不满对行为取向的影响,认为愉悦情绪体验是关系质量的重要因素,情感变量对顾客随后的行为有很大的影响。但我们也发现,过去对零售商店品牌资产的情感研究非常薄弱。耿黎辉(2006)认为,心理契约违背经常会伴随着负面情绪而产生。据此,本书提出如下假设:

H5:顾客负面情绪负向影响零售商品牌权益。

(二)顾客信任与零售商品牌权益

消费者行为领域中很多研究证实,顾客满意是消费者行为产生的重要变量,是忠诚的重要来源(Swanson,2003)。Fournier(1998)认为,如果消费者对产品或服务的体验是满意的,他们会通过正面的口碑为企业做宣传,其重购意愿也较强(Hair,1998)。在互联网渠道中,顾客同样会将自己的购买所得与付出相比较,当所获取的价值超过期望值时,他们会重复多次地光顾该网店,留下正面评论并分享自己的感受,产生持久的信任与忠诚,对零售商品牌权益的构建起到积极的推动作用(Gulati,1995)。Yoo(2000)认为,品牌权益和零售商的利益受到诸多因素的影响,如果消费者对品牌的钟爱和信任程度很高,品牌的股票市场价值将随之提高。Montes(2009)认为,当顾客的品牌信任非常高时,品牌承诺也较高。而品牌承诺恰恰是顾客意愿的本质内容,是顾客保持长期品牌接触的基础(Shankar,2003)。信任是顾客对某品牌和零售商喜爱的一种心理反应,它让消费者产生了"品牌资产"的效果。特别是对于网购消费者,不确定性和购买风险都比较大,信任却增加了放心购买的动力(耿黎辉,2007)。Sujan(1993)认为,可以通过信任与消费者购买意愿成正比来预测消费者行为。Dick(1994)认为,品牌可以通过鼓励与培养消费者信任来积极维护品牌形象,它能够让消费者面对众多品牌时首先想到该品牌并不愿更换,这是品牌权益的核心所在。当零售商品牌权益构建成功时,消费者对品牌的价格敏感度较低,根源就是信任在中间起缓冲作用(Gefen,2003)。信任加强买卖双方之间的关系,有助于提高关系质量,赢得客户忠诚,对零售商品牌权益产生积极影响。由此,本书提出如下假设:

H6:顾客信任正向影响零售商品牌权益。

(三)顾客价值与零售商品牌权益

顾客价值是消费者对产品或服务的感知评价,对消费者购买行为与决策行为有重要的影响。很多学者认为,顾客价值是顾客与零售企业关系本质的体现,顾客满意是顾客对自己在购买行为中所获得的一切价值的情感反应状态,企业只有为顾客创造了超过预期的价值,才能获得顾客满意度(Woodruff,1997)。而顾客满意是顾客忠诚的驱动因素,顾客价值越高,顾客重复购买力越强。由"认知—情感—行为"范式可知,只有形成较高的顾客价值,才能产生顾客忠诚的心理状态(Frank,2007)。Woodruff

(1997)论证了顾客价值对顾客忠诚的驱动作用,认为顾客价值是企业赢得竞争优势的一大法宝。David(2007)认为,高质量的产品和优质的服务能给客户带来欢乐和价值,顾客价值提升是顾客需求得到满足的体现。余可发(2006)、欧明洁(2003)等认为,顾客价值是零售商品牌权益背后的推动力,最终影响顾客忠诚度。范秀成(2000)认为,在提升顾客品牌忠诚度的同时,品牌的顾客价值随之提升,顾客的价值直接影响消费者的购买行为,如果顾客购买产品或体验服务获得的价值远远超过预期,就会形成较高的品牌忠诚,会出现重购行为和积极口碑宣传。Michel(2002)认为,顾客价值在形成顾客对企业极高的向心力方面有重要作用,对维持顾客的重购行为、对品牌保持较高的吸引力有重要意义。综上所述,本书提出如下假设:

H7:顾客价值正向影响零售商品牌权益。

三、中介变量之间相互作用假设

由相关文献可知,本书所涉及的三个中介变量负面情绪、顾客价值和顾客信任之间同样具有紧密的联系,为了更清晰地了解彼此之间的路径关系,构建图3-7所示模型。

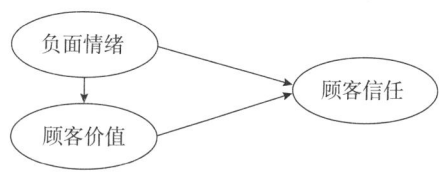

图3-7 中介变量相互作用

(一)负面情绪与顾客价值

目前,对负面情绪与顾客价值之间的关系研究很少,但两者密切关联。消极情绪是消费者在购物过程中表现出的焦虑、失望或不适的体验,通常与顾客的需求未得到满足直接相关(Hakan,2013)。情感直接影响人的判断、决策和其他认知行为(Parasuraman,1971)。基于社会交换理论,消费者的行为会受到实际所得与期望所得之间落差的影响(Guest,1998)。落差较大,说明交易过程并未实现顾客满意,顾客并未获得理想的价值,购物体验不美好。消费者的不满、沮丧、失望等负面情绪,必然会影响其后续购买行为及对品牌的认知评价。由归因理论可知,消费者此时会进行归因，如果归因于外部因素，负面情绪势必会影响顾客对交易过程中所获价值的认知评价，而这种认知评价取决于消费者在交易过程中由产品、服务、环境、互动中所获价值与自己的付出对比后形成的心理认知（王高，2004）。顾客对产品和服务的价值感知代表着产品质量和零售商的形象，消极情绪的出现势必削弱顾客的价值感知，降低对产品或服务的评价，同时削弱所有与零售商有关的品牌联想与品牌认知。因此，本书提出如下假设：

H8：负面情绪负向影响顾客价值。

（二）顾客价值与顾客信任

目前在营销领域中对顾客价值与顾客信任的关系研究一直是学者讨论的焦点问题（Sweeney，2001）。信任形成的基础是一方对另一方在能力、正直和善意等方面所持有的信念，是源于消费者在交易过程中对产品质量、服务水平、价值感知、消费体验等方面的认知评价。而顾客价值会对这种认知评价产生重要的影响，由此可知，顾客价值会影响能力、正直、善意等信念的形成，影响施信意愿（William，1999）。信任是人们在社会交往活动中形成的态度和价值心理，是消费者行为的决定因素。消费者采取任何购买行为及评价都是源于对交易过程价值预期的感知，可以说，这种价值预期便是信任形成的前因。Wailer（2000）通过研究企业间的信任问题认为信任会影响顾客价值。Witz（2004）认为，顾客信任对顾客价值的产生和顾客忠诚均有驱动作用，并认为顾客价值是顾客在交易过程中追求的终极目标。Deutsch（1958）则提出，顾客在体验过程中所形成的价值认知会影响顾客对商家的满意度和信任度，是直接驱动因素。Sultan（2002）通过对网络渠道交易行为的研究发现，只有当企业给顾客提供了较高的价值且超过了预期，顾客才会形成对商家的信任。乔均（2009）认为，企业为顾客创造的价值越多，越能激发顾客强烈的信任感。Bart（2005）通过实证发现，顾客价值越高，品牌信任越高，二者具有相互促进、相互补充的作用。基于上述论断，本书认为顾客价值是影响顾客信任的一个重要前因，并提出如下假设：

H9：顾客价值正向影响顾客信任。

（三）负面情绪与顾客信任

情感是一种外在客观事物刺激所引起的态度体验，通常具有一定的激励作用，某些时期波动明显，人们往往受到心理因素如情绪的影响（Wiles，1990）。尤其在互联网渠道中，Vilareo 等（2005）[①] 认为，顾客会因无法直接评估商品的好坏而对网络商店购物方式产生风险感知。因此，顾客必须依赖一些关于网络商店本身的质量和可靠性指标来降低感知风险。产品质量与服务质量方面的失误导致顾客出现负面情绪，不仅给顾客造成经济损失，而且带来情感上的伤害，包括愤怒、沮丧、失望、自我怜悯和焦虑等（Williams，1989）。Terblanche（2004）认为，个人情绪受许多因素的影响，如金钱损失、期望未实现、自尊丧失、形象受损等。范秀成和张圣亮都用实验的方法证明服务失误会影响顾客信任。不同的情绪对消费者的判断和决策行为有不同的影响；Terrence 和 Gordon（2000）[②] 认为，顾客对品牌的负面情绪会在顾客信任与顾客忠诚之间起到负向作用。由此，本书提出如下假设：

H10：负面情绪负向影响顾客信任。

四、服务补救的调节作用假设

随着多渠道零售的日益发展，尤其是线上购物的普及，现实中服务失败的现象频发，特别是在线购物的风险大、不确定性强等因素导致消费者在购物过程中经常出现预期与现实落差很大的现象，极易出现抱怨、愤怒等负面情绪乃至对零售商、渠道失去信任。这种不愉快的购买经历，使得消费者采取不同的措施来缓解负面情绪，抑或弥补自己的损失。如投诉、传播负面口碑、拒绝合作、做出转换行为等，对零售企业品牌权益产生消极影响。为了更好地服务顾客，使顾客形成积极正面的消费体验，形成良好的企业口碑，推动企业绩效的提升，本书将服务补救作为调节变量引入模型，希望能够探究服务补救对顾客因心理契约违背对零售品牌权益造成不良后果是否有调节作用，以实现顾客继续保持对零售商品牌

---

① Vilareo A. F., Sanchez M. J. The Impact of Marketing Communication and Price Promotion on Brand Equity [J]. Brand Management, 2005（12）：431–444.

② Terrence, Gordon. Service Problems and Recovery Strategies：An Experiment [J]. Canadian Journal of Administrative Sciences, 2000, 17（1）：20–37.

的忠诚，实现零售商品牌权益最大化。因此，本书构建图3-8所示模型。

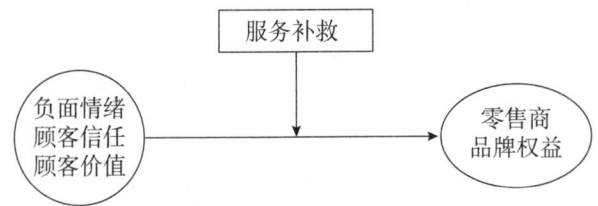

图3-8 服务补救的调节作用

（一）对负面情绪与零售商品牌权益之间的调节作用

Gronroos（1992）是最早在顾客抱怨情境下提出服务补救说法的学者，认为服务补救不仅能弥补服务失误，而且能减少顾客抱怨，将不满意的负面情绪转变为满意，进而留住顾客。McCollough（2000）认为，及时、有效的补救措施可以为消费者带来快乐，并在维持稳定的顾客关系中发挥重要作用；Mcknight（2002）认为，补救措施质量与消费者积极情绪呈正相关，与消费者负面情绪呈负相关。Menezes（1979）认为，补救措施对提高顾客满意度和促进其回购行为有积极作用。负面情绪是顾客因不愉快的购买经历产生的情感体验，如果零售商能够主动道歉，从物质、精神、情感等方面进行补救或补偿，可以防止顾客负面情绪的蔓延，降低其带来的消极影响，从而保持顾客对零售商品牌的高忠诚度。因此，本书提出如下假设：

H11：服务补救在负面情绪与零售商品牌权益之间具有调节作用。即服务补救越主动、补救态度越好、补救方式越得当、补救质量越高，负面情绪对零售商品牌权益造成的不良影响越小。

（二）对顾客信任与零售商品牌权益之间的调节作用

发生过心理契约违背的顾客对商品或服务的敏感度比较强，品牌信心较弱，如果零售商注重对服务失误进行补救且当补救效果超出顾客预期时，顾客的重购意愿会极大增强，品牌信任和品牌忠诚随之提高。常亚平（2009）等通过对网购较频繁的大学生和行业白领的调查发现，服务补救的各维度都会影响顾客信任。张圣亮、高欢（2011）从服务失败的角度考察了各种服务补救措施对消费者行为的不同影响，并以餐饮业为研究对象，研究发现补救方法和消费情绪对消费者购买行为与品牌忠诚有积极影响,主动补救最重要。张圣亮(2009)认为,获得补救满意的消费者会积极、正面地进行口碑传播,补救失败会使顾客出现消极情绪,继而进行负面口碑传播,影响品牌忠诚。Boshoff(1997)认为,补救措施实施得越早,越能提高顾客满意度,增强重购率,有效提升品牌认知度和满意度。由此,本书提出如下假设:

H12:服务补救在顾客信任与零售商品牌权益之间具有调节作用。即服务补救越主动、补救态度越好、补救方式越得当、补救质量越高,越能增强顾客对零售商品牌权益的信任。

(三)对顾客价值与零售商品牌权益之间的调节作用

顾客价值是顾客采取一切行动的基础,是顾客惠顾的主要动机。消费者一旦发现期望价值与实际价值落差太大而得不到满足,则会出现转换行为,如更换零售商、更换品牌以及购买渠道等。因此,顾客的品牌忠诚取决于购买过程中感知到的价值高低。Park(1998)研究发现,任何人的决策行为取决于本人愿意为所获价值付出多少努力,也就是说,任何人都希望实际获取的价值远高于付出的成本。人们在制定决策时总是要考虑成本收益的(余可发,2008)。价值是消费者在体验产品和服务后所做出的整体评价,是消费者对付出与所得的认知评价,当顾客觉得付出远大于获得时,便形成了较低的顾客价值,顾客对零售商提供的商品和服务的感知质量、认知、联想以及忠诚等都会降低。如果零售商能够采取及时、主动的补救措施,势必能够弥补顾客的期望差距,提升顾客品牌忠诚度。Doney(1997)认为,顾客价值能够调控消费者对零售商的购买意愿和行为,认为零售商为顾客提供超出预期的价值是一切电商成功的关键因素。Frank(2007)认为,成功的补救措施最终会转化为顾客对品牌的正面口碑传播,且成为忠实的消费者。反之,如果补救失误,消费者必将出现负面情绪和投诉行为,这对零售商品牌权益是致命的打击。那么,顾客价值与零售商品牌权益之间能否保持高度的一致性取决于零售商采取的补救措施。当顾客出现心理契约违背,顾客价值降低时,服务补救越主动、补救态度越好、补救方式越得当、补救质量越高,越能提升顾客价值,增强零售商品牌权益。因此,本书提出以下假设:

H13:服务补救在顾客价值与零售商品牌权益之间具有调节作用。即服务补救越主动、补救态度越好、补救方式越得当、补救质量越高,越能调节低顾客价值对零售商品牌权益造成的不良影响。

五、人口变量、行为变量对顾客心理契约违背感知差异假设

顾客心理契约违背是一个动态发展的变量，会受到交易过程中诸多因素的影响，也会因消费者个人方面因素的差异而产生不同的影响。因此，顾客的年龄、学历、职业等人口变量以及品牌价格、购买时间和购买行为参数也影响着心理契约违背程度（见图3-8）。游士兵、黄静、熊巍（2007）[1]研究品牌心理契约后指出，"经常奖励"和"质量和服务"的两个因素因性别差异而不同，女性对这两个因素的关注明显高于男性。教育背景的不同之处在于，如果消费者受过高等教育，他们对"质量和服务"的因素会做出不同的反应，更加注重品牌质量和服务质量。职业类别在这个因子上的作用不显著。据此，本书提出如下假设。

H14：不同的消费者在年龄、学历、工作年限、月生活支出水平方面有差异，其心理契约违背程度也不同；顾客购买品牌次数、品牌价格感知、购买谨慎性、购买频率等方面的差异，使其心理契约违背程度也不同。

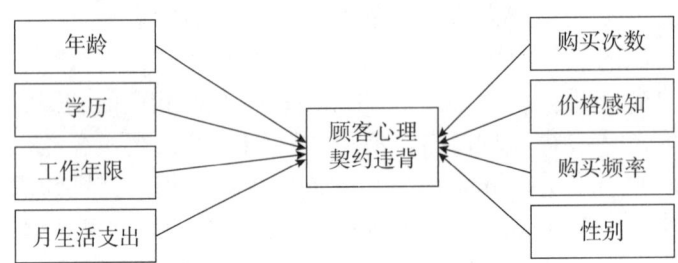

图3-9 人口统计变量对顾客心理契约违背的影响

六、研究假设归纳

研究假设的归纳如表3-2所示。

表3-2 研究假设的归纳

假设类别	编号	假设描述
顾客心理契约违背的直接作用假设	假设1	H1：顾客心理契约违背对负面情绪有积极影响 H1a：基本规范型心理契约违背对负面情绪有积极影响

---

[1] 游士兵，黄静，熊巍. 品牌关系中消费者心理契约的感知与测度[J]. 经济管理，2007（22）：30-35.

续表

假设类别	编号	假设描述
顾客心理契约违背的直接作用假设	假设1	H1b：交易利益型心理契约违背对负面情绪有积极影响 H1c：人际关系型心理契约违背对负面情绪有积极影响 H1d：社会情感型心理契约违背对负面情绪有积极影响
	假设2	H2：顾客心理契约违背负向影响顾客信任 H2a：基本规范型心理契约违背负向影响顾客信任 H2b：交易利益型心理契约违背负向影响顾客信任 H2c：人际关系型心理契约违背负向影响顾客信任 H2d：社会情感型心理契约违背负向影响顾客信任
	假设3	H3：心理契约违背负向影响顾客价值 H3a：基本规范型心理契约违背负向影响顾客价值 H3b：交易利益型心理契约违背负向影响顾客价值 H3c：人际关系型心理契约违背负向影响顾客价值 H3d：社会情感型心理契约违背负向影响顾客价值
	假设4	H4：心理契约违背负向影响零售商品牌权益 H4a：基本规范型心理契约违背负向影响零售商品牌权益 H4b：交易利益型心理契约违背负向影响零售商品牌权益 H4c：人际关系型心理契约违背负向影响零售商品牌权益 H4d：社会情感型心理契约违背负向影响零售商品牌权益
心理契约违背中介变量假设	假设5	H5：顾客负面情绪负向影响零售商品牌权益
	假设6	H6：顾客信任正向影响零售商品牌权益
	假设7	H7：顾客价值正向影响零售商品牌权益
中介变量之间的假设	假设8	H8：负面情绪负向影响顾客价值
	假设9	H9：顾客价值正向影响顾客信任
	假设10	H10：负面情绪负向影响顾客信任
服务补救的调节作用假设	假设11	H11：服务补救在负面情绪与零售商品牌权益之间具有调节作用
	假设12	H12：服务补救在顾客信任与零售商品牌权益之间具有调节作用
	假设13	H13：服务补救在顾客价值与零售商品牌权益之间具有调节作用
人口变量、行为变量对心理契约违背影响差异的假设	假设14	H14：不同的消费者在年龄、学历、工作年限、月生活支出水平方面有差异，其心理契约违背程度也不同；顾客购买品牌次数、品牌价格感知、购买谨慎性、购买频率等方面的差异，使其心理契约违背程度也不同

第四节 研究设计

一、量表设计

(一)顾客心理契约违背的测量

关于心理契约违背测量量表的开发,目前对于其维度与内容没有规范的标准,而在营销情境下的维度结构与内容探究的成果更少。Rousseau(1995)开发的心理契约量表被视为经典,一直广为流传,他开发了二维结构量表并广泛应用于组织行为学领域,即交易型心理契约和关系型心理契约。但对于多渠道环境下的消费者行为,该量表的结构维度单一,内容不足以涵盖消费者的行为特点,需要设计新的量表进行测量。本书使用理论和实证相结合的方法,通过规范的探究性和验证性研究,开发了适合多渠道零售环境的心理契约量表,提炼出4个维度30个题项。具体开发过程在第四章进行详细论述。

(二)负面情绪的测量

负面情绪一般与需求未满足、不愉悦的体验相关联。国内有关情绪的消费心理学研究甚少,现有研究大多停留在情感策略、情感营销层面。而消费情感对顾客满意度的影响是目前国内学者比较关注的,例如,顾客情绪分为正负两种情绪,且对顾客满意有显著影响(耿黎辉,2007);顾客消费情绪对服务质量的感知和满意度有重要的影响,顾客就餐前的情绪对餐后情绪以及就餐体验和餐厅整体质量评价会有显著影响(韩小芸、温碧燕、伍小奕,2004);消极情绪通常与不满足和不愉快的需求经历有关,消费者在接触品牌的过程中发生不愉快的经历,会在不同程度上表露出负面情绪,消费决策行为和对品牌的态度也会受到影响,影响零售品牌的公平性(Weinsurt,1994)。Michel(2001)研究发现,在服务失败的前提下,消费者情绪对顾客的影响大于经济因素和其他方面,在服务失败的情形下,顾客的愤怒、焦虑和悲伤等情绪往往是消费者行为最主要的影响因素。目前,CES模型(Consumer Emotion Set)是直接测量消费情绪并得到广泛应用的量表,也适用于测量零售业消费者情绪,有较强的说服力。本书中负面情绪的测量量表来自学者前期的成熟量表,经过与专家商榷,结合多渠道零售营销环境的特点和消费者的跨渠道购买行为特征,设计出符合本主题的测量量表。本书借鉴 Chebat(2005)的研究成果并结合曾有过服务失败经历的消费者深度访谈结果,给出负面情绪的测量量表,包括四个指标,分别是"愤怒、失望、生气、郁闷",详见表3-3。

表3-3 负面情绪测量量表

	题项内容	依据
负面情绪	对于购物过程,我很愤怒	Chebat(2005)
	对于购物过程,我很郁闷	
	对于购物过程,我很生气	
	对于购物过程,我很失望	

(三)顾客信任的测量

顾客对品牌的信任就是顾客对零售商品牌的信任,根据信任的基本定义,能力、善意、诚实是大多数学者所认可的维度,也有学者认为,信任包含可靠性和善意性两个维度(袁登华,2007);Moye(2002)认为,信任即信念,交易中的一方信任另一方会按照自己的预期采取相应的有利于己方利益的行动;信任是一种主观测度,是一种对积极结果的期待,不是理性行为。针对零售环境中的买卖关系,信任维度中的正直、诚实、善意在消费者购买行为的研究中得到了广泛应用,即消费者怀着善良的意图相信商家会提供优质的产品和周到的服务等规范性的行为,并相信商家会做出符合自己利益的行为,当出现问题时相信商家具有为顾客排忧解难,减少损失的经验和能力。对零售商品牌的线下信任会影响线上信任(Yang Z.,2004);消费者在实体渠道的购买经历和好感会增强其对线上渠道的购买意愿(McKnight,2002),从而对零售商整体品牌的信任也随之增强。本书探究的是消费者对多渠道零售商总体品牌的信任,兼顾网络信任和实体店信任。所以,本书主要借鉴 Ha(2005)和 McKnight(2002)等关于品牌信任的研究,得出顾客信任量表,如表3-4所示。

表 3-4　顾客信任测量量表

代码	测量	测量题项	量表来源
XR1	信任	我认为该店是诚实可靠的	McKnight（2002）
XR2		我相信该店能够遵守对顾客的承诺	McKnight（2002）
XR3		我相信该店会维护顾客的利益	McKnight（2002）
XR4		我愿意和该品牌一直保持良好关系	Ha（2005）

（四）顾客价值的测量

学术界对顾客价值测量多采用整体感知程度的题项来进行，如"我觉得花这些钱购买该商品很值得""企业为我提供的服务相较于价格来说物超所值"等，这些测量题项是从顾客理性认知层面出发，并未体现顾客价值的多样性。很多学者就此问题展开讨论，一些学者认为，顾客价值的含义是复杂的，需要在多维和多重题项上加以衡量。Gremler（1996）将顾客价值分为两个维度：获得价值和交易价值，并以 12 个题项测量；Sweeney 和 Soutar（2001）认为顾客价值包括三个维度：社会价值、功能价值和情感价值，用 19 个题项测度；Peppa（2012）认为，顾客价值包括五个维度：质量、货币价格、行动价格、声誉、情绪反应，用 25 个题项测度，认为顾客的价值是基于产品价格和顾客收益的感知，是衡量需求满足程度的标准，会受到消费者的个人经验、价值观以及商家服务态度、服务质量等因素的影响。本书在总结顾客价值相关文献的基础上，归纳出 4 个题项测度的量表（见表 3-5）。

表 3-5　顾客价值测量量表

代码	测量	测量题项	量表
GZ1	顾客价值	我觉得该品牌质量一直很好	Sweeney 和 Soutar（2001）
GZ2		我觉得购买该品牌的付出是值得的	Yang 等（2004）
GZ3		该品牌让我感觉物超所值	Manthwick 等（2002）
GZ4		该品牌解决了我的实际问题	Harris 和 Goode（2004）

（五）零售商品牌权益的测量

Keller（1998）和 Kramer（1999）认为，零售商与品牌一样也拥有权益且构造类似。有些学者侧重关注品牌权益的形成原因和过程，研究消费者的品牌态度和行为（于春玲等，2005）；Aaker（1991）认为，品牌权益包括五个方面：品牌忠诚、品牌感知质量、品牌认知、品牌联想、其他品牌认知等，并正式提出了基于消费者感知的零售商品牌权益，认为品牌对企业、经销商和顾客均有价值（David et al.，2007）[1]。于春玲等（2005）认为，品牌权益是顾客基于零售商长期的营销策略而形成的总体印象和评价，这种认知会影响品牌经营绩效。消费者的认知、情感、态度和行为等均会对品牌权益产生重要的驱动作用。在营销领域，学者展开了对以消费者为中心的品牌权益的构建研究，将品牌权益的维度进行了不同划分，Keller（1993）认为，品牌知识是品牌权益的主要来源，而品牌知识的主要构成维度包括品牌认知和品牌联想。Yoo 等（2000）[2] 和 Lee（2004）研究发现，品牌权益由四个维度构成：品牌联想、品牌认知、品牌感知质量和品牌忠诚。Pappu（2006）以澳大利亚购物中心的消费者为研究对象，通过问卷调查获取数据，采用实证方法得到了品牌权益的维度，分别是零售商知名度、零售商联想、零售商感知质量和零售商忠诚。Pappu 的实证研究成果由于有大量数据作为支撑，具有较好的稳定性和可靠性，得到了其他学者的普遍认同。本书采用四个维度对多渠道零售环境下的零售商品牌权益进行测量，分别是零售商认知、零售商联想、零售商感知质量和零售商忠诚。具体如表 3-6 所示。

表 3-6 零售商品牌权益测量量表

变量	代码	题项	量表来源
零售商品牌权益	QY1	我愿意将该品牌零售商推荐给别人	Aaker（1991）
	QY2	我能迅速回想起该零售商的特征	Aaker（1991）
	QY3	该零售商能提供及时的服务	Vilarejo 和 Sanchez（2005）

---

[1] David Joon-Wuk Kwun, Haemoon. Consumers' valuation of Brand Portfolios [J]. International Journal of Hospitality Management, 2007（4）: 81-97.

[2] Boonghee Yoo, Naveen Donthu, Sungho Lee. An Examination of Selected Marketing Mix Elements and Brand Equity [J]. Journal of the Acadermy of Marketing Science, 2000, 28（2）: 195-211.

续表

变量	代码	题项	量表来源
零售商品牌权益	QY4	该零售商的商品质量很稳定	Aaker（1991）
	QY5	即使涨价，我也愿意买该零售商的商品	Vilarejo 和 Sanchez（2005）

（六）服务补救的测量

服务补救是顾客在经历了一次不愉快的购物过程中，企业为了从心理和经济方面补偿消费者采取的一系列措施。企业采取的补救措施还有可能使顾客达到二度满意，也体现了顾客经历了不愉快的购物过程后希望从零售商处获得心理及物质上弥补的预期。积极有效的补救措施可以重建顾客满意度，不得当的补救反而更会增加顾客不满，导致负面口碑和品牌转换行为。目前从消费者情绪和行为角度来探讨服务补救效果的研究较少，Smith（1998）认为，结果失误后对顾客进行物质补偿更有效，而过程失误后采取赔礼道歉等精神补偿更有效，补救后产生的满意度更能激发顾客的重购行为。也有学者研究了补救方式对消费者情绪和行为的影响，Terrence（2000）研究发现了主动补救在顾客满意度形成中的重要性；韦福祥（2002）认为，企业应该主动发现失误和弥补失误才能获得较高的顾客满意度，才能长期留住顾客。以上研究都说明了补救方式、补救内容等的重要性。在本书中，服务补救是调节变量，我们主要借鉴 Smith A. K. 和 Bolton R. N. 等（1999）的量表从有形补偿、主动性、道歉、响应速度等方面进行测度。有形补偿参考了 Forbes、Kelley 和 Hoffman（2005）的测量量表，响应速度和道歉以 Forbes、Kelley 和 Hoffman（2005）的量表为基础，道歉和响应速度参考了 Harris（2004）的研究量表，问项的设计参考了郑秋莹、范秀成（2007）等的设计，最终形成本书服务补救的测量量表，见表3-7。

表3-7 服务补救测量量表

代码	测量	测量题项	量表来源
BJ1	服务补救	该零售商从实物方面给予了补偿，如给予赠品、退换货、折扣、承担运费等	Smith A. K. 和 Bolton R. N. 等（1999）
BJ2		该零售商解决问题比较有效，针对投诉能够及时响应	Forbes、Kelley 和 Hoffman（2005）

续表

代码	测量	测量题项	量表来源
BJ3	服务补救	该零售商能够针对失误进行道歉,并主动承担责任	郑秋莹、范秀成（2007）
BJ4		该零售商提供了多种沟通渠道,主动补救	Hsing（2012）

二、问卷设计

问卷设计通过可行的步骤和程序来验证假设中的变量。在品牌和营销研究中，调查法是最常见的研究方法之一，而数据的获取通常是以问卷为途径进行的。问卷是营销研究中收集数据最重要的工具，问卷调查法也是目前国内外实证研究中最常采用以获取一手数据的方法之一（马庆国，2006）。问卷调查法的优点主要是简便和灵活，可以获取翔实的一手数据。所以，本研究采用问卷调查法来完成对相关变量的测量，获取相关的研究数据。

根据本书的研究目的，调查问卷设计为三个部分：第一部分是问卷说明，让被调查者了解重要的相关信息。通过说明给答卷者一个好的第一印象（谢家琳，2008）。问卷对答卷者做数据保密性承诺，并对他们表示感谢。第二部分是调查问卷的主体部分，此部分共分为2个子量表，第一个子量表测量心理契约违背各个维度；第二个子量表测量中间变量、调节变量和零售商品牌权益。第二部分量表共包括了53个测项。第三部分是调查问卷的基本信息。要求答卷者填写人口统计变量和行为变量的相关信息。

由于问卷所问询的是答卷者对于心理契约违背与品牌权益相关感知和态度认知，所以调查问卷的主体部分均采用李克特量表形式。调查问卷采用李克特7点量表让答卷者对每个题项进行评分,分别给予1分至7分。"1"表示商家对心理契约履行程度非常好，"7"表示商家对心理契约履行程度特别差。

为了获取精确和客观的一手数据，我们对调查问卷中所涉及的某些变量的测量题项进行随机编排。在发放调查问卷之前，对每个测量题项的语句进行反复修改直至用词精确，语句意思表达明确，防止答卷者在答题过程中感到迷惑。题项设置避免使用诱导性的问题或者获取预期答案的倾向，并且在量表中使用测谎项，以保证获取较为准确的数据信息。

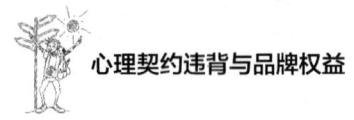

本章小结

本章详细阐述了相关的理论基础，基于消费者行为理论"认知—态度—行为"的范式构建了本书的概念模型，为后续的研究奠定基础，并针对研究中各变量的测量量表和题项进行归纳总结、整理、设计。具体构建了包含各种驱动因素及其相互之间关系的概念模型，并为概念模型中所涉及的假设关系提供立论依据。

第四章　顾客心理契约违背量表的开发与检验

本书的核心内容就是研究顾客心理契约违背是如何影响零售商品牌权益的。因此，需要对重要变量——心理契约违背进行深入研究。心理契约最早在组织行为学中被用来描述员工与企业间的关系，后来逐渐地在营销领域中被用来描述消费者与品牌之间的关系，尤其凸显消费者对于品牌的感知度。当消费者感知到零售商没有按照预期的心理契约履行承诺，即心理契约破裂与违背，产生负面情绪，对零售商品牌的态度、信任和购买意愿均会发生变化，最终可能出现品牌危机。因此，本研究把消费者心理契约违背引入零售商品牌权益研究中来，尝试为解决品牌权益的成因问题拓展一个新的视角。

随着心理契约违背现象的频繁出现，这一概念的研究越来越受到众多学者的关注。根据国内外相关研究成果，心理契约这一概念在营销学领域得到应用是有理论支撑的。组织行为学中的员工与企业之间的心理契约关系体现了双方的互惠和承诺，营销领域中的消费者与品牌之间的关系也是基于互惠和承诺而形成的心理预期，二者之间存在共性，都是在互惠和承诺基础上形成的。消费者在购买商品时，与零售商接触过程中会形成隐性的心理契约，当零售商未能履行承诺而引发顾客的不满和抱怨时，会使得顾客与零售商品牌之间的关系出现断裂，这一过程受到违背归因和企业应对策略的影响。基于归因理论，如果消费者认为，承诺与结果不一致是由不可抗力因素或外部因素导致的，企业没有明显主观的过错，那么消费者一般不会将这种不满意的情绪演变为心理契约违背；如果消费者认为承诺未能履行是缘于企业主观因素或者企业过失，消费者就会出现气愤、失望、沮丧，产生负面情绪，导致心理契约违背的发生，随之可能会终止与品牌之间的关系。如果企业能够出面道歉并积极进行补救，挽回消费者的损失以获得原谅，就能重建顾客信任。如果企业不采取任何措施进行补救，或者消极应对，必然影响品牌权益的塑造。此时，补救的时间、质量、方式显得尤为重要。

第一节 已有的顾客心理契约量表

营销学领域对顾客心理契约的研究起步晚，成果较少，划分标准不统一，维度没有定论，学者都是根据自己研究的需要开发适合的量表，导致心理契约维度会随着量表的不同发生变化。国内外学者对心理契约的研究仍是以组织行为学领域的研究为基础延伸出来的，而对心理契约违背的测量，营销学领域仍借鉴了Pavlou和Gefen（2005）的直接测量法，由三个题项测量："与卖家是否存在很大的意见分歧、与商家是否存在严重的交易问题、是否感知到严重的心理契约违背"。我国学者对心理契约违背的测量大多是以罗海成和阳林开发的心理契约量表为基础，通过顾客对企业未履行责任和义务的感知程度来测量心理契约违背的程度。虽然国外量表相对比较成熟，应用范围较广，但毕竟不符合中国国情和多渠道零售背景下的中国消费者行为特征，因此，本书主要借鉴罗海成（2005）和阳林（2010）的量表，直接测量零售商履行责任和义务的程度，即消费者心理契约违背的感知程度。为了回避商家履行程度能否代替契约违背体验这一说法，所有测量题项都是建立在顾客曾经有过不愉快的购物经历的基础上，这样商家履行程度与消费者心理契约违背就变成了同一个内涵。

一、二维结构量表

基于Rousseau（1998）心理契约量表，罗海成（2005）是我国第一位将心理契约引入营销领域中的学者，并给出定义"顾客对企业应该履行责任义务的感知"，得出心理契约是企业培养顾客忠诚重要条件的结论。他进行了二维结构的量表开发并予以实证分析，检验了量表的信度和效度，两个维度各设计了六个题项进行测量，详见表4-1。

表 4-1 罗海成顾客心理契约量表[①]

顾客心理契约	交易型心理契约	该店的购物环境舒适，服务周到
		该店针对老顾客有价格优惠，甚至提供一定的免费服务
		该店服务效率高，不用我等待太久
		该店不会为了蝇头小利向我推荐贵且不适合的产品
		该店为我安排熟悉的导购，根据我的实际情况进行推荐
		当顾客对商品质量或服务有质疑时，该店会很耐心地解释
	关系型心理契约	当出现交易风险时，该店会主动承担相应认知以避免顾客利益受损
		该店的服务水平高，服务方式放心可靠
		该店导购能够从顾客实际需求出发去介绍产品，不会敷衍顾客
		该店对所售商品的质量与效果做出长期承诺
		该店导购能够从顾客角度出发，真心关怀我的需求和生活
		该店非常重视与顾客的合作伙伴关系，视顾客为朋友

由表4-1可知，心理契约的两个维度在很多方面存在差异，具体差异见表4-2，二维结构的划分得到了学者的关注与认可。

表 4-2 交易型心理契约和关系型心理契约的区别

比较项目	交易型心理契约	关系型心理契约
目标性	追求经济的、外在需求方面的满足	追求社会情感需求方面的满足
时间性	有期限的	无期限的
稳定性	稳定的、无弹性的	动态的、有弹性的
范围	涉及更少的雇员个人生活	涉及更多的雇员个人生活
界限	雇员责任的界限分明	雇员责任的界限不清晰

二、五维结构量表

游士兵等（2008）基于前人研究成果，探究了顾客与品牌之间的心理契约，得出心理契约由以下五个维度构成：①常客奖励：品牌带给老顾客在购买产品时享有的附加利益，如折扣、赠品、免费服务等；②质量和服务：品牌为了满足顾客需求而提供高质量的产品和服务；③社会和情感利

---

① 罗海成.营销情境中的心理契约及其测量[J].商业经济与管理，2005（5）：574-580.

益：品牌对顾客情感予以关怀并履行应承担的社会责任；④沟通：品牌与顾客之间联系与互动的紧密程度；⑤价格：品牌的价格容易让顾客接受（见表4-3）。

表4-3 品牌关系中的顾客心理契约量表

常客奖励	如果经常购买，该品牌应该给予我折扣
	品牌应该给予老顾客优惠
	应该给品牌的老顾客提供特定的免费服务
	和其他品牌相比，该品牌应给予更多的优惠
	品牌对回头客应给予相应的小礼品
质量和服务	该品牌能针对顾客实际需要开发相应的产品
	该品牌商品的质量上乘，能让顾客放心购买
	该品牌服务高效，满足顾客多种需求
	该品牌的服务态度、服务水平等均令人满意
	一旦出现问题，该品牌首先能够从顾客利益出发去制定决策
社会和情感利益	该品牌能增强我的快乐感
	该品牌使我信心倍增
	该品牌有助于提升我的形象与气质
	该品牌满足我的心理需求与情感需要
	该品牌为我的生活增添了无限乐趣
沟通	该品牌非常重视与顾客的沟通机制，在意顾客的每一个评论
	当我对品牌管理提出意见和建议时，该品牌能够及时诚恳地回应
	当我想了解与该品牌有关的一切信息时，各种渠道非常便捷
	销售人员能及时、热情地传达品牌信息
价格	该品牌产品功效与价格相符
	该品牌的价格合理
	该品牌价格在我的承受范围之内

游士兵等（2008）关于心理契约五维结构的提出，为营销学领域消费者行为研究奠定了良好的基础。他们经过实证研究发现，消费者对这五个维度的关注度和期望值是有明显差异的，"质量和服务"与"价格"这两个维度最受消费者关注，且一旦不满足，便会引起消费者较强烈的心理契约违背。这两个维度与罗海成提出的交易型心理契约类似；"常客奖励""社

会和情感利益""沟通"则体现了消费者与品牌之间的情感联系,与罗海成提出的关系型心理契约类似。David 和 Gefen(2005)认为,心理契约违背是指顾客对商家没有履行责任和义务的感知,违背主要来源于拒绝履行约定和双方彼此理解上的歧义。

目前学术界普遍采用交易型与关系型二维度量表测量心理契约,其原因有可能与顾客在和商家交易过程中面临的利益类型有关——最基本的功能性和情感性利益,即短期的、明显的经济利益与长期的、内隐的情感利益。但是笔者认为,在多渠道零售背景下,对顾客心理契约违背的二维结构划分过于简单,既应该考虑线上、线下渠道的不同,也应该考虑在多渠道背景下,其维度及测量题项也有所差异。本章试图对此问题进行深入研究,以期为后续研究奠定良好的基础。

第二节 顾客心理契约违背的量表开发

一、量表开发构思

本书目的在于研究心理契约违背对零售商品牌权益的影响。因此,需要对顾客心理契约违背进行科学、准确的测量和定义。本书研究的主要是多渠道零售背景下的消费者购买行为,营销情境下顾客与商家的心理契约与传统组织行为学企业与雇员之间有着本质的区别,更不能简单认为是传统实体商店转移到了虚拟网络平台。因此,对心理契约违背这个重要变量进行准确测度成为本书的关键点和立足点。我们要结合多渠道零售的环境和消费者心理特点进行科学、合理的开发。现在国内应用比较广泛的就是组织行为学中心理契约的二维结构:交易型和关系型。那么在营销情境下,心理契约违背的维度是否有变化?多渠道环境下的心理契约违背与单一的电子商务或实体零售中有无区别?这些问题都是需要我们去思考并予以解决的。因此,开发可准确测量心理契约违背的量表是本研究的前提与基础。

为了保障所开发量表具有科学性和可靠性,量表开发时必须依照严格的流程进行。Churchill(1979)的开发范式成为学术界量表开发的标准规范,被广大学者应用与推崇。Parasumman 和 Zeithaml(1988)、Blois(2006)、董大海(2010)、白长虹(2002)等的量表开发研究均采用

Churchill（1979）的范式。白林（2006）通过不断地研究发现，量表开发是需要具备一定条件的，属于下面情况之一则需开发新的量表：第一，目前该领域中的量表对于本研究主题来讲不全面、不具体，没有将新的环境条件下各种因素考虑进去，有一定局限性，不具有普适性；第二，某一概念在西方被提出，需要对这一概念进行跨文化应用研究；第三，研究的主要目的就是为了开发新的概念与量表。本书的研究属于第一种情况。因此，本书严格按照量表开发的规范流程来进行心理契约违背量表的开发。具体流程如图 4-1 所示。

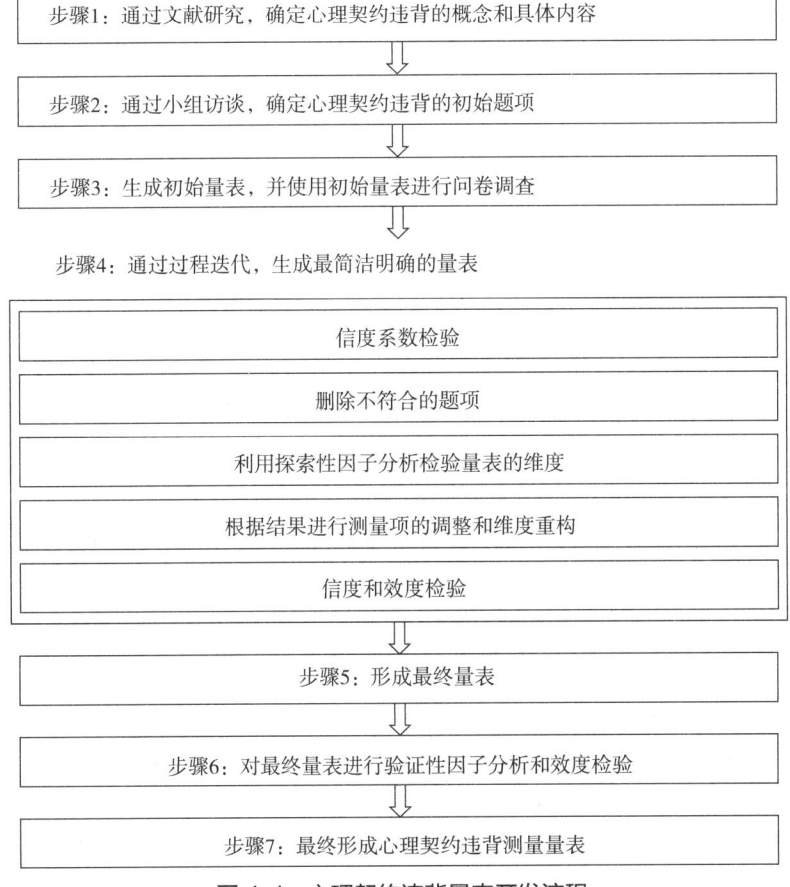

图 4-1　心理契约违背量表开发流程

Churchill（1979）提出的量表开发范式被誉为营销学科领域的经典范式，在国内外广受认可与采用。他认为量表开发需要遵循八个步骤：①确定构念的维度；②编制初始题项；③收集数据；④净化量表中的题项；

⑤删除不合理题项后再次收集数据;⑥评估量表的信度;⑦检验量表的效度;⑧模型构建。本书严格遵循 Churchill(1979)的规范开发心理契约违背量表。

二、访谈设计

我们使用内容分析法进行题项的筛选,因为它是比较客观、系统的研究方法,能够将文献的材料和访谈的内容经过系统梳理后转变为我们想要的数据,以帮助我们形成科学、合理的判断。本书对核心变量心理契约违背量表的开发,首先,设计半开放式问题的访谈提纲和问卷,对曾经有过心理契约违背经历的消费者发放问卷并进行访谈;其次,对消费者访谈中的重要语句进行归纳、提炼,从不同视角进行归类,以确定消费者心理契约的分类,形成初始量表,并运用定量方法对初始量表的信度和效度进行检验,删除不合理题项;最后,采用大样本问卷数据检验新开发量表的稳定性和合理性,主要是用 AMOS 统计软件进行验证。

在文献研究的基础上组织了一次深度访谈,访谈的对象是具有 1 年以上多渠道购物经历且熟悉网络购物技术的消费者。被访谈对象共 45 人,由在校大学生、高校教师、企业员工等组成。被访谈对象中高校本科大学生共有 36 人,占被访谈对象的 80%,其他人员 9 人,占被访谈对象的 20%。大学生是我们访谈的主要对象,当然也包括高校教师。选取大学生为样本是因为他们没有经济方面的收入,都是靠父母的生活费支付开销,对商品价格、质量以及性价比比较敏感,且他们能够非常熟练地操作系统,网络购物是他们的首选,多渠道搜寻信息、货比三家是他们购物的特点,最终选取质优价廉、性价比超高的商品是最终目的。还有一个重要的前提条件就是他们闲暇时间多,也非常享受网购或多渠道购物带来的乐趣。大学生样本是很多理论研究首选的样本,对于本研究而言,除了具备上述优点和条件之外,大学生还具有易得性,他们的年龄大都处于 20~25 岁,具有高知识性、文化代表性与消费示范效应。大学生的购物技能比较好,可以在不同渠道中自由转换,而且他们崇尚新、奇、鲜的特质,导致他们比较容易出现心理契约违背的情形,违背一方面来自自己的购物过程、商品质量、服务等因素,另一方面来自同学之间的互相比较,如价格、效果、真伪等,比较的结果很容易引发心理契约违背的情况,这为我们的研究提供了很好的条件。选择大学教师作为受访对象,是因为他们具有较高的文化知识，能够比较准确地判断心理契约违背的原因并理性对待其后果，而且大学教师具有认真、敏感、谨慎、细心的特点，比较容易因为多渠道购物时出现期望和现实不一致的情形，产生心理契约违背，这也为我们的研究奠定了良好的基础。为了更好地整理访谈内容，经受访者同意进行录音，以便使得到的结果更为准确。我们首先向受访者讲了本研究的内容、目的与意义，对核心变量的概念做解释，让他们尽快进入受访状态，对我们的研究产生好感而不排斥，愿意将自己的经历、体会分享出来以做研究用。然后，受访者开始回忆自己曾经遭遇的心理契约违背经历，尤其是对于自己违背后的情绪反应、认知状态、后续行为、对商家造成的后果以及商家如何补救等方面进行详细讲述。其中，很多人还谈到自己听到、看到的其他人的类似经历。为防止框定被访者的思路，我们仅对研究目的与心理契约违背的基本特征进行了介绍。受访对象能够根据自己的购物经验对访谈问题做出良好反应，为获取更多有用信息，本研究采用了半结构化访谈方式，访谈提纲由三个部分组成：

首先，向每一位被访对象说明本次访谈的目的，即确定心理契约违背概念的维度，并进行详细的解释，这一过程大约需要3分钟。

其次，让被访对象回忆经常访问的购物网站或线下实体店，被访对象不受任何约束，可以对网络商务平台或实体店品牌进行随意回忆与联想，可以提供某一个或多个，此步骤大约需要1分钟。

最后，在第二步结束的基础上继续提出问题。"您认为多渠道零售商应该怎样做才能满足您的心理契约？""什么因素会妨碍您到这个网店或实体店选购商品？""哪些因素驱动您产生心理契约违背？""当卖家没有履行其责任或义务，会带来什么后果？调节因素有哪些？""线上和线下渠道购物，商家应履行的责任和义务一样吗？如果不一样，有何区别？"

访谈结束后，笔者对访谈内容进行记录与整理。

三、结果的处理

访谈结果处理包括三个步骤：第一步，根据谈话录音从访谈内容中抽取关键词句；第二步，进行初步筛选；第三步，编码与汇总。通过三个步骤的工作，研究发现有28位被调查者经常在天猫淘宝购物，10位经常在京东购物，余下的7人在唯品会或聚美优品购物。

根据访谈的限制性问题，我们进行样本筛选。首先，从访谈结果中找出哪些因素会导致顾客出现心理契约违背，将这些关键词罗列出来；其次，对受访者谈到的用以描述这几个关键词的语句进行整理、归纳，原则是各语句必须能准确反映相对应关键词的核心构念，且彼此没有重复之义，也不会产生歧义。

我们随机找5位受访者，向他们讲明这几个关键词的含义，并将其中一个归纳进来的理由做了范例讲解。之后由5位受访者根据自己对关键词和阐述题项的理解，结合自己的经历进行归类，最后我们将5位受访者的归类进行汇总，如果某一个题项有3~4人没有出现相同归类，那我们就可以删掉此题项。

再邀请4位市场营销专业的硕士研究生，仍然按照上述程序进行关键词和题项的解释说明，基于他们的理解，让受访者对每个题项中关键词的解释程度进行判断，分为：完全能解释、部分解释、不能解释三种情况。如果4位受访者中有两位以上认为某题项能够完全解释关键词，那么我们就保留，反之，就将该题项删除。

通过对45名被访者的深度访谈，共获得560条关于心理契约违背内在驱动因素的原始语句与初始概念，由于原始语句数量太过庞杂，类别不够清晰，且存在重复、相似、相近情况，非常有必要对这些语句进行系统的梳理与提炼，以形成本研究需要的概念与维度。为此，本研究首先筛选有代表性的原始语句，并进行一阶词汇的提炼，进而完成维度的划分与提炼，详见表4-4。

表4-4　心理契约违背部分访谈摘要

代表性原始语句	关键词汇	范畴
A01. 该店商品质量可靠，能为我提供放心、优质的服务	质量可靠、环境舒适、价格合理、提供有效服务、不浪费时间、不过分推荐	基本规范型
A02. 该店购物环境整洁、舒适、便捷		
A03. 该店愿意提供方便快捷的服务，不会浪费我的时间		
A04. 该店愿意为我安排合适的导购，针对我的需求推荐商品		
A05. 当我对该店商品或服务有疑问时，该店愿意耐心解释		
A06. 该店的实物和图片展示是真实一致的，文字描述客观、准确		
A07. 该店商品价格合理、合适，物有所值		

续表

代表性原始语句	关键词汇	范畴
B01. 该店不会为了赚钱而极力推荐不适合我的商品	顾客积分、打折优惠、给予赠品、站在顾客角度考虑、不对外部泄露隐私、保密、退换货方便、遵守承诺	交易利益型
B02. 该店不会将我的个人信息盗卖，保障网银安全、支付安全，交易形式得到保障		
B03. 该店对老顾客会给予价格优惠、赠品或提供相应的免费服务		
B04. 该店对老顾客是有优惠的，而且适当的时候给予赠品。有一次我买电子产品还送我耳机，别的店是不会的		
B05. 该店能够按照承诺及时发货，即使发不了货也会真诚说明或道歉		
B06. 该店能够无条件退换货，解决我的后顾之忧，而且在退货的时候依然热情		
C01. 该店对顾客的喜好熟悉，能够将我作为老顾客推荐适合我的商品	沟通及时、关怀顾客、替顾客着想、重视友谊、回复快速、热情	人际关系型
C02. 该店对顾客关怀、尊重顾客的意见，态度温和		
C03. 当我与导购或客服沟通时，该店能够及时回复我的问题，不用我等很久，更不会置之不理		
C04. 该店能够及时告诉我关于产品的信息，并且让我能够很快查询到该品牌或商品的有效信息		
C05. 销售人员在整个销售过程都能替我着想		
C06. 销售人员也很重视与我的个人友谊		
C07. 销售人员能够为我进行专业的消费指导		
D01. 该品牌能让我快乐、自信	品牌不断创新、提升品牌声誉、吸取优点、提升形象、使人快乐自信	社会情感型
D02. 该品牌让我买得放心，无论质量、颜色、款式都没问题		
D03. 该品牌应该不断推出新的优质产品来满足顾客需求		
D04. 该品牌应该不断吸取竞争对手的优点改进自己的产品		
D05. 该品牌应不断提升品牌声誉		
D06. 该品牌能提升我的形象		

通过上述对心理契约违背初始题项的收集和访谈内容提炼所得出的结果进行对比，研究发现：以下四个方面的内容受到了大多数被访者的关注：①多渠道零售商最起码要满足消费者的基本要求，如所售商品质量上乘、价格合理、购物环境舒适、服务周到、销售过程耐心细致等；②要满足交易过程中的利益要求，包括提供热情的服务、关怀顾客，熟悉并了

解老顾客喜好，对老顾客要有优惠或折扣等、退换货要方便、遵守承诺等；③要满足沟通过程中的响应性要求，包括销售人员能够及时回答顾客关于商品的问题、随时替顾客着想、重视与顾客的友谊等；④希望所购品牌的影响力、品牌声誉不断扩大，持续创新，为顾客提供更为多样的选择空间等。

笔者对上述内容进行归纳与总结，结合心理契约的相关文献，将顾客心理契约分为以下四个维度：

其一，基本规范型责任。这是零售商与消费者交易互动过程中最起码要履行的责任和义务，也是消费者最看重的基本内容。这方面的需求得不到满足，消费者势必会产生比较强烈的情绪和情感反应，对购买行为产生负面影响。其内容包括：零售商要一切以顾客实际需求为出发点，所售商品质量可靠，价格合理，零售环境舒适整洁，销售员热情周到。对于网店而言，则要求图片与实物相符，尽量减少色差，文字描述客观实际，网页设计简洁流畅，客服能够随时解答顾客的疑问，不用顾客长时间等待等。总体而言，这些内容都是消费者在交易过程中最关注的，与顾客切身利益密切相关的，也是顾客形成对零售商最直观印象的基本责任和义务。

其二，交易利益型责任。零售商在与顾客互动的过程中，一定要以满足顾客实际需求为出发点，竭尽所能实现顾客的利益最大化，让顾客觉得物超所值或者所得远大于付出，以赢得顾客忠诚与再惠顾。为了维持良好的客户关系，顾客认为零售商应履行以下责任：推荐适合的商品给顾客、让老顾客享受优惠价或给予折扣并赠送小礼品以表谢意、确保顾客的个人信息安全与交易安全、顾客退换货时提供尽可能的便利、遵守一切对客承诺等。

其三，人际关系型责任。从顾客与品牌关系本质来看，二者在交易过程中的互动包含了人际关系，特别是在中国文化背景下的零售业同样需要情感因素来维系品牌关系以实现品牌忠诚。品牌能够为顾客的情感利益加分，如增加面子、获得更高的尊重、降低顾客的购买风险、使顾客感受到被重视等。顾客与零售品牌的人际关系互动，促使企业履行以下责任与义务：销售商品或提供服务时一切均以顾客喜好为原则、关心顾客、替顾客着想、珍视彼此间的友谊、客服或导购回复要迅速、态度要真诚热情、高度重视顾客的意见与建议并在实际工作中予以执行等。

其四，社会情感型责任。当前多渠道零售已趋于成熟，品牌间的竞争程度日益激烈。为了保持顾客满意度与忠诚度，多渠道零售商除了要积极履行上述责任外，还要从心理和情感方面尽力履行以下责任：持续发展、不断创新、坚持学习、吸取竞争者的长处，从而为顾客长期继续购买本品牌产品或服务提供理由；产品要持续创新，紧随市场潮流，努力提高品牌声誉，坚持不懈地满足顾客更高层次的需求，让购买该品牌的顾客感到愉悦、自信，感到个人形象得到提升等，社会情感型维度在以往的研究中较少受到关注。

四、测量项目的开发与量表形成

在上述研究的基础上，笔者正式进行顾客心理契约违背测量项目的开发，开发过程包括以下三个步骤：

第一，确认测量项目。主要通过文献回顾和焦点小组的方式，确定要研究的构念，对其内涵进行清晰的界定，形成初始题项。

第二，筛选测量项目。即选择最能代表顾客心理契约违背概念的题项。主要通过信度、效度检验与因子分析进行。

第三，确定测量项目与形成量表。邀请营销领域的专家对最终测项进行全面审定，对语句不通、有歧义测项进行修改、完善，以形成初步的测量问卷。

为了进一步确认问项，本研究组织了一次焦点小组讨论，焦点小组由4名市场营销专业在读博士生、2名市场营销专业硕士研究生和1名市场营销专业高校教师组成。焦点小组讨论在2017年6月15日举行，持续时间2.5小时。通过焦点小组讨论，最终得到33个题项。这33个题项主要反映了顾客以下方面的需求：交易诚信、产品保障、服务周到、常客奖励、售后保障、及时响应、关心顾客、情感提升、品牌发展等。这些要求可进一步归纳为四个大的方面：基本规范型责任（产品保障、交易诚信、服务周到）、交易利益型责任（常客奖励要求、售后保障要求）、沟通响应型责任（及时响应要求和关心顾客要求）、社会情感型责任（顾客情感要求和品牌发展要求）。其中，基本规范型责任维度11项，交易利益型责任维度8项，人际关系型责任维度7项，社会情感型责任维度7项。在33个问项中，有8个与Rousseau（1993，1994）量表中二维结构分法：交易型心理契约和关系型心理契约的部分题项极为相似，根据Robinson和Rousseau（1994）对心理契约违背的相关研究，心理契约违背的测量计分可以采取心理契约反向计分进行。因此，本书参考了Pavlou和Gefen（2005）、罗海成和范秀成（2005）、阳林（2010）等对心理契约维度划分与测量题项的设置，结合多渠道零售特点与深度访谈、焦点小组讨论的结果，对部分题项的语义进行适当修改完善，以符合本书研究的需要，具体测量问项见表4-5。

表4-5 顾客心理契约违背维度及测量题项

维度	测量题项
基本规范型责任	1. 该店能够为顾客提供质量可靠的商品
	2. 商品价格公道合理
	3. 该店提供的商品能够很好地满足我的实际需求
	4. 该品牌商品的品质与价格相匹配
	5. 该品牌商品能够很好地满足顾客需求
	6. 商家介绍商品时，不夸大、不隐瞒
	7. 遵守承诺，按时发货，不让顾客等待
	8. 能够热情解答顾客关于商品的一切问题
	9. 该店能够为我提供便捷的服务，不会浪费我的时间
	10. 能够提供舒适的购物环境与优质的服务
	11. 安排合适的导购，针对我的需求去介绍
交易利益型责任	1. 经常购买，应该给予我价格优惠
	2. 作为老顾客，应该给予某些免费服务
	3. 作为老顾客，应该为我提供特殊照顾
	4. 经常购买，应该给我一些赠品
	5. 商家应该主动关心我商品使用后的体验和感受
	6. 一旦出现问题应该积极主动承担责任
	7. 提供完善的退换货服务，解决我的后顾之忧
	8. 确保我的交易方式便捷、安全，个人信息不会泄露
人际关系型责任	1. 销售人员关心我对商品的意见和建议
	2. 应该让我及时、便捷地查询到所需商品的有关信息
	3. 该店很重视我的评价
	4. 我对商品的一切疑问都能得到及时回复
	5. 销售人员在交易过程中应尽力替我着想
	6. 不应该为了赚钱向我推荐不适合的产品
	7. 销售人员真心重视与我的个人友谊关系

续表

维度	测量题项
社会情感型责任	1. 该品牌应该不断增加我的生活乐趣
	2. 该品牌使我不断快乐
	3. 该品牌不断增加我的自信
	4. 该品牌能不断提升我的个人形象
	5. 该品牌应该不断推出更好的产品
	6. 该品牌应该吸收竞争品牌的优点，不断推陈出新
	7. 该品牌应该不断提高品牌声誉，扩大影响力

五、预调研与测量题项净化

经过文献研究和焦点小组讨论得到了心理契约违背的测项，为了检验这些题项能否准确反映心理契约违背的维度，研究小组通过收集数据进行探索性因子分析和验证性因子分析，来验证测量项对心理契约违背各个维度的解释和收敛程度。

（一）问卷设计

为了确保问卷的表面效度与内容效度，本研究按照 Churchill（1979）[①] 提供的方法，对初始测项展开定性分析。首先进行预测，面向市场营销专业的研究生发放 50 份问卷，对这 33 个题项进行修改，审核剩余题项的语义和表述方面，着重审核语义是否清晰、表达是否明确、题项是否高度概括、题项是否存在晦涩难懂的地方等，确保所有题项表达清晰、准确、没有歧义。其次请研究生们将修改好的 33 个题项归纳到相应的测量变量下，以确保所有题项与理论维度划分保持一致。最后请市场营销专业的 3 位教授做最后的斟酌、审定与修改，最终形成本书的初始问卷。

[①] Churchill G. A. A Paradigm for Developing Better Measures of Marketing Constructs[J]. Journal of Marketing Research, 1979, 16（1）: 64–73.

（二）预调研

为了进一步保证量表开发的质量，本研究进行了预调研，并对预调研数据进行第一次探索性因子分析。采取就近原则从内蒙古呼和浩特市高校学生及企事业单位中采集数据进行预调研，目的是测试和修正问卷。本次预调研采取面对面直接发放、直接填写的原则，共发出问卷120份，经过对所有问卷的筛选，有8份问卷不够理想，予以剔除，剩余112份有效问卷，有效率达93.3%。本书使用SPSS17.0软件处理数据，并对问卷各测量题项进行编号，结果如表4-6所示。

表4-6 问卷题项编码

特征变量	编号	题项
基本规范型	JB1	该店能够为顾客提供质量可靠的商品
	JB2	该店商品价格公道合理，质价相符
	JB3	该店提供的商品能够很好地满足我的实际需求
	JB4	商品图片与实物要一致，文字描述真实
	JB5	商家介绍商品时，不夸大、不隐瞒
	JB6	遵守承诺，按时发货，不让顾客等待
	JB7	热情解答顾客关于商品的一切问题
	JB8	该店能够为我提供便捷的服务，不会浪费我的时间
	JB9	该店能够提供舒适的购物环境和周到的服务
	JB10	经常购买，商家应该给予我价格上的优惠
	JB11	作为老顾客，应该为我提供某些免费服务
交易利益型	JY1	作为老顾客，应该为我提供特殊照顾
	JY2	经常购买，应该给我一些赠品
	JY3	商家应该主动关心我商品使用后的情况和感受
	JY4	一旦出现问题，商家应该积极主动承担责任并解决
	JY5	提供完善的退换货服务，解决后顾之忧
	JY6	确保我的交易方式是便捷和安全的，个人信息不会泄露
	JY7	销售人员应关心我对商品的意见和建议
	JY8	应该让我及时、便捷地查询到所需商品的有关信息

续表

特征变量	编号	题项
人际关系型	RJ1	商家很重视我对产品及服务的评价
	RJ2	销售人员在交易过程中应尽力替我着想
	RJ3	不应该为了赚钱向我推荐不适合的产品
	RJ4	销售人员真心重视与我的个人友谊关系
	RJ5	该品牌应该不断增加我的生活乐趣
	RJ6	该品牌使我感到快乐
	RJ7	该品牌不断增加我的自信
社会情感型	SH1	该品牌能不断提升我的个人形象
	SH2	该品牌应该不断推出更好的产品以满足顾客需要
	SH3	该品牌应该吸收竞争品牌的优点，不断改进和创新
	SH4	该品牌应该不断提高品牌声誉，扩大影响力
	SH5	该店能够为顾客提供质量可靠的商品

（三）效度分析

1. KMO和Bartlett球形度检验

效度是指数据处理结果在多大程度上能够反映被测对象，如果二者的吻合度较高，说明数据处理结果是有效的，效度则较高，反之则较低。效度通常包括：内容效度（Content Validity），由专家考核问卷包含的题项是否能够全面反映被测对象的特点并具有适用性；表面效度（Face Validity），即让外行人对问卷的题项是否能够反映测量目的进行评价。表面效度容易和内容效度混淆，但二者有本质区别，即判断标准不同，表面效度只检测题项与目的是否有直接关系，而内容效度则要关注题项与测量目的、研究内容的逻辑本质关系。Campbell（1959）认为，效度可以用收敛效度（Convergent Validity）与区别效度（Discriminant Validity）两种方法来验证。Straub（1989）认为，因子分析和多方法矩阵可以用来检测结构效度。因子分析法目前在学术研究中得到广泛应用，因此本书也使用探索性因子分析来进行量表效度的初步检验。

采用因子分析法进行效度分析时需要注意：各题项之间关联度要高，能够较好地反映被测对象的特征。KMO和Bartlett球形度检验值达标的条件分别为：KMO 的值范围是 0~1，我们判断题项与反映对象的相关性标准是：大于 0.9，非常适合；0.8~0.9，较适合；0.7~0.8，适合；0.5 以下，不适合。Bartlett 球形度检验值是用来判断二者关系是否具有显著性，如果数据结果是显著的（即 Sig.<0.05），代表因子分析法是适合的。基于以上标准，对本书心理契约违背量表进行检验，结果如表 4-7 所示。

表 4-7 心理契约违背量表的 KMO 和 Bartlett 球形度检验

维度	KMO	Bartlett 球形度检验		
		近似卡方	df	Sig.
心理契约违背量表	0.818	2431.857	528	0.000

由表 4-7 可知，本次获取有效问卷的 KMO=0.818，表明问卷可以进行因子分析。同时，Bartlett 球形度检验值 P＜0.05，再次说明适合做因子分析，效度较好。

2. 探索性因子分析

探索性因子分析（EFA）是用来寻找所观测变量的本质结构，并对其进行降维处理的方法，能够将关系复杂的多个变量综合为几个代表性的核心因子。

根据公因子解释方差的判断标准：解释度在 80% 以上表示很好，大于 60% 表示能够较好地解释信息。由表 4-8 可知，本书心理契约违背提取的 6 个公因子解释度达到 69.693%，基本能够包含所有信息。

表 4-8 心理契约违背量表解释的总方差

成分	初始特征值			提取平方和载入			旋转平方和载入		
	合计	方差百分比（%）	累计百分比（%）	合计	方差百分比（%）	累计百分比（%）	合计	方差百分比（%）	累计百分比（%）
1	6.334	19.194	19.194	6.334	19.194	19.194	6.088	18.449	18.449
2	5.316	16.110	35.304	5.316	16.110	35.304	5.277	15.992	34.442
3	4.905	14.863	50.167	4.905	14.863	50.167	5.013	15.191	49.633
4	4.291	13.002	63.169	4.291	13.002	63.169	4.383	13.282	62.915
5	1.107	3.355	66.524	1.107	3.355	66.524	1.154	3.498	66.413
6	1.046	3.170	69.693	1.046	3.170	69.693	1.083	3.280	69.693

续表

成分	初始特征值			提取平方和载入			旋转平方和载入		
	合计	方差百分比（%）	累计百分比（%）	合计	方差百分比（%）	累计百分比（%）	合计	方差百分比（%）	累计百分比（%）
7	0.820	2.486	72.180						
8	0.679	2.058	74.237						
9	0.634	1.923	76.160						
10	0.602	1.823	77.983						
11	0.589	1.784	79.767						
12	0.558	1.691	81.458						
13	0.535	1.623	83.081						
14	0.508	1.538	84.619						
15	0.501	1.518	86.137						
16	0.471	1.427	87.563						
17	0.456	1.383	88.946						
18	0.393	1.190	90.136						
19	0.381	1.155	91.291						
20	0.323	0.978	92.270						
21	0.296	0.896	93.165						
22	0.287	0.869	94.035						
23	0.270	0.817	94.851						
24	0.249	0.756	95.607						
25	0.235	0.713	96.320						
26	0.210	0.636	96.956						
27	0.196	0.594	97.550						
28	0.180	0.544	98.094						
29	0.175	0.530	98.623						
30	0.138	0.418	99.042						
31	0.118	0.358	99.400						
32	0.104	0.314	99.714						
33	0.094	0.286	100.000						

注：提取方法为主成分分析法。

表 4-9　心理契约违背量表旋转成分矩阵[a]

	成分					
	1	2	3	4	5	6
JB1	0.767	−0.068	0.050	−0.032	0.020	0.065
JB2	0.879	0.085	0.075	−0.083	−0.029	−0.033
JB3	0.830	−0.023	0.064	0.141	−0.037	−0.057
JB4	0.202	0.046	0.015	0.008	0.921	−0.038
JB5	0.778	−0.047	−0.094	−0.076	0.141	0.249
JB6	0.824	0.086	−0.003	0.016	0.064	−0.029
JB7	0.818	−0.047	0.105	−0.026	0.207	0.009
JB8	0.789	0.199	0.007	0.017	0.098	0.000
JB9	0.810	0.005	−0.055	0.119	−0.112	−0.062
JB10	0.824	−0.023	0.000	0.107	−0.010	−0.146
JB11	−0.081	0.450	−0.076	0.019	−0.053	0.667
JY1	0.017	0.802	0.006	−0.020	−0.049	0.115
JY2	−0.071	0.818	−0.017	0.001	0.004	0.062
JY3	0.003	0.783	0.047	−0.009	−0.018	−0.245
JY4	0.009	0.764	−0.053	−0.006	0.195	−0.234
JY5	0.008	0.775	0.063	0.152	−0.034	0.195
JY6	0.000	0.804	0.010	0.134	0.045	0.195
JY7	0.109	0.752	0.128	−0.032	−0.012	−0.063
JY8	0.089	0.790	−0.034	−0.073	−0.023	0.172
RJ1	0.080	−0.072	0.029	0.820	−0.060	0.041
RJ2	−0.029	−0.005	0.005	0.818	0.047	0.159
RJ3	0.021	0.087	−0.096	0.808	−0.192	−0.040
RJ4	−0.062	0.126	0.588	0.538	0.090	−0.155
RJ5	−0.035	0.078	−0.141	0.838	−0.006	−0.007
RJ6	0.130	−0.029	0.041	0.780	0.193	0.058
RJ7	0.022	0.021	0.064	0.811	0.007	−0.166
SH1	−0.066	−0.021	0.839	−0.039	−0.048	0.014
SH2	0.009	0.093	0.808	0.045	−0.005	−0.195
SH3	0.022	0.053	0.840	−0.077	−0.010	−0.003
SH4	0.118	−0.117	0.791	−0.032	0.006	0.343
SH5	0.081	0.008	0.810	−0.096	−0.129	−0.212
SH6	0.047	0.004	0.763	0.018	0.245	0.111
SH7	0.000	0.037	0.799	0.048	−0.020	0.010

提取方法：主成分分析法；旋转法：具有 Kaiser 标准化的正交旋转法。a. 旋转在 5 次迭代后收敛。

由表4-9可知，第一个因子变量所反映的10个测量指标均属于"基本规范型心理契约"构面，第二个因子变量所反映的8个测量指标都属于"交易利益型心理契约"构面，第三个因子变量所反映的7个测量指标都属于"社会关系型心理契约"构面，第四个因子变量所反映的7个测量指标都属于"人际情感型心理契约"构面，其中RJ4在公因子3、4上都有较大负荷，故应该予以删除；因子6在变量"JB11"上有较大的负荷，由于归属公因子6的题项只有一个，故应该删除；因子5在JB4上的载荷大于0.4，由于归属公因子5的题项只有一个，故应该删除。

图4-2为心理契约违背因子分析的碎石图，通过观察碎石图可知，4个因子变化较大，特征值大于1的有6个主成分，再次说明应该提取6个主成分。

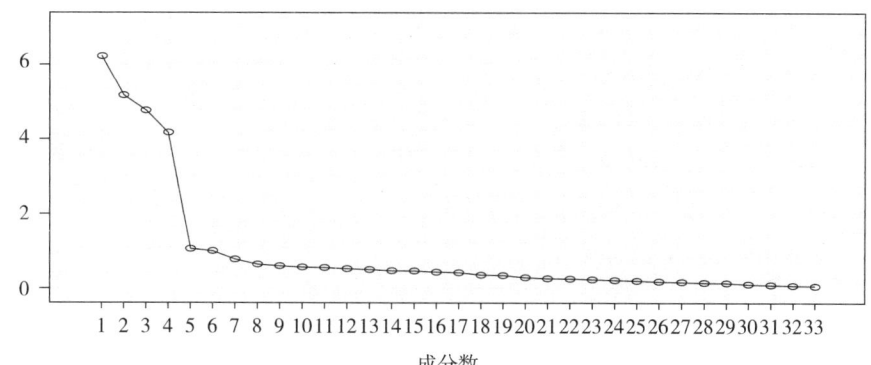

图4-2 心理契约违背因子分析碎石图

剔除题项"RJ4""JB4""JB11"后，笔者对剩余的30个测量项目再次进行KMO与Bartlett球形度检验与探索性因子分析，由表4-10可知，整份问卷的KMO值是0.830，Bartlett球形度检验的P值小于显著水平0.05，说明量表的效度结构好，适合做因子分析。

表4-10 KMO和Bartlett球形度检验

维度	KMO	Bartlett球形度检验		
		近似卡方	df	Sig.
心理契约违背量表	0.830	2247.675	435	0.000

根据特征值大于1的标准，我们提取了4个公因子，解释度达到66.447%，最大方差旋转之后每个测量指标的因子载荷均高于0.7，并且

载荷值在两个因子上均高于 0.5，或者在一个因子上的载荷值小于 0.5 的测量指标没有出现。表明这 4 个公因子能较好地解释 30 个题项包含的内容，详见表 4-11。

表 4-11 解释的总方差

成分	初始特征值			提取平方和载入			旋转平方和载入		
	合计	方差百分比（%）	累计百分比（%）	合计	方差百分比（%）	累计百分比（%）	合计	方差百分比（%）	累计百分比（%）
1	6.225	20.750	20.750	6.225	20.750	20.750	6.044	20.148	20.148
2	5.038	16.792	37.542	5.038	16.792	37.542	5.081	16.938	37.086
3	4.691	15.638	53.181	4.691	15.638	53.181	4.691	15.636	52.722
4	3.980	13.266	66.447	3.980	13.266	66.447	4.117	13.724	66.447
5	0.916	3.053	69.500						
6	0.718	2.392	71.892						
7	0.681	2.272	74.163						
8	0.636	2.120	76.283						
9	0.574	1.914	78.198						
10	0.568	1.893	80.091						
11	0.528	1.761	81.852						
12	0.507	1.689	83.541						
13	0.491	1.636	85.177						
14	0.469	1.564	86.741						
15	0.410	1.366	88.107						
16	0.401	1.337	89.445						
17	0.366	1.220	90.665						
18	0.338	1.128	91.793						
19	0.322	1.075	92.868						
20	0.286	0.953	93.821						
21	0.269	0.898	94.719						
22	0.257	0.858	95.577						
23	0.237	0.791	96.368						
24	0.206	0.685	97.053						

续表

成分	初始特征值			提取平方和载入			旋转平方和载入		
	合计	方差百分比（%）	累计百分比（%）	合计	方差百分比（%）	累计百分比（%）	合计	方差百分比（%）	累计百分比（%）
25	0.199	0.662	97.715						
26	0.186	0.619	98.334						
27	0.162	0.539	98.873						
28	0.126	0.420	99.294						
29	0.110	0.366	99.660						
30	0.102	0.340	100.000						

提取方法：主成分分析法。

接下来采用最大方差正交法旋转，得到30个题项在4个因子上的载荷均较大，每个测项在所对应因子上的载荷均介于0.7~0.9，表明效果很理想（见表4-12）。从4个因子各自所包含测量题项的内涵来看，30个测量题项较好地归为四大维度，按特征值依次命名为基本规范型、交易利益型、人际关系型和社会情感型。

表4-12 旋转成分矩阵[a]

	成分			
	1	2	3	4
JB1	0.764	−0.055	0.060	−0.022
JB2	0.874	0.084	0.080	−0.081
JB3	0.826	−0.021	0.069	0.145
JB5	0.787	−0.036	−0.093	−0.079
JB6	0.828	0.083	0.003	0.017
JB7	0.829	−0.041	0.112	−0.025
JB8	0.793	0.201	0.012	0.018
JB9	0.800	0.005	−0.047	0.127
JB10	0.822	−0.029	0.008	0.113

续表

	成分			
	1	2	3	4
JY1	0.008	0.809	0.005	−0.016
JY2	−0.075	0.816	−0.019	0.000
JY3	0.002	0.766	0.046	−0.012
JY4	0.021	0.750	−0.055	−0.013
JY5	0.000	0.790	0.055	0.150
JY6	0.000	0.820	0.003	0.132
JY7	0.102	0.753	0.126	−0.032
JY8	0.086	0.801	−0.048	−0.083
RJ1	0.073	−0.069	0.022	0.816
RJ2	−0.029	0.008	−0.002	0.814
RJ3	0.006	0.085	−0.097	0.813
RJ5	−0.040	0.081	−0.134	0.848
RJ6	0.137	−0.019	0.047	0.786
RJ7	0.019	0.017	0.063	0.810
SH1	−0.077	−0.018	0.847	−0.027
SH2	0.006	0.082	0.807	0.043
SH3	0.014	0.062	0.833	−0.080
SH4	0.111	−0.100	0.799	−0.020
SH5	0.068	0.000	0.814	−0.089
SH6	0.055	0.022	0.765	0.020
SH7	−0.011	0.050	0.803	0.057

提取方法：主成分分析法；旋转法：具有 Kaiser 标准化的正交旋转法；a：旋转在 5 次迭代后收敛。

图 4-3 为因子分析的碎石图，通过碎石图显示，特征值大于 1 的有 4 个主成分，再次说明应该提取 4 个主成分。

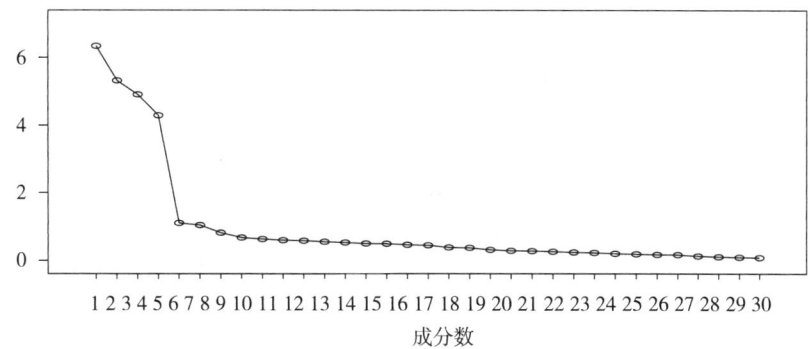

图 4-3 因子分析碎石图

（四）信度检验

信度检验是实证研究中常用的方法之一，能够有效测量结果的可靠性、一致性与稳定性，反映了同一概念的各题项对概念本身测量的一致性程度，也就是说，各题项表述的内涵是否与被测对象保持一致，同时也反映出测量工具能否完整、全面地测量该概念。为了保障测量数据的质量和测量结果的有效性，量表中各题项的内涵必须与被测对象的概念保持一致。本书对各变量信度检验均选取营销学术文献中比较常用的内部一致性系数（Cronbach's α）来进行评价。该方法常被用来检测信度，评价标准参考 Kimery（2002）研究结论：Cronbach's α 值超过 0.7，表明数据的信度较好，当被测概念的题项数小于 6 个，而 Cronbach's α 值超过 0.6 时，也表明数据是可靠的。按照此标准对心理契约违背问卷数据进行处理与分析，由结果可知，各研究变量的 Cronbach's α 值均高于 0.8，说明问卷的信度非常好，详见表 4-13。

表 4-13 可靠性统计量

测项	Cronbach's α	项数
基本规范型	0.937	9
交易利益型	0.913	8
人际关系型	0.900	6
社会情感型	0.913	7

接下来我们得到项总统计表，校正的项总计相关性都大于 0.4，心理契约违背四个维度的项已删除的 Cronbach's α 值分别小于 0.937，0.913，0.900，0.913，故不需要剔除题项。

表 4-14 项总统计表

测项	项已删除的刻度均值	项已删除的刻度方差	校正的项总计相关性	项已删除的 Cronbach's α 值
JB1	34.61	168.907	0.698	0.933
JB2	34.64	160.286	0.833	0.925
JB3	34.24	161.806	0.779	0.928
JB5	34.65	163.058	0.718	0.932
JB6	34.45	161.997	0.778	0.928
JB7	34.68	164.941	0.779	0.928
JB8	34.73	165.874	0.745	0.930
JB9	34.54	162.719	0.742	0.930
JB10	34.46	163.061	0.774	0.928
JY1	33.28	94.526	0.740	0.900
JY2	33.20	94.700	0.749	0.899
JY3	33.25	94.964	0.684	0.905
JY4	33.12	98.374	0.664	0.906
JY5	33.26	93.851	0.723	0.901
JY6	33.14	92.934	0.762	0.898
JY7	33.27	93.874	0.680	0.905
JY8	33.24	91.734	0.733	0.901
RJ1	21.40	66.549	0.725	0.883
RJ2	21.56	66.879	0.722	0.883
RJ3	21.52	66.774	0.732	0.882
RJ5	21.40	64.062	0.769	0.876
RJ6	21.35	67.292	0.690	0.888
RJ7	21.56	66.969	0.728	0.882
SH1	27.82	77.752	0.775	0.895
SH2	28.22	78.175	0.736	0.899

续表

测项	项已删除的刻度均值	项已删除的刻度方差	校正的项总计相关性	项已删除的Cronbach's α 值
SH3	27.96	78.421	0.758	0.897
SH4	27.93	79.274	0.729	0.900
SH5	28.15	76.166	0.743	0.899
SH6	28.25	79.324	0.682	0.905
SH7	28.06	76.726	0.722	0.901

通过上述对各题项和维度关系的分析，结合预调研分析结果表明，执行研究阶段所发现的 4 个维度具有良好的实证基础，最终确定了顾客心理契约违背量表的 30 个题项，其中基本规范型维度 9 项、交易利益型 8 项、人际关系型 6 项、社会情感型 7 项。确定了量表的测量项目和维度后，笔者又召开小型的专家讨论会以听取意见和建议，市场营销领域的专家们总体上认可所开发量表的测量题项，并对个别语句的表达提出了合理化意见与修改建议，笔者根据专家们的建议，完善并最终确定了量表的内容，具体见表 4-15。下一步，我们可以发放大量问卷进行检验。

表 4-15 顾客心理契约违背正式量表

维度	编号	测量项目
基本规范型责任	JB1	该店能够为顾客提供质量可靠的商品
	JB2	该店商品价格公道合理，质价相符
	JB3	该店提供的商品能够很好地满足我的实际需求
	JB4	商品图片与实物要一致，文字描述真实
	JB5	商家介绍商品时，不夸大、不隐瞒
	JB6	遵守承诺，按时发货，不让顾客等待
	JB7	热情解答顾客关于商品的一切问题
	JB8	该店能够为我提供便捷的服务，不会浪费我的时间
	JB9	该店能够提供舒适的购物环境和周到的服务

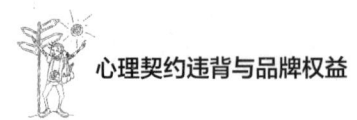

续表

维度	编号	测量项目
交易利益型责任	JY1	经常购买,商家应该给予我价格上的优惠
	JY2	作为老顾客,应该为我提供某些免费服务
	JY3	作为老顾客,应该为我提供特殊照顾
	JY4	经常购买,应该给我一些赠品
	JY5	商家应该主动关心我商品使用后的情况和感受
	JY6	一旦出现问题商家应该积极主动承担责任并解决
	JY7	提供完善的退换货服务,解决后顾之忧
	JY8	确保我的交易方式是便捷和安全的,个人信息不会泄露
人际关系型责任	RJ1	销售人员应关心我对商品的意见和建议
	RJ2	应该让我及时便捷地查询到所需商品的有关信息
	RJ3	商家很重视我对产品及服务的评价
	RJ4	销售人员在交易过程中应尽力替我着想
	RJ5	不应该为了赚钱向我推荐不适合的产品
	RJ6	销售人员真心重视与我的个人友谊关系
社会情感型责任	SH1	该品牌应该不断增加我的生活乐趣
	SH2	该品牌使我感到快乐
	SH3	该品牌不断增加我的自信
	SH4	该品牌能不断提升我的个人形象
	SH5	该品牌应该不断推出更好的产品以满足顾客需要
	SH6	该品牌应该吸收竞争品牌的优点不断改进和创新
	SH7	该品牌应该不断提高品牌声誉,扩大影响力

第三节 心理契约违背量表的正式检验

通过以上分析,本书得到了心理契约违背的正式量表,为了检验 30 个题项能否准确反映四个维度的内涵与特征,我们再次发放大量问卷进行数据收集工作,通过实证方法验证心理契约违背各维度的解释收敛度。

一、样本数据的基本描述

为了更好地检测心理契约违背变量的维度与内容的有效性和稳定性，我们再次发放大样本问卷进行正式调研。在高校、零售业中心区等多地对不同类型消费者现场发放问卷360份，通过对回收问卷的细致筛查，整理出324份有效问卷，有效率达90%。

表4-16 样本数据的基本描述

特征变量		人数	比例（%）	特征变量		人数	比例（%）
性别	男	106	32.72	学历	高中或中专以下	31	9.57
	女	218	67.28		大专	43	13.27
年龄	18岁以下	20	6.17		本科	207	63.89
	18~24岁	166	51.23		研究生及以上	43	13.27
	25~30岁	49	15.12		合计	324	100
	31~40岁	57	17.59	职业	公司员工	25	7.72
	40岁以上	32	9.88		公务员	33	10.19
	合计	324	100		教师	50	15.43
网购时间	1年以下	7	2.16		学生	203	62.65
	1~3年	35	10.8		其他	13	4.01
	3~5年	106	32.72		合计	324	100
	5~10年	158	48.77	购买品牌次数	1次	24	7.41
	10年以上	18	5.56		2次	80	24.69
	合计	324	100		3次	110	33.95
每月生活消费	1000元以下	49	15.12		4次	44	13.58
	1000~2999元	164	50.62		5次	66	20.37
	3000~5999元	48	14.81		合计	324	100
	6000~7999元	37	11.42	价格感知	非常奢侈	68	20.99
	8000元以上	26	8.02		奢侈	88	27.16
	合计	324	100		一般	40	12.35
购买该品牌频率	经常购买	228	70.37		便宜	101	31.17
	一般	48	14.81		非常便宜	27	8.33
	偶尔购买	48	14.81		合计	324	100
	合计	324	100				

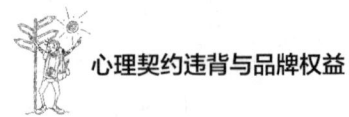

心理契约违背与品牌权益

该问卷的有效样本量符合 Nunnally（2010）和 Niehoff（1993）提出的样本量为测量题项 5 倍以上的标准和要求。在有效样本中，男性有 106 人，占比为 32.72%；女性为 218 人，占比为 67.28%（见表 4-16）。根据量表开发的一般流程，本研究将样本进行随机分组筛选，一部分用于探索性因子分析，样本量为 162 份；另一部分用于验证性因子分析，样本量为 162 份。

二、信度检验

虽然前文在心理契约违背量表的预测试中已经对该量表进行了信度和效度检验，但是在对量表进行正式检验之前，我们还是非常有必要再次检测量表的可靠性和有效性。根本原因在于问卷数据收集的时间、地点、对象均发生了变化。信度检验主要是测量各题项内容能否一致地反映被测对象的内涵，帮助我们判断测量数据的稳定性和一致性程度。由表 4-17 可知，心理契约违背四个维度的信度分析值分别为 0.938、0.927、0.901、0.926，均大于 0.8，说明信度都非常好，各维度上的 CITC 值都大于 0.5，项已删除的 Cronbach's α 值的都小于其对应的 Cronbach's α，故说明此量表通过了信度检验。

表 4-17 可靠性统计量

维度	编码	项已删除的刻度均值	项已删除的刻度方差	CITC	项已删除的 Cronbach's α 值	Cronbach's α
基本规范型	JB1	34.065	174.061	0.794	0.929	0.938
	JB2	33.969	173.974	0.762	0.931	
	JB3	33.840	173.262	0.783	0.930	
	JB4	34.040	175.500	0.732	0.933	
	JB5	34.012	173.833	0.754	0.932	
	JB6	34.198	172.277	0.774	0.930	
	JB7	33.920	173.585	0.752	0.932	
	JB8	34.164	170.781	0.790	0.929	
	JB9	34.015	171.891	0.743	0.932	
交易利益型	JY1	33.287	102.187	0.782	0.915	0.927
	JY2	33.281	104.252	0.739	0.918	

续表

维度	编码	项已删除的刻度均值	项已删除的刻度方差	CITC	项已删除的Cronbach's α 值	Cronbach's α
交易利益型	JY3	33.290	102.882	0.764	0.916	0.927
	JY4	33.281	101.862	0.777	0.915	
	JY5	33.176	103.557	0.743	0.918	
	JY6	33.225	105.519	0.713	0.920	
	JY7	33.244	104.730	0.737	0.918	
	JY8	33.281	102.803	0.748	0.918	
人际关系型	RJ1	21.583	66.826	0.701	0.888	0.901
	RJ2	21.679	65.996	0.741	0.882	
	RJ3	21.574	65.960	0.736	0.883	
	RJ4	21.586	66.726	0.748	0.881	
	RJ5	21.719	65.794	0.776	0.877	
	RJ6	21.642	67.791	0.680	0.891	
社会情感型	SH1	27.790	84.129	0.749	0.916	0.926
	SH2	27.608	83.855	0.774	0.914	
	SH3	27.765	83.753	0.772	0.914	
	SH4	27.756	83.337	0.775	0.913	
	SH5	27.599	83.362	0.757	0.915	
	SH6	27.719	84.543	0.759	0.915	
	SH7	27.818	81.840	0.773	0.914	

三、效度检验

效度主要测量的是有效性，即通过测量工具或手段所得到的测量结果反映被测对象的程度，测量的数据结果与被测内容吻合度越高，说明效度越高；反之，则效度越低。Campbell 和 Fiske（1959）建议效度检验可以用以下两个指标来反映：收敛效度（Convergent Validity）与区别效度（Discriminant Validity）。本研究使用在多领域被广泛应用的探索性因子分析法来检验量表的效度。

（一）内容效度

内容效度是指研究项目对预测的内容或行为范围取样的适当程度，一般由专家通过定性分析给出判断，评价不好的测项需要修正或删除。本研究所开发的量表中题项首先来自文献研究，然后进行了焦点小组访谈，进而进行了深度小组讨论，尽可能对测项进行修订、补充与完善，形成初始量表，之后组织预测试，依据预测结果进一步修改、完善测项，最后听取学界专家的意见与建议得到最终量表。

（二）结构效度

结构效度用来表示量表反映的相关变量间关系能力，结构效度良好，则表明测量所得结果可如实反映被测对象的真实特质。结构效度检验通常应用探索性因子分析与验证性因子分析进行。

1. KMO和Bartlett球形度检验

由表4-18可知，KMO值为0.894，Bartlett球形度检验近似卡方值为3275.344，显著性概率$P<0.05$，说明数据间的相关性很强，用因子分析法是适合的。

表4-18　KMO和Bartlett球形度检验

取样足够度的Kaiser-Meyer-Olkin度量		0.894
Bartlett球形度检验	近似卡方	3275.344
	df	435
	Sig	0.000

2. 心理契约违背探索性因子分析

由于问卷调查中存在同样的数据来源、测量环境及语境相同等因素，可能会造成共同方法偏差问题，对研究结果产生一定的混淆及误导。为了避免同一评价者在填写问卷时造成同源方差问题，本研究在进行探索性因子分析之前，采用Harman单因子检验法对所有数据进行检验，着重考察未旋转时析出的第一个因子解释总方差是否达到50%以上（Podsakoff et al., 1984）。本研究中Harman单因素检验的结果表明，未旋转时数据分析出了4个因子，累计解释了总体方差的68.054%。其中第一个因子解释了 23.283% 的变异，占总变异的 34.21%。由分析结果可知，本研究中不存在单一因子解释绝大部分数据方差（即占比 50% 以上）的情形，同时也说明本问卷数据的共同方法偏差在可接受范围内。通过样本筛选，此次将有效样本中的 162 份用于探索性因子分析，发现本量表提取的 4 个公因子解释总方差达到 68.054%，能够解释所有题项的信息（见表 4-19）。

表 4-19 解释的总方差

成分	初始特征值			提取平方和载入			旋转平方和载入		
	合计	方差百分比（%）	累计百分比（%）	合计	方差百分比（%）	累计百分比（%）	合计	方差百分比（%）	累计百分比（%）
1	6.985	23.283	23.283	6.985	23.283	23.283	5.983	19.944	19.944
2	5.177	17.256	40.539	5.177	17.256	40.539	5.300	17.667	37.610
3	4.527	15.090	55.629	4.527	15.090	55.629	4.935	16.448	54.059
4	3.727	12.425	68.054	3.727	12.425	68.054	4.199	13.995	68.054
5	0.696	2.319	70.373						
6	0.684	2.278	72.652						
7	0.591	1.969	74.620						
8	0.538	1.793	76.414						
9	0.511	1.702	78.116						
10	0.492	1.639	79.755						
11	0.485	1.616	81.371						
12	0.451	1.502	82.873						
13	0.435	1.450	84.323						
14	0.424	1.412	85.735						
15	0.401	1.337	87.071						
16	0.367	1.223	88.295						
17	0.335	1.117	89.411						
18	0.334	1.112	90.523						
19	0.325	1.084	91.608						
20	0.302	1.005	92.613						
21	0.282	0.940	93.553						
22	0.277	0.924	94.477						
23	0.272	0.908	95.385						
24	0.252	0.838	96.223						

续表

成分	初始特征值			提取平方和载入			旋转平方和载入		
	合计	方差百分比(%)	累计百分比(%)	合计	方差百分比(%)	累计百分比(%)	合计	方差百分比(%)	累计百分比(%)
25	0.229	0.764	96.987						
26	0.209	0.697	97.684						
27	0.205	0.685	98.369						
28	0.183	0.612	98.980						
29	0.168	0.560	99.540						
30	0.138	0.460	100.000						

本研究对所收集到的样本采用主成分分析法，抽取特征根大于1的作为因子，并运用方差最大正交旋转的方法，旋转后的因子分析结果见表4-20，30个题项归属为4个因子，且各组因子载荷值均大于0.5，说明因素效果分割得比较合理，因此，分别将其命名为"基本规范型""交易利益型""人际关系型""社会情感型"。也表明通过文献阅读和访谈调查所得的调查问卷比较合理，具有很好的信度和内容效度。

表4-20 量表开发样本因子载荷值[a]

	成分			
	1	2	3	4
JB1	0.832	0.089	0.058	−0.084
JB2	0.798	0.205	0.001	0.037
JB3	0.834	0.120	−0.036	0.020
JB4	0.777	0.062	0.078	0.012
JB5	0.819	−0.029	0.012	0.056
JB6	0.785	0.130	0.095	−0.029
JB7	0.789	0.080	0.035	−0.062
JB8	0.845	0.038	0.040	−0.014
JB9	0.788	0.043	−0.035	−0.084
JY1	0.098	0.833	−0.032	−0.008
JY2	0.086	0.801	0.045	0.057
JY3	0.064	0.832	0.050	−0.001
JY4	0.090	0.813	0.048	0.095

续表

	成分			
	1	2	3	4
JY5	0.151	0.783	0.033	0.089
JY6	0.044	0.765	−0.005	0.021
JY7	0.047	0.771	0.099	0.032
JY8	0.089	0.826	−0.003	0.020
RJ1	0.090	−0.005	−0.077	0.812
RJ2	0.032	0.027	0.003	0.851
RJ3	−0.074	0.107	0.048	0.816
RJ4	−0.110	0.084	0.087	0.848
RJ5	−0.019	0.061	0.111	0.837
RJ6	−0.055	0.002	0.101	0.808
SH1	0.041	−0.009	0.822	0.066
SH2	−0.034	0.029	0.841	−0.003
SH3	0.057	0.099	0.817	0.010
SH4	0.010	0.030	0.835	0.040
SH5	0.016	0.081	0.809	0.147
SH6	0.067	−0.014	0.851	−0.020
SH7	0.067	0.011	0.853	0.052

提取方法：主成分分析法；旋转法：具有 Kaiser 标准化的正交旋转法；a.旋转在 5 次迭代后收敛。

接下来进行碎石图的分析（见图 4-4），4 个因子的变化趋势较大，特征明显，说明心理契约违背量表应该提取 4 个因子。

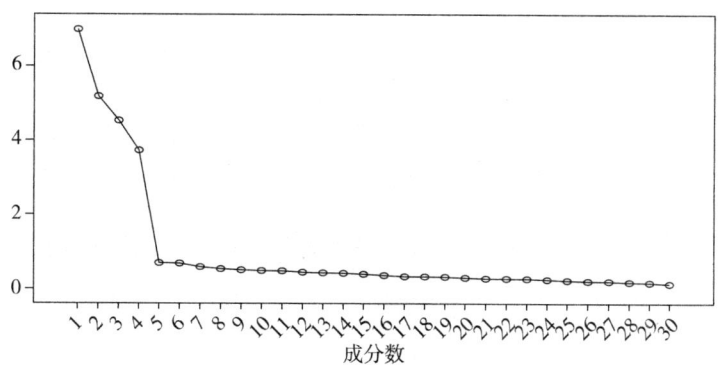

图 4-4　因子分析碎石图

3. 验证性因子分析

验证性因子分析是基于研究者事先所建立的一个系统性假设关系，假设因子与相对应的测量题项之间具有相关性，一般都采用结构方程模型来检验。本研究采用 AMOS17.0 软件对心理契约违背的结构进行验证性因子分析，样本为 162 份，验证结果如图 4-5 所示。

按照现行通用标准，本书使用拟合优度指标对心理契约违背维度进行整体适配度检验。模型的拟合情况如表 4-21 所示，各拟合指数的实际值都在推荐值之内，可见理论模型与实证数据具有较高的拟合度。

表 4-21 SEM 模型适配度指标

指标	CMIN	DF	CMIN/DF	GFI	AGFI	NFI	IFI	TLI	CFI	RMSEA
数值	447.61	399	1.122	0.857	0.834	0.87	0.985	0.983	0.984	0.028

资料来源：根据 AMOS 方程输出结果整理。

表 4-22 收敛效度

载荷路径	系数	S.E.	C.R.	P	标准化路径系数	AVE	组合信度（CR）
JB6 ← 基本规范型	1				0.833		
JB5 ← 基本规范型	0.91	0.078	11.659	***	0.777		
JB4 ← 基本规范型	0.907	0.079	11.525	***	0.771		
JB3 ← 基本规范型	0.917	0.074	12.365	***	0.808		
JB2 ← 基本规范型	0.904	0.075	11.997	***	0.792	0.642	0.942
JB1 ← 基本规范型	0.89	0.07	12.78	***	0.825		
JB7 ← 基本规范型	0.967	0.079	12.196	***	0.8		
JB8 ← 基本规范型	0.965	0.077	12.531	***	0.815		
JB9 ← 基本规范型	0.951	0.08	11.88	***	0.787		
SH6 ← 社会情感型	1				0.757		
SH5 ← 社会情感型	1.218	0.114	10.727	***	0.812		
SH4 ← 社会情感型	1.175	0.109	10.783	***	0.815		
SH3 ← 社会情感型	1.164	0.106	10.957	***	0.827	0.637	0.925
SH2 ← 社会情感型	1.073	0.099	10.798	***	0.816		
SH1 ← 社会情感型	1.04	0.102	10.167	***	0.775		
SH7 ← 社会情感型	1.158	0.113	10.291	***	0.783		

续表

载荷路径	系数	S.E.	C.R.	P	标准化路径系数	AVE	组合信度（CR）
JY6 ← 交易利益型	1				0.76	0.623	0.93
JY5 ← 交易利益型	1.035	0.099	10.441	***	0.786		
JY4 ← 交易利益型	1.139	0.104	11.001	***	0.822		
JY3 ← 交易利益型	1.047	0.1	10.486	***	0.789		
JY2 ← 交易利益型	0.999	0.099	10.116	***	0.765		
JY1 ← 交易利益型	1.093	0.099	11.065	***	0.826		
JY7 ← 交易利益型	1.047	0.098	10.655	***	0.8		
JY8 ← 交易利益型	1.101	0.109	10.092	***	0.764		
RJ6 ← 人际关系型	1				0.667	0.580	0.892
RJ5 ← 人际关系型	1.313	0.142	9.229	***	0.853		
RJ4 ← 人际关系型	1.14	0.135	8.422	***	0.759		
RJ3 ← 人际关系型	1.203	0.139	8.667	***	0.786		
RJ2 ← 人际关系型	1.179	0.14	8.42	***	0.759		
RJ1 ← 人际关系型	1.093	0.134	8.169	***	0.732		

由表4-22可知，所有标准化后的因子载荷均大于0.5，而且大部分大于0.7，且在$P<0.001$的情况下显著成立，说明基本规范型、社会情感型、交易利益型、人际关系型维度的因素构念的收敛效度良好；组合信度CR分别为0.942、0.925、0.930、0.892，都大于0.7，表明四个维度的构念信度良好；建构的平均提炼方差AVE分别为0.642、0.637、0.623、0.580，都大于0.5，说明量表的收敛效度良好。综合以上三个指标的分析，可以得知，本量表的收敛效度是比较好的。

区分效度主要检验的是变量之间的差异程度，判定标准有两个：一是如果被测各变量之间的相关系数加减标准误的2倍不包含1，则表明区分效度较高；二是如果每个变量的平均提炼方差（AVE）的平方根大于该潜变量与其他潜变量之间的相关系数，则表明区分效度较高。根据判定标准，结合本研究的相关系数矩阵数据可知，心理契约违背各维度变量间AVE的平方根均大于该潜变量与其他潜变量的相关系数，从而说明心理契约违背各维度具有良好的区分效度（见表4-23）。

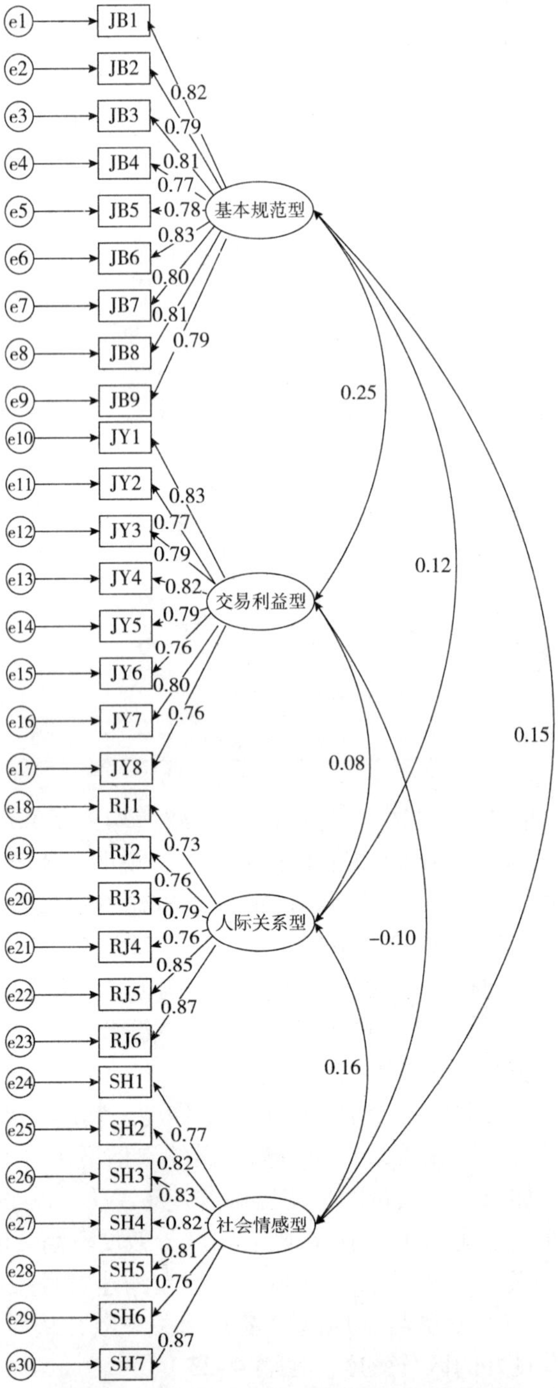

图 4-5 心理契约违背各维度标准化路径图

表4-23 区分效度

因素A	路径	因素B	系数	S.E.	C.R.	P	标准化相关系数	R^2	AVE（因素A）	AVE（因素B）
基本规范型	←→	社会情感型	0.328	0.19	1.722	0.1	0.148	0.022	0.642	0.637
基本规范型	←→	交易利益型	0.575	0.206	2.792	0	0.248	0.062	0.642	0.623
基本规范型	←→	人际关系型	0.272	0.192	1.417	0.2	0.123	0.015	0.642	0.580
社会情感型	←→	交易利益型	−0.18	0.147	−1.205	0.2	−0.103	0.011	0.637	0.623
社会情感型	←→	人际关系型	0.257	0.146	1.766	0.1	0.157	0.025	0.637	0.580
交易利益型	←→	人际关系型	0.132	0.149	0.888	0.4	0.077	0.006	0.623	0.580

本章小结

营销情境中心理契约违背的维度划分在学术研究领域一直存在争议，且标准不统一，因此本书通过文献梳理、焦点小组、专家座谈等形成了本研究中的心理契约违背初始量表。在此基础上，发放问卷收集数据，进行实证分析，结果显示本研究开发的心理契约违背量表各项指标顺利通过检验，4个维度30个题项能够准确、全面地反映并测量心理契约违背这一概念，为后续的研究提供科学、合理的研究基础。

第五章　数据分析与假设检验

本章首先描述样本的人口统计信息以及理论模型中各个测量题项的均值和标准差。接着，评估实证模型中各个变量的测量质量，即对各变量的测量工具进行信度和效度的再检验。再次，对研究的理论模型运用相关分析法、回归分析法和结构方程等方法检验各研究变量的路径关系，并对模型做整体性评估。最后，对人口变量、行为变量对顾客心理契约违背影响的差异进行比较分析。

第一节 样本概括与分析

一、样本数据基本描述

经过前期的研究准备工作确定了样本规模和抽样方法后,正式的数据收集工作在 2017 年 6 月开始。笔者在高校招了 6 名大学生作为调研人员,具有品学兼优、吃苦耐劳的精神,对他们进行了为期一天的较为系统的问卷调研培训,调研人员对此次调研目的、内容、方法和技巧等都有了全面了解和深度掌握之后进入高校、商场、零售业态集中区域进行大规模调研,以获取更多有效问卷。经过将近一周的调研,我们对回收样本做了如下统计描述,详见表 5-1。

表 5-1 样本数据的基本描述

特征变量		人数	比例(%)	特征变量		人数	比例(%)
性别	男	120	32.88	学历	大专以下	51	13.97
	女	245	67.12		大专	45	12.33
年龄	18 岁以下	20	5.48		本科	223	61.1
	18~24 岁	186	50.96		研究生以上	46	12.6
	25~30 岁	55	15.07		合计	365	100
	31~40 岁	64	17.53	职业	公司职员	32	8.77
	40 岁以上	40	10.96		公务员	35	9.59
	合计	365	100		教师	57	15.62
网购时间	1 年以下	7	1.92		学术	226	61.92
	1~3 年	43	11.78		其他	15	4.11
	3~5 年	120	32.88		合计	365	100
网购时间	5~10 年	176	48.22	购买品牌次数	1 次	25	6.85
	10 年以上	19	5.21		2 次	87	23.84
	合计	365	100		3 次	128	35.07

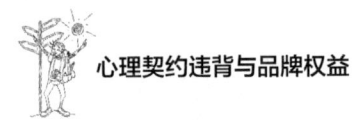

续表

特征变量		人数	比例（%）	特征变量		人数	比例（%）
每月生活消费	1000元以下	57	15.62	购买品牌次数	4次	49	13.42
	1000~2999元	190	52.05		5次	76	20.82
	3000~5999元	52	14.25		合计	365	100
	6000~7999元	39	10.68	价格感知	非常奢侈	80	21.92
	8000元以上	27	7.4		奢侈	98	26.85
	合计	365	100		一般	49	13.42
购买该品牌频率	经常购买	252	69.04		便宜	110	30.14
	一般	56	15.34		非常便宜	28	7.67
	偶尔购买	57	15.62		合计	365	100
	合计	365	100				

调研人员在受访对象填写问卷的时候，均给予了积极有效的指导和解答，尽可能使受访者明晰题意，根据实际情况作答，填写问卷之前我们均表达了会有小礼品赠送的诚意，这样更能激励受访者认真细致地填写问卷，为我们后续的研究奠定良好的数据基础。此次调研，由于前期准备工作充分，调研人员专业素质和敬业精神较高，受访者们也极度配合，使得问卷的填写和回收工作非常顺利。本次大规模调研共发放问卷420份，回收有效问卷365份，有效率为91.3%。问卷筛选的原则和标准：回答题项有缺漏的、问卷题项选项几乎全部一致的均被剔除。在回收的有效问卷中，男性为120人，占比32.88%；女性为245人，占比67.12%。

二、数据正态分布检验

Kline（1998）指出，样本数据的分布呈正态分布是使用结构方程模型的前提。在一般情况下，使用SPSS17.0统计软件计算样本数据的偏度和峰度系数来判断样本是否呈正态分布。偏度系数的绝对值小于3，峰度系数的绝对值小于10，一般认为样本数据基本呈正态分布，否则必须加以处理。本研究使用统计软件对所有项目进行了正态分布检验，结果如表5-2所示，测量题项的极小值为1，极大值为7，说明受访者对所有测量问题的打分有较大差异。从均值来看，所有测量题项的均值都在4.05~4.87，标准差介于1.656~2.095，表明受访者对问项打分的波动幅度不大，数据分布较合理。根据偏度和峰度的取值标准，由表 5-2 可知，本研究中每一个题项的偏度和峰度系数均在正态分布条件范围之内，表明调研获取的数据呈正态分布，可用于结构方程模型进行研究分析。

表 5-2 测量题项的描述性统计分析结果

题项	N	极小值	极大值	均值	标准差	偏度		峰度	
	统计量	统计量	统计量	统计量	统计量	统计量	标准误	统计量	标准误
JB1	365	1	7	4.33	1.966	−0.186	0.128	−1.182	0.255
JB2	365	1	7	4.19	2.006	−0.036	0.128	−1.254	0.255
JB3	365	1	7	4.47	1.903	−0.214	0.128	−1.077	0.255
JB4	365	1	7	4.35	1.948	−0.189	0.128	−1.168	0.255
JB5	365	1	7	4.05	2.001	0.067	0.128	−1.301	0.255
JB6	365	1	7	4.30	2.005	−0.158	0.128	−1.258	0.255
JB7	365	1	7	4.05	2.023	0.058	0.128	−1.279	0.255
JB8	365	1	7	4.32	2.087	−0.136	0.128	−1.333	0.255
JB9	365	1	7	4.16	1.977	0.031	0.128	−1.259	0.255
JY1	365	1	7	4.72	1.774	−0.320	0.128	−1.039	0.255
JY2	365	1	7	4.71	1.749	−0.401	0.128	−0.811	0.255
JY3	365	1	7	4.72	1.846	−0.319	0.128	−1.044	0.255
JY4	365	1	7	4.70	1.804	−0.393	0.128	−0.887	0.255
JY5	365	1	7	4.74	1.712	−0.327	0.128	−0.947	0.255
JY6	365	1	7	4.81	1.705	−0.328	0.128	−0.977	0.255
JY7	365	1	7	4.72	1.794	−0.315	0.128	−0.971	0.255
JY8	365	1	7	4.72	1.799	−0.299	0.128	−0.992	0.255
RJ1	365	1	7	4.41	1.967	−0.178	0.128	−1.166	0.255
RJ2	365	1	7	4.29	2.031	−0.116	0.128	−1.284	0.255
RJ3	365	1	7	4.42	1.999	−0.205	0.128	−1.196	0.255
RJ4	365	1	7	4.30	1.972	−0.094	0.128	−1.224	0.255
RJ5	365	1	7	4.38	1.975	−0.135	0.128	−1.219	0.255
RJ6	365	1	7	4.34	1.936	−0.076	0.128	−1.242	0.255
SH1	365	1	7	4.67	1.824	−0.454	0.128	−0.814	0.255
SH2	365	1	7	4.71	1.870	−0.373	0.128	−0.999	0.255

续表

题项	N	极小值	极大值	均值	标准差	偏度		峰度	
	统计量	统计量	统计量	统计量	统计量	统计量	标准误	统计量	标准误
SH3	365	1	7	4.57	1.752	−0.231	0.128	−1.006	0.255
SH4	365	1	7	4.53	1.733	−0.222	0.128	−0.992	0.255
SH5	365	1	7	4.64	1.820	−0.326	0.128	−0.939	0.255
SH6	365	1	7	4.62	1.797	−0.226	0.128	−1.028	0.255
SH7	365	1	7	4.72	1.656	−0.256	0.128	−0.951	0.255
FM1	365	1	7	4.16	2.052	−0.028	0.128	−1.290	0.255
FM2	365	1	7	4.36	2.007	−0.185	0.128	−1.242	0.255
FM3	365	1	7	4.33	1.966	−0.158	0.128	−1.198	0.255
FM4	365	1	7	4.35	1.984	−0.180	0.128	−1.121	0.255
JZ1	365	1	7	4.84	1.736	−0.462	0.128	−0.733	0.255
JZ2	365	1	7	4.87	1.787	−0.488	0.128	−0.797	0.255
JZ3	365	1	7	4.82	1.734	−0.341	0.128	−0.945	0.255
JZ4	365	1	7	4.82	1.762	−0.410	0.128	−0.867	0.255
GK1	365	1	7	4.64	1.781	−0.234	0.128	−1.120	0.255
GK2	365	1	7	4.51	1.780	−0.160	0.128	−1.062	0.255
GK3	365	1	7	4.51	1.899	−0.190	0.128	−1.180	0.255
GK4	365	1	7	4.67	1.876	−0.302	0.128	−1.123	0.255
BJ1	365	1	7	4.30	1.986	−0.149	0.128	−1.258	0.255
BJ2	365	1	7	4.41	1.979	−0.204	0.128	−1.151	0.255
BJ3	365	1	7	4.45	1.868	−0.224	0.128	−1.076	0.255
BJ4	365	1	7	4.40	2.095	−0.200	0.128	−1.361	0.255
QY1	365	1	7	4.58	1.806	−0.248	0.128	−1.023	0.255
QY2	365	1	7	4.54	1.733	−0.295	0.128	−0.834	0.255
QY3	365	1	7	4.69	1.719	−0.210	0.128	−1.027	0.255
QY4	365	1	7	4.70	1.805	−0.317	0.128	−0.967	0.255
QY5	365	1	7	4.62	1.749	−0.182	0.128	−1.113	0.255
QY6	365	1	7	4.68	1.754	−0.314	0.128	−0.895	0.255
QY7	365	1	7	4.65	1.883	−0.325	0.128	−1.025	0.255

第二节 量表的信度与效度

为了更好地理解某一个概念,一般都要将其分成几个维度,再通过对应题项打分进行指标的测量。汪纯孝(2003)认为,使用维度的测度方法能够得到较好的信度和效度,确保量表和问卷的稳定性。所以,本书将研究的六个变量分成53个题项进行测度,确保数据可靠、稳定,对问卷各题项进行了编码,详见表5-3。

表5-3 问卷题项编码

特征变量		编号	题目
心理契约违背	基本规范型	JB1	该店能够为顾客提供质量可靠的商品
		JB2	该店商品价格公道合理
		JB3	该店提供的商品能够很好地满足我的实际需求
		JB4	商品图片与实物要一致,文字描述真实
		JB5	商家介绍商品时,不夸大、不隐瞒
		JB6	遵守承诺,按时发货,不让顾客等待
		JB7	热情解答顾客关于商品的一切问题
		JB8	该店能够为我提供便捷的服务,不会浪费我的时间
		JB9	该店能够提供舒适的购物环境
	交易利益型	JY1	经常购买,应该给予我价格优惠
		JY2	作为老顾客,应该给予某些免费服务
		JY3	作为老顾客,应该为我提供特殊照顾
		JY4	经常购买,应该给我一些赠品
		JY5	商家应该主动关心我商品使用后的情况和感受
		JY6	一旦出现问题应该积极主动承担责任
		JY7	提供完善的退换货服务,解决后顾之忧
		JY8	确保我的交易方式便捷、安全,个人信息不会泄露
	人际关系型	RJ1	销售人员应该及时回应我对商品的意见和建议
		RJ2	应该让我及时、便捷地查询到所需商品的有关信息
		RJ3	该店很重视我的评价

续表

特征变量		编号	题目
心理契约违背	人际关系型	RJ4	销售人员在交易过程中应尽力替我着想
		RJ5	不应该为了赚钱向我推荐不适合的产品
		RJ6	销售人员真心重视与我的个人友谊关系
	社会情感型	SH1	该品牌应该不断增加我的生活乐趣
		SH2	该品牌能让我不断快乐
		SH3	该品牌能增添我的自信
		SH4	该品牌有助于提升我的个人形象
		SH5	该品牌应不断创新，开发出更多的产品
		SH6	该品牌应取长补短，吸取竞争对手的优点以使自己更卓越
		SH7	该品牌应采取各种营销手段提高知名度和美誉度
负面情绪		FM1	对于购物过程，我很愤怒
		FM2	对于购物过程，我很郁闷
		FM3	对于购物过程，我很生气
		FM4	对于购物过程，我很失望
顾客价值		JZ1	该品牌商品质量值得信赖
		JZ2	为该品牌付出我认为是值得的
		JZ3	该品牌商品让我觉得物超所值
		JZ4	该品牌能满足我的各种需求
顾客信任		GK1	我认为该店是诚实可靠的
		GK2	我相信该店能够遵守对顾客的承诺
		GK3	我相信该店会维护顾客的利益
		GK4	我愿意和该品牌一直保持良好关系
零售商品牌权益		QY1	同其他零售商相比，该品牌零售商是与众不同的
		QY2	我愿意再次到该品牌零售商处购物
		QY3	我愿意将该品牌零售商推荐给别人
		QY4	我能迅速回想起该零售商的特征
		QY5	该零售商能提供及时的服务
		QY6	该零售商的商品质量很稳定
		QY7	即使涨价，我也愿意买该零售商的商品

续表

特征变量	编号	题目
服务补救	BJ1	该零售商从实物方面给予了补偿，如给予赠品、退换货、折扣、承担运费等
	BJ2	该零售商解决问题比较有效，针对投诉能够及时响应
	BJ3	该零售商能够针对失误进行道歉，并主动承担责任
	BJ4	该零售商提供了多种沟通渠道，主动补救

一、量表的信度检验

信度检验是用来分析量表中各题项对各维度解释的一致性和稳定性。根据学术界的判定标准，即一般来说，Cronbach's α 值大于 0.7，表明数据的可靠性较高。本书利用 SPSS 17.0 进行分析，结果如表 5-4 所示，各特征变量的 Cronbach's α 系数值都大于 0.8。因而，该检测的信度检验通过，由此体现出本研究中各变量量表的信度水平较高，也反映出本研究中的问卷是可靠的。

表 5-4 各特征变量可靠性统计量

特征变量	Cronbach's α	项数
基本规范型	0.938	9
交易利益型	0.921	8
人际关系型	0.894	6
社会情感型	0.906	7
负面情绪	0.865	4
顾客价值	0.855	4
顾客信任	0.837	4
补救措施	0.873	4
零售商品牌权益	0.917	7

二、量表的效度检验

效度是指是用所使用的衡量工具测量出研究人员所想要测量事物的

程度（Cooper 和 Emory，1995）。由于信度是效度的必要不充分条件，所以对变量和计量指标进行信度分析之后，还需要对其效度进行检验。在诸多效度中最常使用的是内容效度和结构效度。

（一）内容效度

内容效度是指对量表内容测量的变量所表达的优劣程度表现，如果量表具有良好的内容效度，则意味着该变量的所有内容都应反映在量表项中，这也意味着该项目应包含该变量的所有含义。对内容效度的分析通常采用逻辑分析法。一般来说，邀请该领域的专家和学者理解和分析能够真正和合理地测量变量特征的题项。本研究以文献综述、分析研究为基础，经过小组访谈后，对其进行了修改，以完成此量表。因此，本研究量表内容效度的设计是良好的。

（二）结构效度

结构效度是指量表反映各个变量之间关系的能力。结构效度一般是通过收敛效度和区别效度表示。收敛效度是指同一种测评维度在不同题项之间聚合的程度，主要是用来考察题项与测量变量之间的紧密程度，其紧密程度越高，意味着调查问卷设计得越合理。区别效度是指当一个变量的多个题项表现出聚合性之后，这些测项应与其相对立变量的测项之间存在负向相关或弱相关的程度，程度越低，区别效度越高，问卷质量越好。本研究中使用的大多数量表都是成熟量表，因此只考察问卷的结构效度。根据 Klemperer（1987）提出的判定标准，较大的因子载荷值（通常是 0.5 或以上）表明聚合效度更高。每个变量只能有一个负荷值大于 0.5 的因素，符合的越多则区别效度越高。本书在第四章已经对心理契约违背的自变量进行了检验，本章则主要对中介变量和结果变量进行结构效度检验。检验结果表明：调查数据的 KMO 检验值分别为 0.856、0.936，这表明用因子分析法检验是非常适合的。Bartlett 球形度检验结果显示：近似卡方值分别为 2781.436、1514.492。卡方值虽然数值比较大，但是显著性概率分别为 0.000、0.000（P<0.05）。因此，Bartlett 球形度检验的零假设被拒绝。从而可以推出各中介变量、零售商品牌权益量表的效度结构能够应用因子分析法，详见表 5–5。

表 5-5　中介变量和因变量的 KMO 与 Bartlett 球形度检验

维度	KMO	Bartlett 球形度检验		
		近似卡方	df	Sig.
各中介变量	0.856	0.856	2781.436	0.000
零售商品牌权益	0.936	0.936	1514.492	0.000

第三节　探索性因子分析

一、负面情绪、顾客信任、顾客价值与服务补救的探索性因子分析

在进行探索性因子分析之前，为了解决同源方差问题，本研究采用 Harman 单因子检验法对数据进行处理，未旋转时析出第一个因子的方差解释率为 29.757%，远低于判定标准（50%），表明本研究数据的共同方法偏差是合理的。探索性因子分析有助于将众多题项较好地归在几个共同的因子，达到简化的目的。本研究利用主成分分析法，采用最大方差法进行因子分析。由前文可知，负面情绪含 4 个测项，顾客信任含 4 个测项，顾客价值含 4 个测项，服务补救含 4 个测项，共 16 个测项。本书使用 SPSS 17.0 对各题项进行因子分析，以特征值大于 1 为基准，提取 4 个公因子，得出其解释的累加和达到 70.688%。通常，公因子累计贡献率在 60% 以上就代表基本可以解释问题了。因此，本书提取的 4 个公因子能够较好地解释 16 个测项所包含的信息，详见表 5-6。

表 5-6　中介变量的解释总方差

成分	初始特征值			提取平方和载入			旋转平方和载入		
	合计	方差百分比（%）	累计百分比（%）	合计	方差百分比（%）	累计百分比（%）	合计	方差百分比（%）	累计百分比（%）
1	4.761	29.757	29.757	4.761	29.757	29.757	2.917	18.231	18.231
2	2.827	17.668	47.425	2.827	17.668	47.425	2.860	17.877	36.109

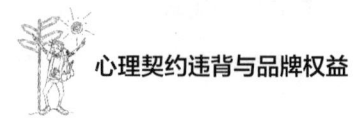

续表

成分	初始特征值			提取平方和载入			旋转平方和载入		
	合计	方差百分比（%）	累计百分比（%）	合计	方差百分比（%）	累计百分比（%）	合计	方差百分比（%）	累计百分比（%）
3	2.396	14.976	62.401	2.396	14.976	62.401	2.812	17.576	53.684
4	1.326	8.286	70.688	1.326	8.286	70.688	2.721	17.003	70.688
5	0.542	3.387	74.075						
6	0.506	3.160	77.235						
7	0.457	2.855	80.090						
8	0.432	2.701	82.791						
9	0.408	2.549	85.340						
10	0.396	2.474	87.814						
11	0.383	2.395	90.209						
12	0.350	2.188	92.397						
13	0.343	2.142	94.538						
14	0.313	1.958	96.496						
15	0.297	1.855	98.351						
16	0.264	1.649	100.000						

提取方法：主成分分析法。

经过方差最大旋转后，16个题项归属在4个因子，且因子与测项具有稳定的一致性。结果显示，因子1服务补救在BJ1、BJ2、BJ3、BJ4上载荷较大，因子2负面情绪在FM1、FM2、FM3、FM4上负荷较大；因子3顾客价值在JZ1、JZ2、JZ3、JZ4上负荷较大；因子4顾客信任在GK1、GK2、GK3、GK4上负荷较大（见表5-7）。

表 5-7 各变量旋转成分矩阵

题项	成分			
	1	2	3	4
FM1	−0.005	0.803	−0.134	−0.190
FM2	0.076	0.833	−0.120	−0.207
FM3	−0.014	0.820	−0.058	−0.199
FM4	0.037	0.762	−0.071	−0.328
JZ1	−0.034	0.014	0.832	0.090
JZ2	−0.029	−0.055	0.835	0.093
JZ3	−0.001	−0.123	0.835	0.044
JZ4	−0.074	−0.199	0.801	0.052
GK1	−0.092	−0.138	0.125	0.776
GK2	−0.071	−0.215	0.131	0.797
GK3	0.016	−0.277	0.010	0.803
GK4	−0.043	−0.249	0.029	0.760
BJ1	0.836	0.079	−0.081	−0.020
BJ2	0.854	0.018	−0.015	−0.100
BJ3	0.866	0.012	−0.040	−0.052
BJ4	0.842	−0.026	−30.312E−5	−0.011

提取方法：主成分分析法；旋转法：具有 Kaiser 标准化的正交旋转法；a. 旋转在 5 次迭代后收敛。

根据碎石图 5-1 可知，特征值大于 1 的有 4 个主成分，再次说明应该提取 4 个主成分。

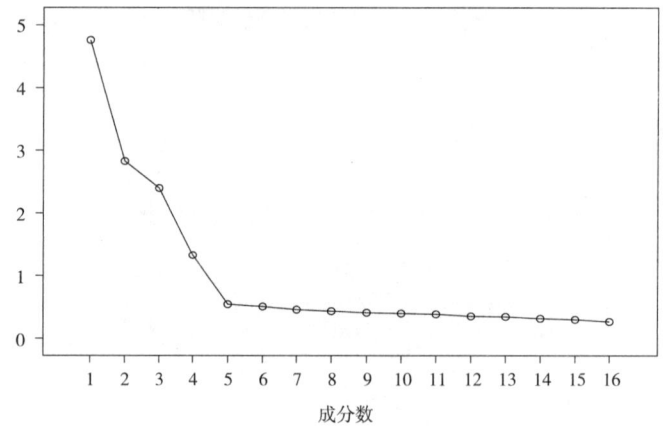

图 5-1 中介变量、调节变量的碎石图

二、零售商品牌权益探索性因子分析

以特征值大于 1 为基准,从表 5-8 零售商品牌权益的解释总方差表中提取 1 个公因子,这个公因子可以解释的累加和达到 66.782%,说明提取这个公共因子可基本解释 7 个初始题项所包含的信息。

表 5-8 零售商品牌权益的解释总方差

成分	初始特征值			提取平方和载入		
1	40.675	66.782	66.782	4.675	66.782	66.782
2	0.455	6.503	73.286			
3	0.433	6.179	79.464			
4	0.403	5.764	85.228			
5	0.386	5.509	90.737			
6	0.334	4.777	95.514			
7	0.314	4.486	100.000			

提取方法:主成分分析法。

根据判定标准 0.5 原则,由成分矩阵表 5-9 可知,因子 1 在变量"QY1""QY2""QY3""QY4""QY5""QY6""QY7"上有较大的负荷,将其命名为"零售商品牌权益"。

表5-9 零售商品牌权益成分矩阵[a]

题项	成分
	1
QY1	0.825
QY2	0.802
QY3	0.808
QY4	0.821
QY5	0.821
QY6	0.837
QY7	0.806

提取方法:主成分分析法;旋转法:具有 Kaiser 标准化的正交旋转法;a.旋转在5次迭代后收敛。

图 5-2 显示,特征值大于 1 的有 1 个主成分,说明应该提取 1 个主成分。零售商品牌权益测项不需要进一步删减,可应用于正式研究。

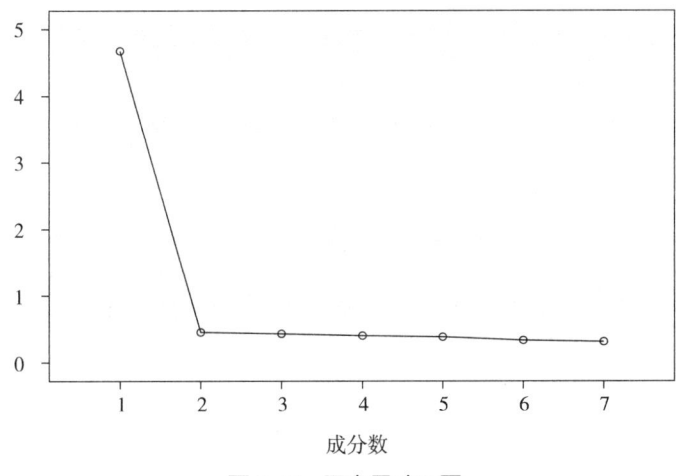

图 5-2 因变量碎石图

综合以上 KMO 和 Bartlett 球形度检验以及探索性因子分析结果,可以得知:问卷中各个量表的结构效度比较好,问卷可以用于正式研究,正式调研问卷详见附录 B。

第四节 验证性因子分析

一、中介变量与调节变量的验证性因子分析

为了更好地检验各变量之间的关系以及各量表的效度，本研究采用AMOS统计软件进行验证性因子分析，结果表明，每个测项在相对应的因子构面上的标准载荷均介于0.6~0.9，说明各量表的效度较好（见图5-3）。

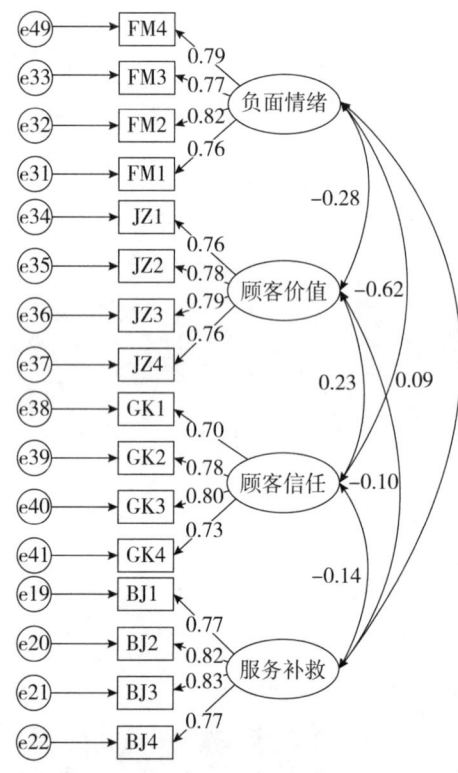

图5-3 中介变量、调节变量标准化路径图

模型的拟合情况如表5-10所示，通常来说，卡方自由度值介于1~3是比较好的，小于1说明过度适配了。本模型的CMIN/DF的值为1.252，正好介于1~3，且更接近1，说明模型的拟合度很好。GFI代表了适配度，其值大于0.8是最低标准，越接近1表明结果越好，本模

型 GFI 的值为 0.96，说明适配度非常好。其余各指标 NFI、IFI、TLI、CFI 的值都大于 0 且小于 1，值越接近 1 表示模型契合度越好，本模型中这几个指标的值分别为 0.957、0.991、0.989、0.991，均大于 0.9，说明适配度优。RMSEA 的值越小表明模型适配度越好，如果大于 0.1，则说明欠佳，在本模型中该值为 0.026，意味着模型适配度非常好。

表 5-10　模型拟合指数

指标	CMIN	DF	CMIN/DF	GFI	AGFI	NFI	IFI	TLI	CFI	RMSEA
数值	122.694	98	1.252	0.96	0.944	0.957	0.991	0.989	0.991	0.026

由表 5-11 可知，所有因子载荷值大于 0.5，且在 P＜0.001 显著成立。说明负面情绪、顾客价值、顾客信任、服务补救维度的因素构念的收敛效度良好。组合信度 CR 分别为 0.8743、0.8658、0.8553、0.8383，这些数值都大于 0.7，表示各变量的构念信度良好。建构的平均提炼方差 AVE 分别为 0.6352、0.6176、0.5965、0.5652，这些值都大于 0.5，所以，该测量模型的收敛效度良好。综合以上三个指标的分析，可以得知，测量模型的收敛效度是比较好的。

表 5-11　模型的收敛效度分析

载荷路径	非标准化路径系数	S.E.	C.R.	P	标准化路径系数	AVE	组合信度（CR）
BJ4 ← 服务补救	1				0.766	0.6352	0.8743
BJ3 ← 服务补救	0.965	0.062	15.656	***	0.829		
BJ2 ← 服务补救	1.009	0.065	15.464	***	0.818		
BJ1 ← 服务补救	0.956	0.065	14.608	***	0.773		
FM1 ← 负面情绪	1				0.76	0.6176	0.8658
FM2 ← 负面情绪	1.06	0.069	15.408	***	0.823		
FM3 ← 负面情绪	0.975	0.067	14.499	***	0.774		
FM4 ← 负面情绪	0.999	0.068	14.719	***	0.785		
QG4 ← 顾客价值	1				0.762	0.5965	0.8553
QG3 ← 顾客价值	1.015	0.071	14.265	***	0.785		
QG2 ← 顾客价值	1.044	0.073	14.249	***	0.784		
QG1 ← 顾客价值	0.981	0.071	13.807	***	0.758		

续表

载荷路径	非标准化路径系数	S.E.	C.R.	P	标准化路径系数	AVE	组合信度（CR）
GK4 ← 顾客信任	1				0.729	0.5652	0.8383
GK3 ← 顾客信任	1.109	0.081	13.738	***	0.798		
GK2 ← 顾客信任	1.015	0.075	13.482	***	0.779		
GK1 ← 顾客信任	0.908	0.075	12.187	***	0.697		

注：*** 表示在 0.001 水平上显著（双尾检验）。

二、零售商品牌权益的验证性因子分析

本书采用 AMOS 软件进行零售商品牌权益的验证性因子分析，由图 5-4 可知，每个题项在其对应的构面上标准载荷均处于 0.6~0.9，表明零售商品牌权益量表具有良好的效度。

根据对零售商品牌权益的分析结果，CMIN/DF、GFI、AGFI、RMSEA 的各项指标值分别为 1.098、0.988、0.977、0.016，NFI、IFI、TLI、CFI 值分别为 0.99、0.999、0.999、0.999。根据前面所述的判定标准，该变量各题项与模型的适配度很好，详见表 5-12。

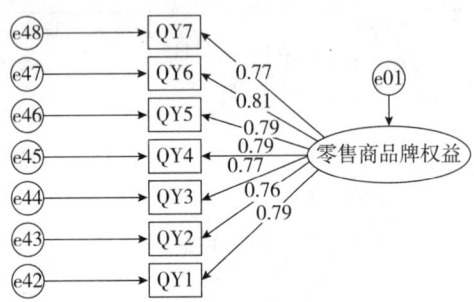

图 5-4 零售商品牌权益标准化路径图

表 5-12 因变量模型拟合指数

指标	CMIN	DF	CMIN/DF	GFI	AGFI	NFI	IFI	TLI	CFI	RMSEA
数值	15.377	14	1.098	0.988	0.977	0.99	0.999	0.999	0.999	0.016

由表 5-13 可知，所有标准化后的因子载荷均大于 0.7，且在 $P < 0.001$ 的情况下显著成立；说明零售商品牌权益维度的因素构念的收敛效度良好；组合信度 CR 为 0.9171，大于 0.7，表示零售商品牌权益维度的构念

信度良好；建构的平均提炼方差 AVE 为 0.6124，大于 0.5，说明测量模型的收敛效度良好。综合以上三个指标的分析可以得知，测量模型的收敛效度是比较好的。

表 5-13 零售商品牌权益的收敛效度分析

载荷路径	非标准化路径系数	S.E.	C.R.	P	标准化路径系数	AVE	组合信度（CR）
QY1 ← 零售商品牌权益	1				0.792	0.6124	0.9171
QY2 ← 零售商品牌权益	0.924	0.059	15.718	***	0.763		
QY3 ← 零售商品牌权益	0.925	0.058	15.901	***	0.77		
QY4 ← 零售商品牌权益	0.993	0.061	16.362	***	0.787		
QY5 ← 零售商品牌权益	0.963	0.059	16.38	***	0.788		
QY6 ← 零售商品牌权益	0.991	0.059	16.924	***	0.808		
QY7 ← 零售商品牌权益	1.012	0.064	15.878	***	0.769		

注：*** 表示在 0.001 水平上显著（双尾检验）。

第五节 模型拟合与检验

一、相关性分析

相关性分析能够有效地解释变量之间相关的程度，但却不能表明变量之间的因果关系，回归分析则弥补了这一缺陷，本书使用 person 系数对各变量间的关系进行分析。

（一）心理契约违背与负面情绪

表 5-14 心理契约违背与负面情绪相关性分析

	基本规范型	交易利益型	人际关系型	社会情感型	负面情绪
基本规范型	1	0.181**	0.059	−0.013	0.354**
		0.001	0.259	0.801	0.000
	365	365	365	365	365

续表

	基本规范型	交易利益型	人际关系型	社会情感型	负面情绪
交易利益型	0.181**	1	0.162**	0.110*	0.383**
	0.001		0.002	0.036	0.000
	365	365	365	365	365
人际关系型	0.059	0.162**	1	0.078	0.232**
	0.259	0.002		0.138	0.000
	365	365	365	365	365
社会情感型	−0.013	0.110*	0.078	1	0.029
	0.801	0.036	0.138		0.578
	365	365	365	365	365
负面情绪	0.354**	0.383**	0.232**	0.029	1
	0.000	0.000	0.000	0.578	
	365	365	365	365	365

注：** 表示在 0.01 水平（双侧）上显著相关；* 表示在 0.05 水平（双侧）上显著相关。

由表 5-14 可知：

（1）基本规范型心理契约违背与负面情绪对应的显著性水平 α 为 0.01，P<α，相关系数为 0.354，大于 0，说明二者存在显著正相关关系。

（2）交易利益型心理契约违背与负面情绪对应的显著性水平 α 为 0.01，P<α，相关系数为 0.383，大于 0，说明二者存在显著正相关关系。

（3）人际关系型心理契约违背与负面情绪对应的显著性水平 α 为 0.01，P<α，相关系数为 0.232，大于 0，说明二者存在显著正相关关系。

（4）社会情感型心理契约违背与负面情绪对应的显著性水平 α 为 0.05，P>α，说明社会情感型心理契约违背与负面情绪无显著相关性。

（二）心理契约违背与顾客信任

表 5-15　心理契约违背与顾客信任相关性分析

	基本规范型	交易利益型	人际关系型	社会情感型	顾客信任
基本规范型	1	0.181**	0.059	−0.013	−0.468**
		0.001	0.259	0.801	0.000
	365	365	365	365	365

续表

	基本规范型	交易利益型	人际关系型	社会情感型	顾客信任
交易利益型	0.181**	1	0.162**	0.110*	−0.469**
	0.001		0.002	0.036	0.000
	365	365	365	365	365
人际关系型	0.059	0.162**	1	0.078	−0.417**
	0.259	0.002		0.138	0.000
	365	365	365	365	365
社会情感型	−0.013	0.110*	0.078	1	−0.051
	0.801	0.036	0.138		0.333
	365	365	365	365	365
顾客信任	−0.468**	−0.469**	−0.417**	−0.051	1
	0.000	0.000	0.000	0.333	
	365	365	365	365	365

注：** 表示在 0.01 水平（双侧）上显著相关；* 表示在 0.05 水平（双侧）上显著相关。

由表 5-15 可知：

（1）基本规范型心理契约违背与顾客信任对应的显著性水平 α 为 0.01，$P<\alpha$，对应的相关系数为 −0.468，小于 0，说明二者存在显著负相关关系。

（2）交易利益型心理契约违背与顾客信任对应的显著性水平 α 为 0.01，$P<\alpha$，相关系数为 −0.469，小于 0，说明二者存在显著负相关关系。

（3）人际关系型心理契约与顾客信任对应的显著性水平 α 为 0.01，$P<\alpha$，对应的相关系数为 −0.417，小于 0，说明二者有显著的负相关关系。

（4）社会情感型心理契约违背与顾客信任的 P 值为 0.333，对应的显著性水平 α 为 0.05，$P>\alpha$，说明社会情感型心理契约违背与顾客信任无显著相关性。

（三）心理契约违背与顾客价值

表 5-16　心理契约违背与顾客价值的相关性分析

	基本规范型	交易利益型	人际关系型	社会情感型	顾客价值
基本规范型	1	0.181**	0.059	−0.013	−0.284**
		0.001	0.259	0.801	0.000
	365	365	365	365	365

续表

	基本规范型	交易利益型	人际关系型	社会情感型	顾客价值
交易利益型	0.181**	1	0.162**	0.110*	−0.054
	0.001		0.002	0.036	0.305
	365	365	365	365	365
人际关系型	0.059	0.162**	1	0.078	−0.039
	0.259	0.002		0.138	0.455
	365	365	365	365	365
社会情感型	−0.013	0.110*	0.078	1	0.065
	0.801	0.036	0.138		0.217
	365	365	365	365	365
顾客价值	−0.284**	−0.054	−0.039	0.065	1
	0.000	0.305	0.455	0.217	
	365	365	365	365	365

注：** 表示在 0.01 水平（双侧）上显著相关；* 表示在 0.05 水平（双侧）上显著相关。

由表 5-16 可知：

（1）基本规范型心理契约违背与顾客价值对应的显著性水平 α 为 0.01，P<α，对应的相关系数为 −0.284，小于 0，说明基本规范型心理契约违背与顾客价值有显著负相关关系。

（2）交易利益型心理契约违背与顾客价值的 P 值为 0.305，对应的显著性水平 α 为 0.05，P>α，说明交易利益型心理契约违背与顾客价值无显著相关性。

（3）人际关系型心理契约违背与顾客价值的 P 值为 0.455，对应的显著性水平 α 为 0.05，P>α，说明人际关系型心理契约违背与顾客价值无显著相关性。

（4）社会情感型心理契约违背与顾客价值的 P 值为 0.217，对应的显著性水平 α 为 0.05，P>α，说明社会情感型心理契约违背与顾客价值无显著相关性。

上述结果说明，顾客价值的大小与基本规范型心理契约的满足关系非常密切，也就是说，顾客对商品质量、购物环境、服务质量等商家应该履行的最基本责任和义务要求较高，敏感度高，这些需求的不满足容易引起顾客价值感知的变化。而对于其他方面的责任要求敏感度相对较低，即使未满足，也不会引起顾客价值感知的显著变化。

（四）心理契约违背与零售商品牌权益

表5-17 心理契约违背与零售商品牌权益相关性分析

	基本规范型	交易利益型	人际关系型	社会情感型	零售商品牌权益
基本规范型	1	0.181**	0.059	−0.013	−0.581**
		0.001	0.259	0.801	0.000
	365	365	365	365	365
交易利益型	0.181**	1	0.162**	0.110*	−0.552**
	0.001		0.002	0.036	0.000
	365	365	365	365	365
人际关系型	0.059	0.162**	1	0.078	−0.259**
	0.259	0.002		0.138	0.000
	365	365	365	365	365
社会情感型	−0.013	0.110*	0.078	1	−0.132*
	0.801	0.036	0.138		0.012
	365	365	365	365	365
零售商品牌权益	−0.581**	−0.552**	−0.259**	−0.132*	1
	0.000	0.000	0.000	0.012	
	365	365	365	365	365

注：** 表示在0.01水平（双侧）上显著相关；* 表示在0.05水平（双侧）上显著相关。

由表5-17可知：

（1）基本规范型心理契约违背与零售商品牌权益对应的显著性水平 α 为0.01，P<α，相关系数为 −0.581，小于0，说明二者存在显著负相关关系。

（2）交易利益型心理契约违背与零售商品牌权益对应的显著性水平 α 为0.01，P<α，相关系数为 −0.552，小于0，说明二者存在显著的负相关关系。

（3）人际关系型心理契约违背与零售商品牌权益对应的显著性水平 α 为0.01，P<α，相关系数为 −0.259，小于0，说明二者存在显著的负相关关系。

（4）社会情感型心理契约违背与零售商品牌权益对应的显著性水平 α 为0.05，P<α，相关系数为 −0.132，小于0，说明二者存在显著的负相关关系。

（五）中介变量、调节变量与因变量之间相关性分析

表5-18 中介变量、调节变量与因变量之间的相关性分析

	负面情绪	顾客价值	顾客信任	服务补救	零售商品牌权益
负面情绪	1	−0.240**	−0.528**	0.069	−0.670**
		0.000	0.000	0.186	0.000
	365	365	365	365	365
顾客价值	−0.240**	1	0.199**	−0.088	0.480**
	0.000		0.000	0.093	0.000
	365	365	365	365	365
顾客信任	−0.528**	0.199**	1	−0.117*	0.671**
	0.000	0.000		0.025	0.000
	365	365	365	365	365
服务补救	0.069	−0.088	−0.117*	1	0.141**
	0.186	0.093	0.025		0.007
	365	365	365	365	365
零售商品牌权益	−0.670**	0.480**	0.671**	0.141**	1
	0.000	0.000	0.000	0.007	
	365	365	365	365	365

注：** 表示在0.01水平（双侧）上显著相关；* 表示在0.05水平（双侧）上显著相关。

由表5-18可知：

（1）负面情绪与零售商品牌权益对应的显著性水平 α 为0.01，$P<\alpha$，相关系数为 −0.670，小于0，说明二者存在显著负相关关系。

（2）顾客价值与零售商品牌权益对应的显著性水平 α 为0.01，$P<\alpha$，对应的相关系数为0.480，大于0，说明二者存在显著正相关关系。

（3）顾客信任与零售商品牌权益对应的显著性水平 α 为0.01，$P<\alpha$，相关系数为0.671，大于0，说明二者存在显著的正相关关系。

（4）负面情绪与顾客价值对应的显著性水平 α 为0.01，$P<\alpha$，相关系数为 −0.24，小于0，说明二者存在显著负相关关系。

（5）顾客价值与顾客信任对应的显著性水平 α 为0.01，$P<\alpha$，相关系数为0.199，大于0，说明二者存在显著正相关关系。

（6）负面情绪与顾客信任对应的显著性水平 α 为0.01，$P<\alpha$，相关系数为 −0.528，小于0，说明二者存在显著负相关关系。

二、调节变量回归分析

为了检验服务补救的调节作用,本书使用 SPSS 软件进行回归分析,该方法在分析各变量之间的关系时,对自变量、因变量和其他变量均能很好地解释和控制,是比较好的分析变量相互影响关系的统计方法。

(一)服务补救在负面情绪与零售商品牌权益之间的调节作用

表 5-19 服务补救在负面情绪与零售商品牌权益之间的回归分析

Model	变量	第一步	第二步	第三步	VIF
1	Z 负面情绪	−0.670***	−0.683***	−0.677***	1.006
2	Z 服务补救		0.189***	0.184***	1.005
3	Z 负面情绪 Z 服务补救			0.180***	1.002
	R^2	0.449	0.484	0.516	
	调整 R^2	0.447	0.481	0.512	
	△ F	295.39	24.846	24.115	
	F	295.390***	169.820***	128.481***	

注:因变量 Z 表示零售商品牌权益;*** 表示 P<0.001。

以负面情绪作为独立变量,零售商品牌权益作为因变量和服务补救的调节变量进行回归分析,结果如表 5-19 所示。负面情绪、服务补救的 VIF 值均小于 2,表明各变量间无共线性关系。第一步,Z 负面情绪作为自变量进入回归方程时,R^2 为 44.9%,Z 负面情绪的回归系数显著。第二步,当 Z 负面情绪、Z 服务补救作为自变量进入回归方程时,发现 R^2 增加至 48.4%,Z 负面情绪、Z 服务补救的回归系数显著。Z 负面情绪、Z 服务补救、Z 负面情绪 Z 服务补救作为自变量进入回归方程时,发现 R^2 增加至 51.6%,Z 负面情绪、Z 服务补救、Z 负面情绪 Z 服务补救的回归系数显著。得到的回归方程为:Z 零售商品牌权益 =−0.677×Z 负面情绪 + 0.184×Z 服务补救 + 0.180×Z 负面情绪 Z 服务补救。回归方程中的交互项的系数为 0.180,大于 0,故可以判断:服务补救在负面情绪与零售商品牌权益之间起到调节作用,H11 通过检验,假设成立。

（二）服务补救在顾客信任与零售商品牌权益之间的调节作用

以顾客信任作为自变量，零售商品牌权益作因变量，服务补救是对调整变量的层次回归分析，结果如表5-20所示。Z顾客信任、Z服务补救、Z顾客信任Z服务补救的VIF值均小于2，表明各变量间无共线性关系。

第一步，Z顾客信任作为自变量进入回归方程时，R^2为45.1%。Z顾客信任的回归系数显著。第二步，当Z顾客信任、Z服务补救作为自变量进入回归方程时，发现R^2增加至50%，Z顾客信任、Z服务补救的回归系数显著。Z顾客信任、Z服务补救、Z顾客信任Z服务补救作为自变量进入回归方程时，发现R^2增加至52.2%，Z顾客信任、Z服务补救、Z顾客信任Z服务补救的回归系数显著。得到的回归方程为：Z零售商品牌权益=0.696×Z顾客信任+0.219×Z服务补救+0.147×Z顾客信任Z服务补救。回归方程中交互项的系数为0.147，大于0，故可以判断：服务补救在顾客信任与零售商品牌权益之间具有调节作用，H12通过验证，假设成立。

表5-20 服务补救在顾客信任与零售商品牌权益之间的调节回归分析

Model	变量	第一步	第二步	第三步	VIF
1	Z顾客信任	0.671***	0.698***	0.696***	1.014
2	Z服务补救		0.223***	0.219***	1.015
3	Z顾客信任Z服务补救措施			0.147***	1.001
	R^2	0.451	0.5	0.522	
	调整R^2	0.449	0.497	0.518	
	△F	298.016	35.578	16.309	
	F	298.016***	180.991***	131.200***	

注：因变量——Z零售商品牌权益；***表示P<0.001。

（三）服务补救在顾客价值与零售商品牌权益之间的调节作用

以顾客价值作为自变量，零售商品牌权益作为因变量，服务补救为调整变量进行回归分析，结果如表5-21所示。Z顾客价值、Z服务补救、Z顾客价值Z服务补救的VIF值均小于2，表明各变量间无共线性关系。第一步，Z 顾客价值作为自变量进入回归方程时，R^2 为 23%。Z 顾客价值的回归系数显著。第二步，当 Z 顾客价值、Z 服务补救作为自变量进入回归方程时，发现 R^2 增加至 26.4%，Z 顾客价值、Z 服务补救的回归系数显著。Z 顾客价值、Z 服务补救、Z 顾客价值 Z 服务补救作为自变量进入回归方程时，发现 R^2 增加至 26.4%，Z 顾客价值、Z 服务补救的回归系数显著，Z 顾客价值 Z 服务补救的回归系数不显著。得到的回归方程为：Z 零售商品牌权益 =0.497×Z 顾客价值 +0.185×Z 服务补救 −0.007×Z 顾客价值 Z 服务补救。由于交互项在回归分析中不显著，可以判断：服务补救在顾客价值与零售商品牌权益之间的调节作用不显著，H13 未通过验证，假设关系不成立。

表 5-21　服务补救在顾客价值与零售商品牌权益之间的调节回归分析

Model	变量	第一步	第二步	第三步	VIF
1	Z 顾客价值	0.480***	0.496***	0.497***	1.017
2	Z 服务补救		0.185***	0.185***	1.008
3	Z 顾客价值 Z 服务补救			−0.007	1.009
	R^2	0.23	0.264	0.264	
	调整 R^2	0.228	0.26	0.258	
	△F	108.513	16.71	0.025	
	F	108.513***	64.959***	43.198***	

注：因变量 Z 表示零售商品牌权益；*** 表示 $P<0.001$。

三、结构方程模型（SEM）

结构方程模型（SEM）是分析变量间关系的一种统计方法，利用协方差矩阵，其结果对理论和实践应用意义重大（黄芳铭，2005），在心理学、经济学等领域得到广泛应用，分析路径关系时是首选方法。该方法能同时处理的变量数量多，在范围内出现一定误差是允许的，对模型可以进行测量，且允许一定的误差值出现。因此，运用结构方程模型来分析路径得到的数据更准确，更贴近现实研究的需要，模型拟合度更好。详见图 5-5。

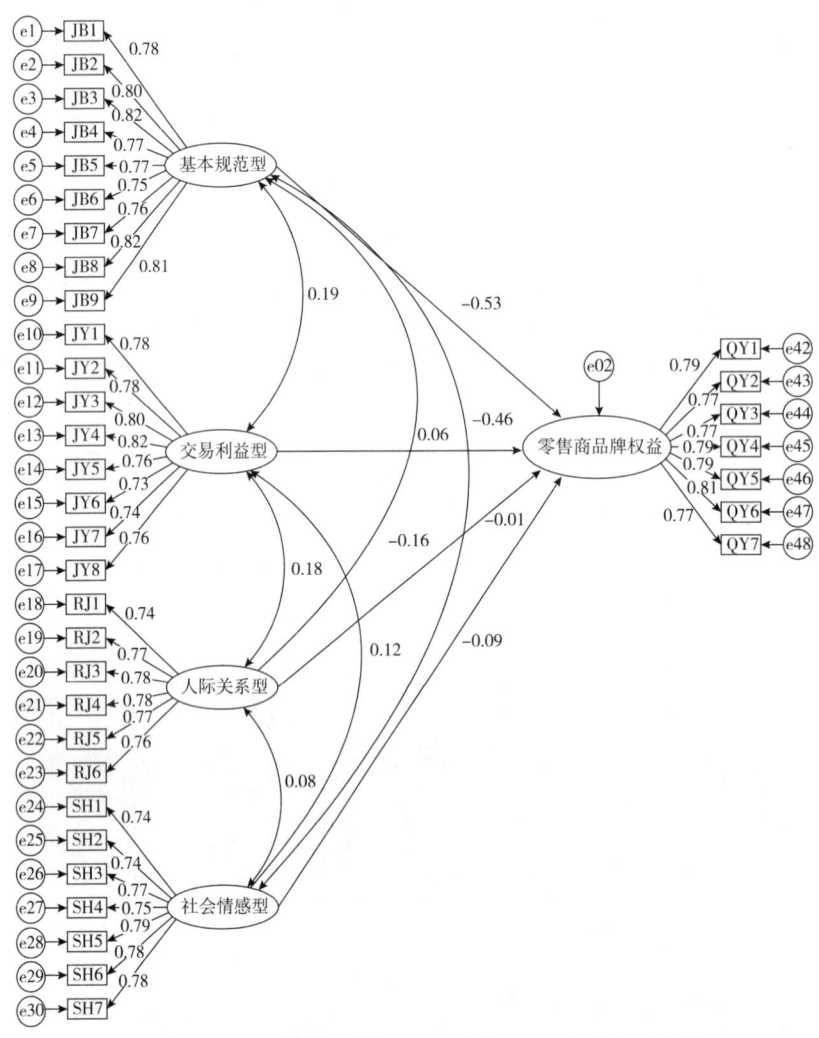

图 5-5 心理契约违背对零售商品牌权益的标准化路径图

（一）直接模型

根据前文阐述的模型适配度各指标的测量标准，本模型中 CMIN 为 641.527，DF 为 619，CMIN/DF 为 1.036，其卡方自由度比在 1~3，意味着模型的拟合度较佳。GFI 的值为 0.915，AGFI 的值为 0.904，NFI、IFI、TLI、CFI 的值分别为 0.928、0.997、0.997、0.997，均大于 0.9，表明适配度优。本模型中 RMSEA 的值为 0.01，小于最高标准界限 0.05，表明模型适配度非常好（见表 5-22）。

表 5-22 结构方程模型图分析结果

指标	CMIN	DF	CMIN/DF	GFI	AGFI	NFI	IFI	TLI	CFI	RMSEA
数值	641.527	619	1.036	0.915	0.904	0.928	0.997	0.997	0.997	0.01

（二）完整模型

根据本研究的分析结果，由表 5-23 可知：

（1）基本规范型心理契约违背到零售商品牌权益的标准化路径系数为 –0.529，小于 0，P<0.05，说明二者存在负向关系。

（2）交易利益型心理契约违背到零售商品牌权益的标准化路径系数为 –0.456，小于 0，P<0.05，说明二者存在显著负向关系。

（3）人际关系型心理契约违背到零售商品牌权益的标准化路径系数为 –0.160，小于 0，P<0.05，说明二者存在显著负向关系。

（4）社会情感型心理契约违背到零售商品牌权益的标准化路径系数为 –0.086，小于 0，P<0.05，说明二者存在显著负向关系。

表 5-23 心理契约违背对零售商品牌权益假设验证结果

路径	非标准化系数	S.E.	C.R.	P	标准化系数	结果
零售商品牌权益 ← 基本规范型	–0.497	0.047	–10.678	***	–0.529	支持
零售商品牌权益 ← 交易利益型	–0.522	0.056	–9.354	***	–0.456	支持
零售商品牌权益 ← 人际关系型	–0.156	0.039	–4.013	***	–0.16	支持
零售商品牌权益 ← 社会情感型	–0.087	0.039	–2.226	0.026	–0.086	支持

借助结构方程模型分析，我们检验了各变量间的相互作用效果，得到了本研究的整体模型标准化路径图（见图 5-6）。

根据模型适配度各项指标的判定标准可知，该整体模型的 CMIN 为 1185.486，DF 为 1099，CMIN/DF 为 1.079。卡方自由度比在 1~3，意味着模型的拟合度较好。GFI 的值为 0.886，AGFI 的值为 0.873，大于 0.8，说明适配度良好。NFI、IFI、TLI、CFI 的值分别为 0.901、0.992、0.991、0.992，均大于 0.9，表明适配度优。RMSEA 值为 0.015，小于 0.05，表明模型适配度非常好（见表 5-24）。

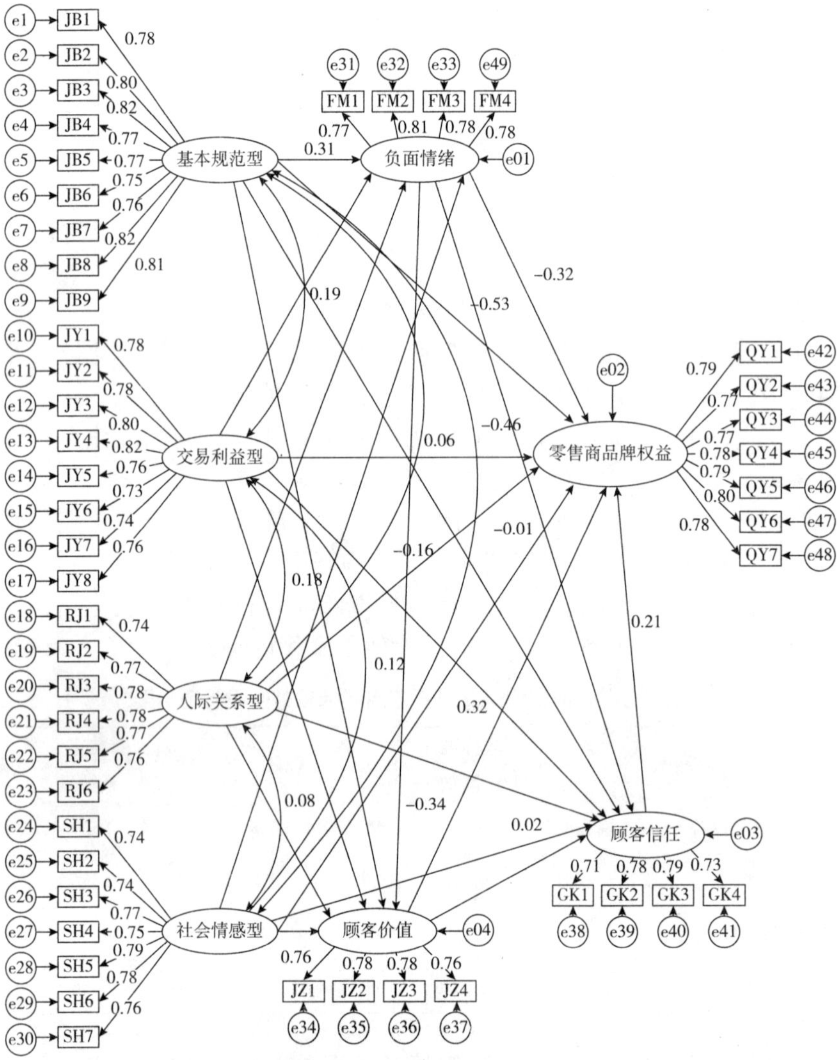

图 5-6　整体模型的标准化路径图

表 5-24　整体模型拟合指数

指标	CMIN	DF	CMIN/DF	GFI	AGFI	NFI	IFI	TLI	CFI	RMSEA
数值	1185.486	1099	1.079	0.886	0.873	0.901	0.992	0.991	0.992	0.015

通过对结构方程模型的分析，我们得到了本研究的假设检验结果汇总，如表 5-25 所示。

表 5-25 假设验证——完整模型

路径	非标准化系数	S.E.	C.R.	P	标准化系数	结果
负面情绪 ← 基本规范型	0.328	0.057	5.718	***	0.314	支持
负面情绪 ← 交易利益型	0.426	0.073	5.838	***	0.335	支持
负面情绪 ← 人际关系型	0.199	0.058	3.443	***	0.185	支持
负面情绪 ← 社会情感型	−0.02	0.058	−0.348	0.728	−0.018	不支持
顾客价值 ← 基本规范型	−0.217	0.056	−3.878	***	−0.245	支持
顾客价值 ← 交易利益型	0.077	0.069	1.12	0.263	0.072	不支持
顾客价值 ← 人际关系型	0.013	0.054	0.237	0.813	0.014	不支持
顾客价值 ← 社会情感型	0.063	0.055	1.153	0.249	0.066	不支持
顾客价值 ← 负面情绪	−0.185	0.062	−2.959	0.003	−0.218	支持
顾客信任 ← 基本规范型	−0.309	0.047	−6.637	***	−0.343	支持
顾客信任 ← 交易利益型	−0.314	0.056	−5.598	***	−0.285	支持
顾客信任 ← 人际关系型	−0.312	0.046	−6.839	***	−0.335	支持
顾客信任 ← 社会情感型	−0.004	0.041	−0.105	0.917	−0.004	不支持
顾客信任 ← 负面情绪	−0.232	0.049	−4.705	***	−0.269	支持
顾客信任 ← 顾客价值	0.021	0.047	0.436	0.663	0.02	不支持
零售商品牌权益 ← 基本规范型	−0.226	0.037	−6.116	***	−0.241	支持
零售商品牌权益 ← 交易利益型	−0.312	0.045	−6.972	***	−0.272	支持
零售商品牌权益 ← 人际关系型	−0.013	0.034	−0.386	0.7	−0.014	不支持
零售商品牌权益 ← 社会情感型	−0.115	0.029	−4.009	***	−0.113	支持
零售商品牌权益 ← 负面情绪	−0.284	0.039	−7.257	***	−0.316	支持
零售商品牌权益 ← 顾客价值	0.34	0.038	8.851	***	0.32	支持
零售商品牌权益 ← 顾客信任	0.215	0.062	3.486	***	0.207	支持

然后，我们对整体模型的直接效应、间接效应、总体效应进行了分析，详见表 5-26。

（1）负面情绪、顾客价值、顾客信任在社会情感型心理契约违背与零售商品牌权益之间的中介作用都不成立。

（2）负面情绪在基本规范型和交易利益型心理契约违背与零售商品牌权益之间起到部分中介作用，在人际关系型心理契约违背与零售商品牌权益之间起到完全中介作用。

（3）顾客价值在基本规范型心理契约违背与零售商品牌权益之间起到部分中介作用；在交易利益型和人际关系型心理契约违背与零售商品牌权益之间无中介作用。

（4）顾客信任在基本规范型心理契约违背、交易利益型心理契约违背与零售商品牌权益之间起到部分中介作用；在人际关系型心理契约违背与零售商品牌权益之间起到完全中介作用。

表 5-26 完整模型中的直接效应、间接效应、总效应

特征变量	中介变量			因变量：零售商品牌权益		
	负面情绪	顾客价值	顾客信任	直接效应	间接效应	总效应
基本规范型	0.314	−0.245	−0.343	−0.241	−0.249	−0.490
交易利益型	0.335		−0.285	−0.272	−0.165	−0.437
人际关系型	0.185		−0.335		−0.128	−0.128
社会情感型				−0.113		−0.113
负面情绪				−0.316		−0.316
顾客价值				0.320		0.320
顾客信任				0.207		0.207

（三）最终模型

剔除不显著的路径后，得到的结构方程模型的标准化路径如图 5-7 所示。

根据结构方程模型结果中各指标的判定标准，本研究中最终模型的各项指标均达到较优的标准范围，表明模型适配度非常好，详见表 5-27。

表 5-27 最终模型拟合指数

指标	CMIN	DF	CMIN/DF	GFI	AGFI	NFI	TLI	IFI	CFI	RMSEA
数值	1189.045	1106	1.075	0.886	0.874	0.9	0.992	0.992	0.992	0.014

由于剔除了不显著的路径，故剩下的都是显著的路径，详见表 5-28。

第五章 数据分析与假设检验

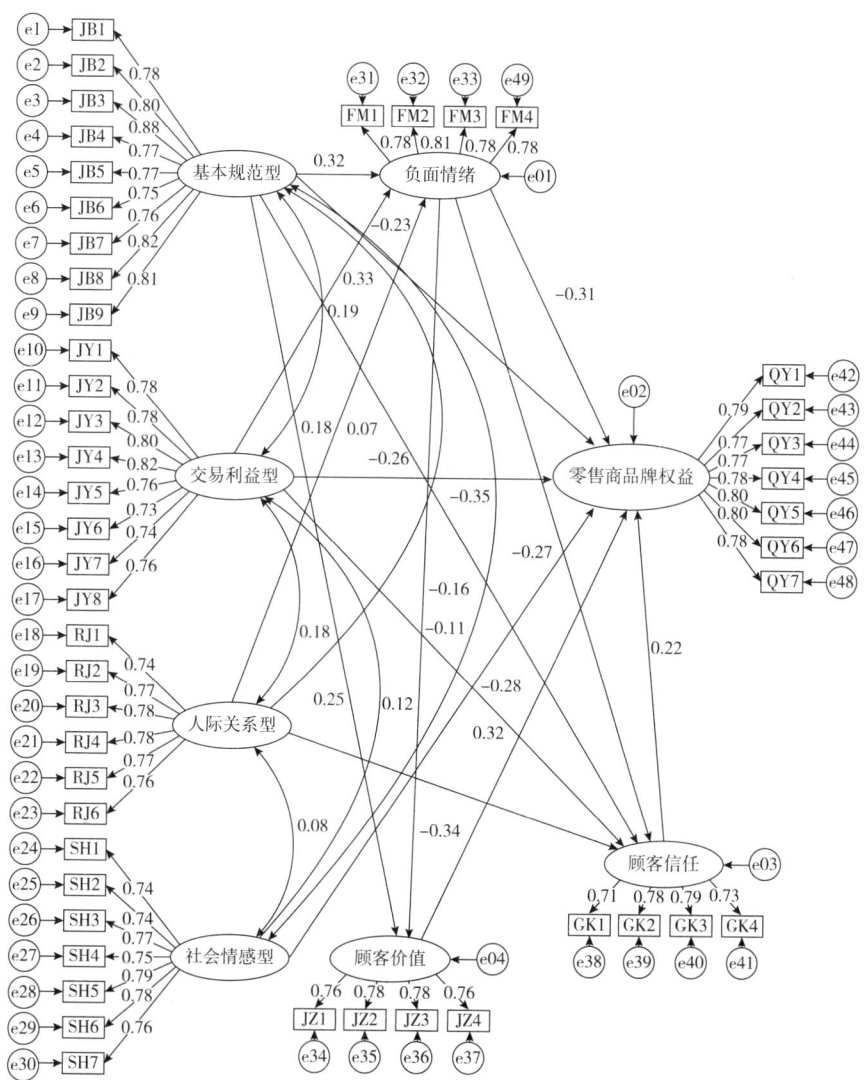

图 5-7 最终模型的标准化路径图

表 5-28 中介变量对因变量的假设验证——完整模型

路径	非标准化系数	S.E.	C.R.	P	标准化系数	结果
负面情绪 ← 基本规范型	0.329	0.057	5.745	***	0.315	支持
负面情绪 ← 交易利益型	0.421	0.072	5.813	***	0.331	支持
负面情绪 ← 人际关系型	0.199	0.058	3.452	***	0.185	支持

续表

路径	非标准化系数	S.E.	C.R.	P	标准化系数	结果
顾客价值 ← 基本规范型	−0.22	0.056	−3.921	***	−0.248	支持
顾客信任 ← 基本规范型	−0.314	0.046	−6.89	***	−0.348	支持
顾客信任 ← 交易利益型	−0.314	0.056	−5.654	***	−0.285	支持
顾客信任 ← 人际关系型	−0.313	0.046	−6.877	***	−0.336	支持
顾客价值 ← 负面情绪	−0.149	0.055	−2.736	0.006	−0.176	支持
顾客信任 ← 负面情绪	−0.236	0.048	−4.88	***	−0.272	支持
零售商品牌权益 ← 基本规范型	−0.221	0.035	−6.352	***	−0.233	支持
零售商品牌权益 ← 交易利益型	−0.305	0.043	−7.042	***	−0.264	支持
零售商品牌权益 ← 社会情感型	−0.112	0.028	−3.963	***	−0.11	支持
零售商品牌权益 ← 负面情绪	−0.284	0.039	−7.313	***	−0.313	支持
零售商品牌权益 ← 顾客价值	0.339	0.038	8.91	***	0.316	支持
零售商品牌权益 ← 顾客信任	0.23	0.051	4.514	***	0.22	支持

注：*** 表示 $P<0.001$。

第六节 人口变量、行为变量对顾客心理契约违背影响的差异比较

为了研究人口统计变量和顾客购买行为特征以及顾客心理契约违背的相关性，本研究采用单因素方差分析来理解人口统计变量、顾客购买行为特征影响顾客心理契约的程度。由于心理契约违背是本研究的核心变量，因此本研究只对心理契约进行方差分析。

一、性别特征差异分析

不同性别在基本规范型、交易利益型、人际关系型、社会情感型的心理契约方面存在差异，见表5-29。

表 5-29 不同性别对心理契约违背差异分析

检查变量	性别	个数	平均数	标准差	T 值
基本规范型	男	120	2.5	0.642	−26.483***
	女	245	5.1	1.231	
交易利益型	男	120	4.39	1.403	−3.250*
	女	245	4.9	1.404	
人际关系型	男	120	4.07	1.513	−2.389*
	女	245	4.5	1.629	
社会情感型	男	120	4.52	1.41	−1.121
	女	245	4.7	1.429	

注：* 表示 $P<0.05$；*** 表示 $P<0.001$。

从表 5-29 中可以看出，性别变量在基本规范型、交易利益型、人际关系型检验的 t 统计量均达显著水平，显著性概率值 P 均小于 0.05，男女消费者在基本规范型（M=5.100> M=2.500）、交易利益型（M=4.900> M=4.390）、人际关系型（M=4.500> M=4.070）上均有显著不同，且女性值大于男性。性别变量在社会情感型心理契约违背检验的 t 统计量均未达显著水平，显著性概率值 P 大于 0.05，表示不同性别的人群在社会情感型心理契约违背上没有显著差异。结果表明：女性比男性在心理契约违背各维度方面更显著，即更容易出现违背的情形。

二、年龄特征差异分析

由表 5-30 可知，在基本规范型心理契约方面，其 P 值为 0.390，大于其显著性水平 $\alpha=0.05$，故可以判断：所有年龄人群对基本规范型心理契约要求基本一致；在交易利益型方面，$P<0.05$，再结合不同年龄的人群，年龄从 18 岁以下至 40 岁以上对应的均值分别为 5.5875>4.9012>4.8455>4.4746>3.7531，综合显著性 P 值和均值可以判断：年龄越小的人越在意交易利益型责任，且越容易出现心理契约违背；人际关系型的 $P<0.05$，人际关系型的评价从大到小为：18 岁以下 >31~40 岁 >18~24 岁 >25~30 岁 >40 岁以上，因为其对应的均值：5.0917>4.4922>4.4615>4.3152>3.3417，综合显著性 P 值和均值可以判断，18 岁以下和 31~40 岁的人更看重人际关系型责任，更容易出现心理契约违背；在社会情感型方面，其P值为0.038，小于其显著性水平α=0.05，再结合不同年龄的人群，社会情感型的评价从大到小依次为：18岁以下>18~24岁>25~30岁>40岁以上>31~40岁，因为其对应的均值：5.4643>4.6859>4.6052>4.5357>4.3348，综合显著性P值和均值可以判断，年轻人更看重品牌的发展，在社会情感型责任方面更容易出现心理契约违背。

表5-30 不同年龄对心理契约违背的差异性分析

年龄		N	均值	标准差	标准误	F	显著性
基本规范型	18岁以下	20	3.7889	1.7763	0.3972	1.032	0.390
	18~24岁	186	4.3967	1.6348	0.1199		
	25~30岁	55	4.1697	1.6391	0.2210		
	31~40岁	64	4.0851	1.6208	0.2026		
	40岁以上	40	4.1306	1.4892	0.2355		
	总数	365	4.2454	1.6260	0.0851		
交易利益型	18岁以下	20	5.5875	1.1859	0.2652	8.458	0.000
	18~24岁	186	4.9012	1.4163	0.1039		
	25~30岁	55	4.8455	1.3946	0.1881		
	31~40岁	64	4.4746	1.3588	0.1698		
	40岁以上	40	3.7531	1.1735	0.1855		
	总数	365	4.7298	1.4221	0.0744		
人际关系型	18岁以下	20	5.0917	1.2571	0.2811	5.668	0.000
	18~24岁	186	4.4615	1.5973	0.1171		
	25~30岁	55	4.3152	1.7119	0.2308		
	31~40岁	64	4.4922	1.5636	0.1954		
	40岁以上	40	3.3417	1.2832	0.2029		
	总数	365	4.3566	1.6018	0.0838		
社会情感型	18岁以下	20	5.4643	1.1502	0.2572	2.567	0.038
	18~24岁	186	4.6859	1.3990	0.1026		
	25~30岁	55	4.6052	1.4449	0.1948		
	31~40岁	64	4.3348	1.5767	0.1971		
	40岁以上	40	4.5357	1.2419	0.1964		
	总数	365	4.6384	1.4231	0.0745		

三、学历特征差异分析

由表 5-31 可知,学历差异在基本规范型责任方面,其 P 值为 0.265,大于其显著性水平 α=0.05,故可以判断:不同学历的人对基本规范型责任的要求基本一致;交易利益型责任,其 P 值为 0.652,大于其显著性水平 α=0.05,表明不同学历的人对交易利益型责任的影响不显著;人际关系型责任,其 P 值小于 0.05,说明不同学历的人要求不同,研究生及以上学历的人更看重人际关系型责任的履行程度,也更容易出现心理契约违背;社会情感型责任,其 P 值小于其显著性水平 α=0.05,表明研究生及以上学历的人更看重品牌的长期发展及带来的社会效应,更容易在这方面出现心理契约违背。

表 5-31　不同学历人群在心理契约违背各维度的差异分析

学历		N	均值	标准差	标准误	F	显著性
基本规范型	高中及以下	51	3.8606	1.6290	0.2281	1.032	0.265
	大专	45	4.3111	1.6391	0.2443		
	本科	223	4.2711	1.6468	0.1103		
	研究生及以上	46	4.4831	1.4826	0.2186		
	总数	365	4.2454	1.6260	0.0851		
交易利益型	高中及以下	51	4.8137	1.6459	0.2305	8.458	0.652
	大专	45	4.9083	1.1682	0.1741		
	本科	223	4.6570	1.4231	0.0953		
	研究生及以上	46	4.8152	1.3961	0.2058		
	总数	365	4.7298	1.4221	0.0744		
人际关系型	高中及以下	51	3.5817	1.5636	0.2189	5.668	0.000
	大专	45	3.3963	1.3139	0.1959		
	本科	223	4.4447	1.5040	0.1007		
	研究生及以上	46	5.7283	1.2748	0.1880		
	总数	365	4.3566	1.6018	0.0838		
社会情感型	高中及以下	51	3.9888	1.5188	0.2127	2.567	0.038
	大专	45	3.8794	1.2933	0.1928		
	本科	223	4.6931	1.3184	0.0883		
	研究生及以上	46	5.8354	1.0363	0.1528		
	总数	365	4.6384	1.4231	0.0745		

四、职业特征差异分析

由表 5-32 可知,不同职业对基本规范型责任的 P 值为 0.062,大于其显著性水平 α=0.05,表明职业类别对基本规范型责任的影响不显著;交易利益型心理契约违背 P < 0.05,表明学生群体最看重交易利益型责任,这与现实是相符的,毕竟学生群体没有经济收入,对退换货运费及赠送小礼品等物质利益比较看重;人际关系型心理契约违背 P < 0.05,表明学生群体最看重服务过程和服务态度,也最容易出现心理契约违背;社会情感型心理契约违背 P 值为 0.128,大于其显著性水平 α=0.05,说明职业类别对社会情感型的影响不显著。

表 5-32 不同职业人群在心理契约违背各维度的差异

职业		N	均值	标准差	标准误	F	显著性
基本规范型	公司职员	32	4.1493	1.6930	0.2993	2.259	0.062
	公务员	35	3.9175	1.7089	0.2889		
	教师	57	3.7797	1.5170	0.2009		
	学生	226	4.4095	1.6232	0.1080		
	其他	15	4.5111	1.4382	0.3713		
	总数	365	4.2454	1.6260	0.0851		
交易利益型	公司职员	32	4.2617	1.3654	0.2414	19.574	0.000
	公务员	35	4.1179	1.4855	0.2511		
	教师	57	3.9320	1.2950	0.1715		
	学生	226	5.1836	1.2578	0.0837		
	其他	15	3.3500	1.2511	0.3230		
	总数	365	4.7298	1.4221	0.0744		
人际关系型	公司职员	32	3.3125	1.2769	0.2257	18.394	0.000
	公务员	35	3.3714	1.3619	0.2302		
	教师	57	3.6608	1.4205	0.1881		
	学生	226	4.8650	1.5229	0.1013		
	其他	15	3.8667	1.3890	0.3586		
	总数	365	4.3566	1.6018	0.0838		

续表

职业		N	均值	标准差	标准误	F	显著性
社会情感型	公司职员	32	4.8750	1.2725	0.2249	1.802	0.128
	公务员	35	4.2041	1.5422	0.2607		
	教师	57	4.3759	1.3554	0.1795		
	学生	226	4.7351	1.4147	0.0941		
	其他	15	4.6857	1.6574	0.4279		
	总数	365	4.6384	1.4231	0.0745		

五、网购时间差异分析

由表 5-33 可知，基本规范型责任 P 值为 0.040，小于其显著性水平 $\alpha=0.05$，说明购物时间长短对基本规范型心理契约违背的影响是显著的，且网购时间短的消费者更注重商家基本规范型责任的履行；交易利益型心理契约违背 $P < 0.05$，表明购物时间越久的顾客对交易利益型责任的履行越看重，也更容易出现心理契约违背；人际关系型心理契约违背 P 值小于其显著性水平 $\alpha=0.05$，且购物时间越久的顾客，越看重购物体验和价值，对服务水平要求高；社会情感型心理契约违背 P 值小于其显著性水平 $\alpha=0.05$，表明购物时间越久的顾客，对品牌的期望值越高，希望品牌能够为他们带来持久的乐趣与社会地位的象征，希望品牌的声誉和美誉度高，当然，也更容易在这方面出现心理契约违背。

表 5-33 不同网购时间对心理契约的影响

网购时间		N	均值	标准差	标准误	F	显著性
基本规范型	1 年以下	7	3.9683	1.5013	0.5674	2.531	0.040
	1~3 年	43	4.5917	1.5095	0.2302		
	3~5 年	120	3.8824	1.6509	0.1507		
	5~10 年	176	4.3996	1.6233	0.1224		
	10 年以上	19	4.4269	1.5150	0.3476		
	总数	365	4.2454	1.6260	0.0851		

续表

网购时间		N	均值	标准差	标准误	F	显著性
交易利益型	1年以下	7	4.5714	1.0048	0.3798	20.882	0.000
	1~3年	43	4.3663	1.5923	0.2428		
	3~5年	120	4.0260	1.3469	0.1230		
	5~10年	176	5.1413	1.2223	0.0921		
	10年以上	19	6.2434	0.6502	0.1492		
	总数	365	4.7298	1.4221	0.0744		
人际关系型	1年以下	7	4.5476	1.2462	0.4710	31.706	0.000
	1~3年	43	3.8295	1.5230	0.2323		
	3~5年	120	3.3972	1.3027	0.1189		
	5~10年	176	4.9384	1.4621	0.1102		
	10年以上	19	6.1491	0.6594	0.1513		
	总数	365	4.3566	1.6018	0.0838		
社会情感型	1年以下	7	3.8571	1.6903	0.6389	21.592	0.000
	1~3年	43	4.1262	1.5653	0.2387		
	3~5年	120	3.9952	1.2787	0.1167		
	5~10年	176	5.0666	1.2440	0.0938		
	10年以上	19	6.1805	0.7109	0.1631		
	总数	365	4.6384	1.4231	0.0745		

六、每月生活消费差异分析

由表5-34可知，基本规范型心理契约违背P值为0.234，大于其显著性水平 α=0.05，表明每月生活消费类别对基本规范型心理契约违背的影响不显著，说明不管收入水平高低，消费者都希望商家能够提供优质的商品和优良的服务；交易利益型心理契约违背P值为0.503，大于其显著性水平 α=0.05，表明二者关系不显著，消费者都希望商家能够提供退换货、赠送礼品或提供免费服务等；人际关系型心理契约违背P值小于其显著性水平 α=0.05，影响是显著的，心理契约违背强烈程度依收入水平由高到低排列，生活消费在 8000 元以上的消费者最看重人际关系型心理契约，他们对消费体验最看重，更容易因服务质量、服务态度出现疏漏而产生心理契约违背；社会情感型心理契约违背 P 值小于其显著性水平 $\alpha=0.05$，影响显著，心理契约违背强烈程度同样依收入水平由高到低排列，生活消费在 8000 元以上的消费者最看重商家履行社会情感型契约责任，希望品牌能够不断创新、发展，为他们带来愉悦体验，是他们身份和地位的象征，对品牌未来的发展趋势特别关心。

表5-34 每月生活消费水平差异对心理契约违背影响差异分析

每月生活消费		N	均值	标准差	标准误	F	显著性
基本规范型	1000 元以下	57	4.1910	1.5900	0.2106	1.398	0.234
	1000~2999 元	190	4.1725	1.6485	0.1196		
	3000~5999 元	52	4.7158	1.7290	0.2398		
	6000~7999 元	39	4.2422	1.5882	0.2543		
	800 0 元以上	27	3.9712	1.3029	0.2507		
	总数	365	4.2454	1.6260	0.0851		
交易利益型	1000 元以下	57	4.8553	1.5644	0.2072	0.835	0.503
	1000~2999 元	190	4.6947	1.4093	0.1022		
	3000~5999 元	52	4.8413	1.3937	0.1933		
	6000~7999 元	39	4.4199	1.3734	0.2199		
	800 0 元以上	27	4.9444	1.3325	0.2564		
	总数	365	4.7298	1.4221	0.0744		
人际关系型	1000 元以下	57	3.0468	1.1943	0.1582	31.341	0.000
	1000~2999 元	190	4.1526	1.5277	0.1108		
	3000~5999 元	52	5.1282	1.3068	0.1812		
	6000~7999 元	39	4.9744	1.3720	0.2197		
	8000 元以上	27	6.1790	0.7085	0.1364		
	总数	365	4.3566	1.6018	0.0838		
社会情感型	1000 元以下	57	3.5038	1.2346	0.1635	34.988	0.000
	1000~2999 元	190	4.3782	1.2794	0.0928		
	3000~5999 元	52	5.3654	1.2691	0.1760		
	6000~7999 元	39	5.5788	1.0170	0.1629		
	8000 元以上	27	6.1058	0.7503	0.1444		
	总数	365	4.6384	1.4231	0.0745		

七、购买品牌的次数差异分析

由表 5-35 可知，在基本规范型、交易利益型、人际关系型、社会情感型四个维度，购买次数不同对心理契约违背的影响不显著，说明不管购买品牌的次数多少，消费者对商家应该履行的心理契约的要求是基本一致的。

表 5-35 购买品牌不同次数对心理契约违背影响的差异分析

购买该品牌次数		N	均值	标准差	标准误	F	显著性
基本规范型	1 次	25	4.2311	1.6527	0.3305	0.237	0.918
	2 次	87	4.1801	1.6655	0.1786		
	3 次	128	4.2118	1.6172	0.1429		
	4 次	49	4.2086	1.7347	0.2478		
	5 次	76	4.4050	1.5455	0.1773		
	总数	365	4.2454	1.6260	0.0851		
交易利益型	1 次	25	4.9250	1.4653	0.2931	1.013	0.401
	2 次	87	4.7241	1.3587	0.1457		
	3 次	128	4.8652	1.4288	0.1263		
	4 次	49	4.6735	1.4827	0.2118		
	5 次	76	4.4803	1.4276	0.1638		
	总数	365	4.7298	1.4221	0.0744		
人际关系型	1 次	25	4.2733	1.4875	0.2975	1.657	0.159
	2 次	87	4.3889	1.5092	0.1618		
	3 次	128	4.5260	1.6464	0.1455		
	4 次	49	4.5102	1.6543	0.2363		
	5 次	76	3.9627	1.6018	0.1837		
	总数	365	4.3566	1.6018	0.0838		
社会情感型	1 次	25	4.9143	1.3113	0.2623	0.704	0.590
	2 次	87	4.7685	1.4376	0.1541		
	3 次	128	4.6150	1.4512	0.1283		
	4 次	49	4.5889	1.3485	0.1926		
	5 次	76	4.4699	1.4501	0.1663		
	总数	365	4.6384	1.4231	0.0745		

八、不同价格感知的差异分析

由表 5-36 可知，对价格感知水平不同的消费者对心理契约违背的三个维度：基本规范型、交易利益型、人际关系型 P 值分别为 0.468，0.782，0.770，大于其显著性水平 $\alpha = 0.05$，均说明影响效果不显著，说明不管水平和消费能力有多大差异，消费者对商家这三方面的需求是一样的，认为商家都应该履行这三方面的责任和义务。社会情感型心理契约违背 P 值小于其显著性水平 $\alpha=0.05$，影响效果显著，表明所购品牌价格相对于消费者的购买能力而言，认为便宜且具有足够支付能力的消费者对商家的社会情感型责任要求高，希望从所购商品得到更高层次的需求满足，也更容易因社会情感型契约得不到满足而出现心理契约违背。

表 5-36 不同价格感知对心理契约违背的影响差异分析

价格感知		N	均值	标准差	标准误	F	显著性
基本规范型	非常奢侈	80	4.3847	1.5962	0.1785	0.893	0.468
	奢侈	98	4.3311	1.7109	0.1728		
	一般	49	3.8753	1.6361	0.2337		
	便宜	110	4.2061	1.5459	0.1474		
	非常便宜	28	4.3492	1.7071	0.3226		
	总数	365	4.2454	1.6260	0.0851		
交易利益型	非常奢侈	80	4.7375	1.4125	0.1579	0.436	0.782
	奢侈	98	4.7602	1.5335	0.1549		
	一般	49	4.4847	1.4628	0.2090		
	便宜	110	4.7920	1.2974	0.1237		
	非常便宜	28	4.7857	1.4988	0.2832		
	总数	365	4.7298	1.4221	0.0744		
人际关系型	非常奢侈	80	4.2125	1.6416	0.1835	0.454	0.770
	奢侈	98	4.3963	1.6927	0.1710		
	一般	49	4.4252	1.4868	0.2124		
	便宜	110	4.3197	1.5682	0.1495		
	非常便宜	28	4.6548	1.5422	0.2915		
	总数	365	4.3566	1.6018	0.0838		
社会情感型	非常奢侈	80	3.4036	0.9933	0.1111	36.276	0.000

续表

价格感知		N	均值	标准差	标准误	F	显著性
社会情感型	奢侈	98	4.7507	1.3463	0.1360	36.276	0.000
	一般	49	4.6297	1.3936	0.1991		
	便宜	110	5.0338	1.2464	0.1188		
	非常便宜	28	6.2347	0.5796	0.1095		
	总数	365	4.6384	1.4231	0.0745		

九、购买品牌频率的差异分析

由表5-37可知，对零售商品牌购买频率不同的消费者在心理契约违背的四个维度：基本规范型、交易利益型、人际关系型、社会情感型的P值分别为0.442、0.474、0.439、0.384，大于其显著性水平 $\alpha=0.05$，说明影响效果不显著，表明虽然消费者购买品牌频率有差异，但是对零售商应该履行的心理契约责任方面要求基本一致，没有显著差异，均会因零售商未能充分履行心理契约而出现违背，导致零售商品牌权益受损。

表5-37 购买品牌频率差异对心理契约违背的影响差异分析

购买品牌频率		N	均值	标准差	标准误	F	显著性
基本规范型	经常购买	252	4.1750	1.6292	0.1026	0.819	0.442
	一般	56	4.3492	1.6400	0.2192		
	偶尔购买	57	4.4542	1.6025	0.2123		
	总数	365	4.2454	1.6260	0.0851		
交易利益型	经常购买	252	4.7897	1.3856	0.0873	0.748	0.474
	一般	56	4.5647	1.4874	0.1988		
	偶尔购买	57	4.6272	1.5208	0.2014		
	总数	365	4.7298	1.4221	0.0744		
人际关系型	经常购买	252	4.2917	1.6183	0.1019	0.824	0.439
	一般	56	4.5863	1.6453	0.2199		
	偶尔购买	57	4.4181	1.4848	0.1967		
	总数	365	4.3566	1.6018	0.0838		

续表

购买品牌频率		N	均值	标准差	标准误	F	显著性
社会情感型	经常购买	252	4.5822	1.4460	0.0911	0.958	0.384
	一般	56	4.8724	1.3283	0.1775		
	偶尔购买	57	4.6566	1.4103	0.1868		
	总数	365	4.6384	1.4231	0.0745		

本章小结

本章主要通过大样本数据对概念模型进行了实证分析与检验，采用结构方程模型检验了各假设关系。

（1）本研究中，首先对心理契约违背的直接作用效果进行假设检验，发现不同维度的影响效果不同，其中基本规范型心理契约违背的影响最大。说明消费者对零售商品牌的最基本要求是必须要履行的责任与义务，是必须要达到的承诺，违背了基本契约，消费者的情绪、行为均会受到较大影响，采取的负面行为对品牌权益影响较大。

（2）运用回归分析和结构方程模型的方法，验证了顾客的负面情绪、顾客信任、顾客价值和零售商品牌权益之间的部分中介效应，并验证了这些中介变量之间存在交互关系。因此，本研究探讨的中间传导机制是成立的。

（3）通过回归分析，进一步验证了服务补救在心理契约违背、顾客信任、顾客价值、顾客负面情绪、零售商品牌权益之间的调节效应，部分路径不显著。说明当顾客出现心理契约违背或对品牌价值感知降低的时候，零售商的事后补救效果不明显，也说明零售商一定要注重售前与售中服务，给顾客提供优质的产品与美好的服务体验，顾客的忠诚度不断提高，不要寄希望于事后补救，这样不仅风险性大，而且还可能无济于事，使得品牌权益受损。

（4）通过方差分析发现，人口统计特征变量、行为特征变量的差异对顾客心理契约违背产生的影响是不同的，其结果为零售企业依据不同消费者人群特征进行针对性营销奠定了基础，同时也说明在顾客管理中，细分消费群体以采取差别对策是正确的方式，因为不同消费者对同一零售品牌的心理契约是不同的，商家未履约对消费者带来的影响也是有差异的。

第六章 研究结论与展望

　　本书在多渠道零售的管理实践和理论背景下，研究了心理契约违背对零售商品牌权益的影响。顾客与品牌之间的亲密关系是建立在顾客对品牌忠诚基础上的，企业对顾客的承诺其实质就是心理契约。顾客心理契约违背是多渠道零售中常见的现象，尤其是在网购过程中更容易出现，对消费者心理、情感与行为有重要的影响，对零售企业的损失无法估量，研究此主题具有重要的现实意义。本书在多渠道零售成为当前消费领域主流趋势的背景下，研究了顾客心理契约违背的结构和内容，由于心理契约违背是顾客在买卖过程中心理活动和行为的表现，对消费者购买行为影响深远。研究顾客心理契约违背后一系列心理和行为的变化具有重要的现实意义。随着消费者在多渠道领域购物经验的丰富，他们对零售商产品质量和服务水平的认识日渐提高，与零售商品牌的情感越来越深厚，越来越清楚地知道自己想要什么，什么样的产品和服务最适合自己。于是，心理契约违背现象频繁地出现，到底会对零售商品牌权益如何产生影响，其路径和机制如何，目前在理论界鲜有涉及。基于这样的研究视角，本书提出了心理契约违背对零售商品牌权益影响机制的概念模型，提出各变量间的假设关系并加以验证，多数以上的结果是通过的、合理的。研究结果对零售企业如何满足顾客需求、提升顾客忠诚具有重要的借鉴意义。

第一节 结论与讨论

本书主要探讨顾客心理契约违背的构成内容以及通过什么样的机制对零售商品牌权益产生影响,在多渠道购买行为中,顾客行为不仅受到显性契约的影响,而且与顾企之间的隐性契约有密不可分的联系。顾客心理契约违背的研究为消费者行为研究开辟了理论和实践新视角,为现实生活中难以解释的现象提供了理论支撑。

目前学术界对营销情境中顾客心理契约的研究日益增加,心理契约是双方履行承诺的结果体现,满足顾客的各种需求,保持顾客与品牌之间的持久亲密关系,顾客对品牌产生依恋、忠诚的情感,这才是心理契约达成的最高层次体现。但是,顾客与品牌之间的关系具有脆弱性,内外因素的影响随时可能让顾客产生逃离品牌的想法,心理契约违背的现象随时发生,对品牌造成负面影响和损失。但对于心理契约的内容、结构及作用机理未形成统一认识且留有空白。正是在这种理论和现实背景下,本书提出了顾客心理契约违背对零售商品牌权益影响的概念模型,运用实证方法清晰地验证彼此间的关系,揭示出心理契约违背对中介变量、结果变量均有显著影响。

一、顾客心理契约违背内容与结构维度的研究

对心理契约违背的研究国外比较多见,研究时间早且成果丰富,尤其是在组织行为学领域中,对心理契约结构的二维划分,即交易型契约和关系型契约更是被广为应用,后逐步延伸至营销领域。但是对心理契约维度的划分一直存在较大的争议,学术界没有统一的定论。随着多渠道零售的发展,传统心理契约二维划分的内容已不能适应零售业发展的要求,且二维结构的内容也无法全面地反映顾客的需求与商家应尽的责任和义务。因此,本书通过全面梳理中外文献,并对曾经发生过心理契约违背的消费者进行深度访谈,了解他们出现心理契约违背的根源和驱动因素有哪些,也就是说,哪些方面的需求得不到满足或未达到自己心中的预期会发生心理契约违背,了解这些驱动因素后,总结归纳出本书影响心理契约违背的题库,并运用内容分析法对所有题项进行归纳、整理,以形成顾客心理

契约违背初始测量量表。我们将顾客心理契约违背分为四个维度，分别是基本规范型、交易利益性、人际关系型、社会情感型，设计了33个题项对这四个维度进行描述和测量，对初始量表进行信度和效度检验，将不符合标准的题项删除，用保留下的30个题项描述心理契约违背的内容，再用探索性因子分析和验证性因子分析对30个题项进行检验，验证其有效性和可靠性，得到本书最终的心理契约违背测量量表，包括四个维度、30个题项。

（1）基本规范型心理契约。是指零售商品牌要能够满足顾客的基本需求，即零售企业要履行的基本责任，这些方面必须达到，否则很容易让顾客产生不满。例如，产品质量安全可靠、价格合理公道、购物环境舒适、网购商品图片和文字描述与实物相符、客服或销售员热情周到地为顾客服务、不要让顾客等待太久等。这些责任和义务的描述都是商家起码要达到的。

（2）交易利益型心理契约。在零售商与顾客互动的过程中，一定要以满足顾客需求为出发点，尽可能实现顾客的最大利益，才能赢得顾客的忠诚与再惠顾，顾客认为商家应尽的责任有：为顾客推荐价格合适且符合顾客需求的产品、对老顾客予以价格或服务方面的优惠额特权（上新提前通知、折扣力度大、货源紧张的情况下先满足老顾客需求等）、赠送小礼品、保障顾客个人信息和隐私不泄露、交易方式安全可靠、退换货方便等，这是满足顾客交易利益的条件，商家如果在某个环节出现纰漏，则会引起顾客心理契约违背。

（3）人际关系型心理契约。从品牌关系的成分来看，品牌与顾客之间的关系和人与人之间关系极为相似，人际关系丰富了人们的生活，带来金钱等物质起不到的作用，而顾客与品牌之间的关系也是如此。品牌不仅给顾客带来产品品质和服务质量的保障，而且在情感方面还会带来额外的利益，能够提升顾客的面子、体现顾客的身份和社会地位、反映顾客的品位和眼光、降低顾客的购物风险，是顾客与外界沟通的另一种语言和途径。品牌对顾客的意义重大，在顾客心目中认为商家应尽到的人际关系责任包括：在服务过程中要时刻为顾客着想、以客人实际需求为出发点进行商品推介、重视与顾客之间的友谊、服务态度真诚热情、顾客提出的意见和建议要虚心接受并尽力改进等，让顾客看到商家是把顾客放在第一位的。

（4）社会情感型心理契约。随着多渠道零售业的激烈竞争，如何赢得顾客成为各商家争夺的焦点和目标。除了要提供质优价廉的商品和热情周到的服务以外，零售商还要不断从心理和情感方面尽到以下责任：不断地取长补短发展自己的品牌，使品牌在市场的知名度与美誉度不断提升，这会带给长期持有该品牌的消费者情感和社会地位的提高，品牌不断创新，产品也不断创新，不断满足顾客更高层次的需求，让消费者在购买该品牌后感到快乐、自信，并提升个人品位和形象等，为消费者持续购买该品牌提供充分的理由。

本书在确定顾客心理契约违背的结构和内容后，对开发的量表进行信度与效度检验，其心理契约违背四个维度的 Cronbach's Alpha 值为：基本规范型为 0.938、交易利益型为 0.921、人际关系型为 0.894、社会情感型为 0.906，都在 0.8 以上，说明问卷的信度较好，具有一定的可靠性。接下来对量表进行效度的检验，KMO 检验值为 0.925（大于 0.9），证明用因子分析法对心理契约违背量表进行检验是比较适合的。Bartlett 球形度检验值表明，近似卡方值为 6615.023，显著性概率为 0.000（$P<0.05$），表明量表的效度较好，比较适合采用因子分析法。对心理契约违背量表进行探索性因子分析，结合碎石图的结果证明提取 4 个主成分是合理的。综合结果数据来看，心理契约违背量表的结构效度较好，而用验证性因子分析后，平均提炼方差 AVE 分别为 0.6262、0.5932、0.5855、0.5805，大于 0.5。这些结果数据均表明心理契约违背量表的信度、效度良好，通过了检验，开发的量表可以用作后续研究。

二、顾客心理契约违背对负面情绪的影响

顾客心理契约违背是由于零售商未能履行对顾客应尽的责任和义务而导致顾客产生的情绪或情感，主要是生气、愤怒、失望、沮丧等负面情绪和情感体验。这些负面情绪对企业有不同程度的伤害，降低顾客对企业的满意和信任。其实，消费者在购买商品或享受服务时，会反复比较，形成企业隐性的契约关系，当零售企业未能履行对顾客的承诺而引发顾客感知差异，顾客就会出现不满、抱怨、愤怒等情感，导致顾客与品牌之间的关系断裂甚至终止。因此，心理契约违背正向影响负面情绪，通过研究二者的关系，可以帮助我们更好地理解品牌危机出现的深层次原因，以帮助企业采取有效措施。既然是负面情绪，必然是与消极情绪相伴，而消极情绪会导致一系列消极行为，甚至造成负面口碑传播。零售企业如果能够及时预测并捕捉到顾客的心理契约违背及负面情绪的出现，迅速采取措施来降低或消除负面情绪，可以有效预防事态变得严重。通过实证方法的分析可知，在心理契约违背的四个维度中，基本规范型、交易利益型、

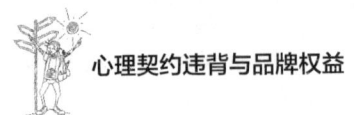

人际关系型与负面情绪的 P 值均为 0.0000，对应的显著性水平 α 为 0.01，$P<\alpha$，说明正向关系显著成立，社会情感型与负面情绪的 P 值为 0.578，对应的显著性水平 α 为 0.05，$P>\alpha$，说明彼此无显著关系。

三、顾客心理契约违背对顾客价值的影响

心理契约与顾客价值的内涵是一致的，心理契约是顾客对双方责任和义务的感知，根据心理契约的定义可知，顾客期望得到优质的商品、合理的价格、周到的服务、折扣优惠、退换货服务等都属于顾客价值的组成部分，也是心理契约的经济契约部分，还有企业的广告、经营理念、顾客知识等都构成了潜在的顾客对企业的期许，也属于心理契约范畴，对这些内容的感知都会影响顾客消费情绪和消费行为。二者之间的关系非常密切，顾客心理契约违背，必然会影响顾客价值感知，继而对品牌产生影响。由实证研究可知，基本规范型心理契约与顾客价值的 P 值为 0.000，其对应的显著性水平 α 为 0.01，$P<\alpha$，其对应的相关系数为 –0.284，小于 0，故可以判断：基本规范型心理契约违背对顾客价值有显著负向影响；交易利益型心理契约与顾客价值的 P 值为 0.305，其对应的显著性水平 α 为 0.05，$P>\alpha$，故可以判断：交易利益型心理契约违背对顾客价值无显著影响；人际关系型心理契约与顾客价值的 P 值为 0.455，其对应的显著性水平 α 为 0.05，$P>\alpha$，故可以判断：人际关系型心理契约违背对顾客价值无显著影响；社会情感型与顾客价值的 P 值为 0.217，其对应的显著性水平 α 为 0.05，$P>\alpha$，故可以判断：社会情感型心理契约违背对顾客价值无显著影响。由此可以得出，顾客对商家基本责任和义务的感知要敏感很多，这些因素的不满足，极大地引起顾客的不满，影响顾客价值感知，影响顾客后续的购买意愿和行为。

四、顾客心理契约违背对顾客信任的影响

组织行为学的研究认为，心理契约与信任是正相关关系，心理契约的达成能够促进信任关系的建立。信任是在对合作方行为感知的基础上形成的，心理契约有助于降低顾客的不安全感知，有利于强化顾客与企业之间的关系与情感，将企业善意的信号传达给顾客。顾客越认为企业能够实现显性或隐性契约，越能增强对企业的信任程度，心理契约的纽带功能越强。相反，如果顾客出现心理契约违背，那么，势必会降低顾客的信任感，

双方的情感与联系纽带必然受到影响。

通过实证统计方法的检验可知，在心理契约违背的四个维度中，基本规范型、交易利益型、人际关系型与顾客信任的 P 值均为 0.0000，对应的显著性水平 α 为 0.01，$P<\alpha$，说明正向关系显著成立，社会情感型与顾客信任的 P 值为 0.333，对应的显著性水平 α 为 0.05，$P>\alpha$，说明心理契约违背与顾客信任没有显著的影响关系。

顾客会因商家没有履行应尽的责任和义务而发生心理契约违背，产生不满情绪，造成信任度降低，而心理契约维度中的社会情感型契约是注重长期、精神与情感的投入与满足，是建立在信任基础上的，心理契约违背的出现，会使顾客不仅在物质上受到一定损害，在情感上也会因失望而愤怒，所以，心理契约四个维度对顾客信任的影响都比较强烈，影响都较大。而且根据以往的研究可知，线下信任与线上信任互相促进，如果顾客因心理契约违背而导致对实体店铺的低线下信任，那么顾客对零售商品牌的整体认知度就会降低、模糊，对线上商店的预期也相应降低，信任度也随之降低。总之，线上信任和线下信任是互相促进的关系，与顾客在交易过程中的体验和感知密不可分。

五、顾客心理契约违背对零售商品牌权益的影响

零售商品牌权益是零售商在长期的营销活动中积累形成的关于商店品牌、符号等资产和负债的集合，也是顾客头脑中留下的差异化反应。零售商品牌权益由零售商认知、零售商联想、零售商感知质量和零售商忠诚四个维度构成。Robinson（1996）研究发现，企业做出的承诺（如七天无理由退换货等）会被人们认为是企业应该履行的责任义务，于是形成了心理契约。如果零售企业能够保质保量地履行承诺，那么与顾客之间的心理契约就会加强，顾客对零售商品牌的好感会油然而生，品牌权益也会增强。反之，当顾客出现心理契约违背，顾客对品牌的不信任和顾客价值均降低，势必会影响对零售商的认知，影响品牌忠诚。消费者会减少购买行为，或者不再购买该品牌而更换其他品牌，这对零售商权益造成的危害是极大的，顾客与品牌关系的彻底断裂是零售商最不愿看到的事实。理论上是如此，那么实证结果怎样呢？本书通过对心理契约违背与零售商品牌权益的关系进行梳理发现，心理契约违背的四个维度对品牌权益的 P 值均为 0.000，对应的显著性水平均体现了 $P<\alpha$，数据结果表明，心理契约违背与零售商品牌权益之间有显著的负相关关系。

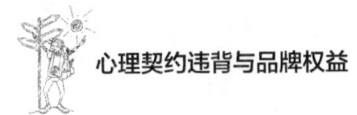

六、负面情绪与零售商品牌权益的关系

顾客的负面情绪是在企业出现失误或者在交易过程中出现不愉快的经历时出现的情感反应,是不容忽视的因素,产品质量或服务缺陷会给顾客造成经济损失,但情感伤害也不容小觑,负面情绪就是伴随这种情绪出现的,且会影响顾客对零售商品牌的认知、联想等,对后续的购买行为和零售商品牌忠诚都有影响。尤其是社会情感型心理契约违背,更是由于商家在情感上伤害了顾客,双方之间的情感纽带和信任破裂,一般而言,顾客会归因于商家,差评和负面口碑是随之出现的行为反应,尤其是在公共网络平台上进行负面情绪的宣泄,影响范围较广,严重的会导致顾客转换零售商品牌。

虽然在零售交易过程中,服务失误在所难免,不是人力能操控的,但不管失误大小,消费者心理必然会认为商家没有履行承诺,没有尽到相应的责任和义务,心理契约违背随时出现。企业如果未能安抚顾客,任由负面情绪滋长蔓延,企业声誉、企业形象以及潜在的消费者均会受到影响,企业绩效下滑。所以,研究顾客负面情绪与品牌权益之间的关系具有重要的现实意义,它为我们揭示了一个道理:企业不仅要有过硬的产品和高水准的服务,还要时刻关注消费者的心理和情绪的变化,有时候情绪比产品对企业的影响还要大。为了验证这一结论,本书进行了数据的实证分析,结果表明:负面情绪与零售商品牌权益的 P 值为 0.000,其对应的显著性水平 α 为 0.01,P<α,其对应的相关系数为 -0.670,小于 0,说明负面情绪对零售商品牌权益有显著负向影响,即负面情绪的值越大,零售商品牌权益的值越小。由此可见,对顾客情绪的管理是至关重要的。零售企业要有预警制度,要特别关注顾客情绪的变化,给予疏导和安抚,这个研究结论填补了多渠道零售消费者视角的空白,具有重要的价值。

七、顾客价值与零售商品牌权益的关系

品牌权益是与品牌相关联的一切因素的集合,借助于产品和服务为顾客带来价值,顾客在交易过程中感知到了利得与利失进而形成总体感知评价,包括消费体验,它会给消费者带来两种后果:顾客从主观态度的视角对品牌的认可、好感等一般通过品牌联想得以体现,顾客从实际的行为上对品牌予以支持通过品牌忠诚来体现。由此可见,顾客价值与零售商品牌权益之间是有一定联系的。消费者对零售商品牌的感知价值越高,

其脑海中对品牌联想的程度就越强烈，是对品牌的标志、口号、特征等的深刻记忆，当消费者有购物需求时，能够第一时间想到该品牌，而且顾客价值越高，消费者与品牌之间因情感建立起来的纽带会越坚固，消费者对零售商的忠诚度也越高。在多渠道零售情境下，尤其是移动终端的普及应用，使得消费者随时随地下单，不仅体验购物乐趣，而且商品价格要比实体店便宜不少。俗话说"便宜没好货"，但是在网络购物平台能买到质优价廉的商品，会令顾客感到超值，对零售商品牌的印象、质量均有好感。传统渠道的零售，也会因服务水平和交流过程中的因素影响到顾客对品牌的判断与感知，影响顾客最终的购买决策。为了用数据验证理论的有效性，本书通过实证统计方法检验了顾客价值与品牌权益之间的关系，结果表明：顾客价值与零售商品牌权益的 P 值为 0.000，其对应的显著性水平 α 为 0.01，$P<\alpha$，其对应的相关系数为 0.480>0，说明顾客价值对零售商品牌权益有显著正向影响。

八、顾客信任与零售商品牌权益的关系

消费者对零售商品牌发展表现出的信心程度，即顾客的品牌信任，这种信心不是一蹴而就的，是品牌在长期营销活动中积累形成的，带给消费者积极美好印象的集合。即使在面临交易风险时，也会因对品牌的可靠性和诚实、善意的行为存在信心和期望，不会放弃选择该品牌。这种品牌信任有助于品牌权益的提升，有个别学者甚至认为，信任本就属于品牌的一种变相"权益"，可见二者关系实属密切。顾客对品牌的信任程度越高，在众多的相似品牌中越能够被顾客一眼识别或脑海中首先想到，这就是品牌的魅力所在。顾客对零售品牌的信任是企业在市场中获得竞争优势的法宝，顾客也将品牌视为自己生活中密不可分的一部分，愿意为品牌去做正面宣传，现身说法，这无疑是最有说服力的广告效应。为了检验二者之间的关系，我们通过实证研究发现，顾客信任与零售商品牌权益的 P 值为 0.000，其对应的显著性水平 α 为 0.01，$P<\alpha$，其对应的相关系数为 0.671，大于 0，表明顾客信任对零售商品牌权益有显著的正向影响。消费者对品牌信任度越高，对品牌联想程度就会越强烈，对品牌认知的程度亦会提升，这能够降低消费者感知风险，使其对品牌的标志、特征、情感等都有了深层次的认知和行为上的忠诚。而品牌忠诚是消费者行为所表现出来对品牌极度支持，是重复多次购买行为的升华，是对品牌最高程度的支持与喜爱。

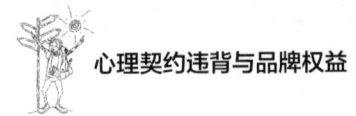

九、服务补救在负面情绪、顾客信任、顾客价值与零售商品牌权益之间的调节作用

前面的实证研究表明,心理契约违背对顾客心理和行为均会产生影响,并影响零售商品牌权益。此时,如果零售商能够及时、主动地采取措施对服务失误进行弥补,有可能挽救这种局面。因为负面情绪、低信任度均会导致负面口碑的出现,对企业营销宣传极为不利。对于服务补救的四个维度,本书均按照最高标准来假设与验证。产品或服务的失误均会造成顾客心理契约违背的出现,对消费者购买行为有重要的影响。如果消费者将责任归因于自己,那么消费者的重购意愿和正面口碑传播行为均会增强,如果顾客将失误归因于零售商,那么,心理契约违背对消费者重购意愿和口碑传播均有负向影响。这时,零售企业就不能任由顾客负面情绪和低信任度持续泛滥,必须要采取积极主动的态度、高质量的补救措施来弥补顾客损失,向顾客传达企业真诚服务的态度和理念,避免延误,重新为企业树立良好的公众形象,使顾客达到二次满意。在对顾客实施服务补救时,要注意补救方式的选择,如通过各种形式的赠券、赠品、折扣、小礼物、退款等有形补偿和真诚道歉、主动承担责任等心理补偿兼顾的方式,如果补偿方式选择不得当,可能会造成顾客的"二次受伤",使事态恶化。

本书利用回归方程做实证分析得出,服务补救在负面情绪、顾客信任与零售商品牌权益之间交互项的系数分别为 0.180、0.147,均大于 0,说明调节作用显著;而在顾客价值与零售商品牌权益之间由于交互项在回归分析中不显著,故可以判断:服务补救在顾客价值与零售商品牌权益之间的调节作用不显著。

总之,由于服务失误后出现了心理契约违背,使得顾客产生了负面情绪和信任度降低,对零售商品牌产生某些偏颇看法或传播负面口碑。由于服务具有永无止境的特点,企业可以通过最高质量的补救措施来满足顾客需求,消除顾客不满,从而再次赢得顾客的信任,产生顾客忠诚,获得良好的口碑效应。

十、负面情绪、顾客信任、顾客价值中介之间的关系

由实证结果可知,负面情绪对顾客价值、顾客信任均有显著的负向影响,顾客价值对顾客信任影响路径不显著。顾客负面情绪的出现,势必降低对零售商品牌的感知价值和信任,而顾客感知价值对信任的影响也是直

观可见的，都将影响顾客的购买意愿和再惠顾行为。因此，对零售商而言，避免顾客心理契约违背的出现，尽量避免负面情绪的出现是首要任务，而一旦出现，尽量采取有效措施弥补、挽回顾客对品牌的信任和忠诚。对于顾客价值而言，零售商的首要任务是增加价值感知、降低顾客成本、提升顾客满意度。着重从两个方面着手进行：提升产品质量和提高服务水平，以达成顾客目标和企业目标，共同促进零售商品牌权益的实现，达到双赢的目标。

十一、人口统计变量特征、行为特征差异对心理契约违背的影响

本书通过方差分析发现，人口统计变量、购买行为变量之间的差异对顾客心理契约违背产生的影响有差异。不同年龄、不同学历、不同职业、不同品牌购买频率的消费者对商家应履行的责任义务看重程度不同，这些承诺一旦未履行，给消费者造成的影响不同。此研究结论对零售企业细分目标市场、采取有效措施降低负面影响、积极维系顾客与品牌关系、不断提升企业绩效具有较强的推动作用。

第二节 管理借鉴

对于多渠道零售商而言，要想不断提升品牌权益，必须构建顾客与品牌之间的良好关系，不断维系顾客忠诚，带给消费者持久的信任与超过预期的价值，才能在众多的竞争者中脱颖而出，立于不败之地。本书通过实证方法检验了心理契约违背对零售商品牌权益的影响机制。对于多渠道零售商而言，关注顾客心理契约的满足，对提升品牌权益有至关重要的意义。

一、明确顾客心理契约内容，并注重维护

多渠道零售过程必然存在顾客与商家之间的心理契约，不管双方是否留意，它都会对交易过程起到促进或破坏作用，且对零售商品牌权益产生重要影响。心理契约在营销学的研究虽不成熟，但却得到很多学者对其重要性的认同。要想正确发挥心理契约的推动作用，就必须有针对性地满

足顾客需求，有的放矢，吸引顾客。在多渠道零售环境下，顾客心理契约违背出现的原因多且侧重点不同。线上渠道购物更多是由于产品质量、尺码、颜色、客服态度、物流等不满意而导致心理契约违背，线下实体店则是由于商品质量、销售员服务态度、工作效率、服务方式等未满足顾客需求而出现心理契约违背。因此，零售商要从顾客角度出发，弄清楚心理契约违背的原因以及出现在哪些环节，以采取有针对性的补救服务提升满意度。在拥有良好口碑的前提下，零售商可以利用人际关系型和社会情感型心理契约来维系顾客，使得顾客对商家更加了解与信任，商家通过加强交易利益型心理契约，如提供赠品、免费服务及给予优惠打折等，来提升零售商权益。零售商要加强与顾客的沟通，以增进了解和避免误解，尤其网络购物的虚拟性使得顾客心理契约违背现象频出，卖家的诚实描述很重要。当出现顾客差评时，商家要及时沟通解决，找出问题的根源，如果是企业自身问题，必须义不容辞完善解决；如果是顾客的问题，也要以谅解的态度进行宽慰，以情动人。另外，企业尽量在经营过程中言行一致、信守承诺，塑造良好的社会形象，尤其在营销宣传时，不能夸大其词，要实事求是，这样才有助于顾客形成合理的心理契约。此外，要引导顾客不要对企业有过度期望，以免形成心理落差导致心理契约违背的发生。

二、充分利用心理契约加强客户关系管理

心理契约是存在于顾客与商家心里的隐性契约，双方对心理契约的理解和目标不一定完全一致，会有偏差，当顾客认为零售企业未达到自己心中的期望，就会出现心理契约违背。因此，零售企业应站在顾客角度去认识和理解心理契约的内容，抓住顾客最关心的问题来满足顾客需求。例如，线上渠道购物的顾客最关注的是商品的质量、款式、颜色是否和图文描述一致，退换货等售后服务是否和卖家承诺的一致等；线下实体渠道购物的顾客最关注商品质量是否与品牌承诺一致，商家服务水平能否做到热情周到、替客着想等，抓住了这些顾客最关注的核心问题的本质，那么零售企业采取针对性措施予以满足就不会是难事了。顾客心理契约的形成潜移默化地源自于商家的广告宣传、网页描述等，商家对于产品信息的提供一定要切合实际，不能使用过度营销给顾客过高的期望，否则一旦顾客感知到心理契约违背，顾企关系一时很难修复。另外，商家要及时了解顾客情绪反应，做好危机预警准备，针对顾客心理契约违背，采取最有针对性、最有效的补救措施，使顾客感受到商家主动解决问题、

承担责任的态度和诚意。根据心理契约的内容和维度，商家应积极提供相应服务，帮助顾客形成积极正面的口碑效应和重购意愿，形成品牌忠诚。商家尽全力通过每一次交易赢得顾客满意，使双方的基本规范型、交易利益型契约升华为人际关系型和社会情感型契约。

三、针对服务失误，进行及时有效的补救

在竞争激烈的多渠道零售环境下，服务失误不可避免地会引起顾客心理契约的变化、破裂或违背，对零售商品牌权益形成挑战。因此，积极有效的服务补救对维系顾企之间的心理契约显得尤为重要，应从以下方面入手：

第一，主动预防，加强沟通管理。商家将商品的属性和使用注意事项、售后服务流程等内容都提前告知消费者，让其心中有数，并对未来可能出现的情形心里有所准备，以提高对可以预见失误的包容程度。商家也要做好应急预案，加强对顾客的回访，使之常态化，这样有利于商家及早发现问题、在服务失误出现时占据主动。网络商家还可针对确认收货后未做任何评价的消费者进行回访，以了解消费者对商品和服务的满意程度，在消费者心目中树立认真负责、有担当的卖家形象。

第二，注意补救的时效性和方式。补救的时效性其实质就是补救的速度，体现了零售企业对问题的及时反应程度和重视程度，对顾客口碑传播和购买意愿均有正向影响。补救及时，避免了事态的进一步扩大，可以平复顾客的不满情绪，缩短等待时间，针对顾客的心理诉求采取弥补措施。在现实生活中，很多零售企业在面临服务失误、顾客严重不满的情形时，延误时间、办事拖沓，导致事态进一步恶化，导致顾客与品牌关系彻底断裂，企业声誉和效益受损，造成无法挽回的局面，得不偿失。对于B2C零售商而言，需要将所有的售后渠道提前告知消费者，并保证售后渠道的有效性，顾客一旦发现问题能够及时联系到商家，而不是受阻转向第三方。

补救方式也是消费者比较关注的焦点，不管物质补偿还是心理补偿，都对消费者行为具有正向影响，物质补偿的效果尤为明显。零售商要"双管齐下"，采取多种补救方式：首先，进行心理补偿。面对顾客心理契约违背，商家要诚恳道歉，表现出积极解决问题的态度和信心，针对顾客诉求，制定多种补偿方案供顾客选择，使顾客心理满意。其次，物质补偿。商家根据心理契约的内容，该退换的商品、该补偿的费用、该额外赔偿的损失都必须积极承担，以提高顾客的二次满意，形成品牌忠诚。心理

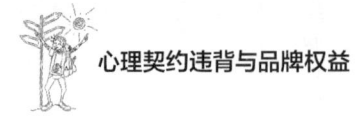
心理契约违背与品牌权益

和物质补偿都很重要,把握好补偿的"度",实现顾客真正的满意。

四、加强对顾客情绪的管理

顾客情绪是其内外心理活动和情感认知的外化表现,情绪的好坏很大程度上决定了顾客的购买行为。积极正面的情绪有助于顾客产生冲动购买行为,也容易使顾客对品牌比较宽容、不刻薄,心理契约容易达成;而负面的消费情绪容易使顾客退出交易、对商品和服务质量比较严苛,挑三拣四以发泄自己心中的不满,这对心理契约的达成具有阻碍作用,很容易出现违背的情绪,也比较容易出现冲突,给零售商绩效造成影响。因此,零售企业要重视对顾客情绪的引导和培育,以防对零售商品牌权益的不利影响,将负面情绪引导成积极状态,维系好与顾客关系的纽带——信任。信任能降低顾客在购物过程中的风险感知,能降低在服务失误情形下的负面口碑和负面情绪,对维护零售商品牌权益有着积极作用。

五、高度重视顾客价值的提升

随着多渠道零售的竞争日益激烈,如何赢得顾客品牌忠诚是企业极为关注的焦点问题。本研究结果显示,顾客价值积极正向影响顾客信任与顾客忠诚,顾客价值低是无法形成品牌情感忠诚的,更不要谈行为忠诚。顾客价值高不但能使顾客形成良好的品牌偏好,不断地产生重复购买行为,而且能够促使其行为忠诚出现,这是零售商品牌权益实现的基础和根本。消费者购物,尤其是线上购物,更多的是体验其中的乐趣,尤其是年轻人以新颖、娱乐为消费目的。因此,零售商应该突出网站的新颖性、娱乐性、互动性,增强购物体验的乐趣。例如,网页界面清爽美观,令人耳目一新,图文并茂、搜索便捷、互动交流等,特别要注重对在线评论的管理、对差评等进行解释售后工作,增加顾客价值。针对实体零售店的消费者,商家应提高商品质量和服务水平,改善购物环境,从情感角度服务顾客,及时解答客人疑惑,营造轻松、愉悦的购物环境和购物体验,维系好顾企之间的心理契约,增加顾客感知,以积极影响品牌权益的形成。

六、以情感维系与消费者的关系

在激烈的市场竞争中,唯有情感才是品牌与消费者联结的最坚实纽带，也是实现企业长久发展的根本点。情感因素在消费者与品牌之间的纽带作用日益凸显，消费情绪可以解释消费者行为，可以帮助企业有效管理顾客，是顾客与品牌联结的情感基础，是消费者品牌忠诚的核心体现，是零售商品牌权益最有价值的组成部分。很多企业擅长通过情感因素与顾客沟通，收效极为显著，如星巴克，仅仅是一家咖啡店，但却给顾客提供了优雅、放松身心的购物环境和愉悦体验，这一切都源于星巴克以人为本的经营理念。他们把员工视为自己的朋友、内部顾客，将顾客视为上帝、衣食父母，凡是来店里消费过的顾客，员工都能叫出客人名字，对客人的喜好了如指掌，为客人提供无微不至的服务，并在服务过程中向顾客传播咖啡文化、咖啡知识，让顾客沉浸在咖啡文化的熏陶中，留下难以磨灭的印象。星巴克与顾客密切联系进行情感交流的经营方式获得了成功，顾客对企业的情感依恋程度深，也形成了极好的口碑效应。因此，加强与顾客的情感联系，有助于拉近彼此之间的距离，对人际关系型心理契约违背和社会情感型心理契约违背尤为适用。企业工作人员真心诚意地尊重、对待顾客，视顾客如家人，建立起长期合作、信任忠诚的伙伴关系，防止顾客流失。

第三节 研究局限及展望

本研究通过理论构建和实证分析，在营销领域消费者行为方面关于心理契约违背对零售商品牌权益的研究取得了一定的理论成果和经验借鉴。但由于时间、条件所限，本研究还存在诸多不足以待后续研究逐步完善。

一、研究局限

（一）研究样本的数量和来源有待扩充

研究中取样的充足性和异质性可以确保研究结论的准确性和客观性，本研究的样本虽然能够满足统计软件分析的需求，但是，既然是消费者行为研究，样本的取量应该继续扩大，才能保证结论的准确和客观。在样本异质性方面，虽然本研究的样本在年龄、性别、职业、购物历史、购物频率等方面存在差异，但是限于本人时间、精力等方面局限，样本取样相

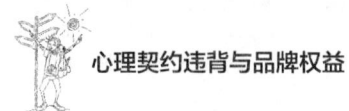

对单一，主要群体是学生。因此，样本的特征群体较单一，需要继续拓展，且教育学历大多为本科，这也在某种程度上对本书研究结论的普适性有一定的限制性。

（二）未对心理契约违背及其对其他变量动态纵向的作用进行全面分析

本研究对数据的采集是短时间内进行的，也未进行各种长期调研。但是顾客心理契约违背对品牌权益的影响是一个长期、逐步发生作用的过程，心理契约是一个动态变化的变量，消费者在不同的购买时间段，即购买前、购买中、购买后，心理契约均会发生变化，会出现不同程度的心理契约违背。而本书对消费者的购买次数——频率进行了调研与分析，但缺乏研究不同次数之间对心理契约违背与品牌权益的动态影响，这也是今后研究的重点方向之一，可以为品牌权益的形成与建设提供良好的视角。

（三）研究变量测量问题

本研究主要采用问卷形式对变量进行测量，即有过心理契约违背经历的顾客通过自我感知的方式来进行测试与作答，此方式对于第三方观察不到的心理或行为的测量比较有效，然而，这种方式会带来一定的偏差，因为每个人对心理契约违背程度的理解和感知是不一样的，会放大自变量的解释力，对处理结果有一定干扰作用，导致结论的说服力和可信度受到一定影响。因此，今后的研究可以采用多种方法进行，以增强数据结果的可信度和普适性。

二、研究展望

（一）将研究视角由顾客转移到零售企业

就零售商品牌权益的研究现状来看，还有待从顾客视角深入理解零售商品牌权益的认知机理。因为随着传统渠道向多渠道零售的转变，顾客的购物方式、消费特点、购物技能等出现了很大的变化，从顾客视角研究消费者行为特征成为营销学领域的重要方向。现有研究主要聚焦于顾客视角的零售商品牌权益研究，但零售商品牌权益确立后，如何提升与管理零售商品牌权益以及产生市场绩效更是零售企业管理人员的重任。因此,今后的研究可以从零售企业的视角探讨企业营销策略、店铺形象等对品牌权益的影响机制,对零售商品牌绩效进行测度。

(二)探索其他变量的调节作用

在今后的研究中可以探索其他变量在心理契约违背和零售商品牌权益之间的调节作用。例如,消费者以前在该零售商品牌下交易的满意程度、国内外消费者对比等均会产生调节作用。对以往交易过程特别满意,即关系质量非常高的顾客群体并不会因一两次的服务失误而否定品牌,他们可能并非因心理契约违背而终止品牌购买行为,而是采取继续支持的态度;国内消费者与国外消费者在文化、习惯、价值观等方面存在差异,当面临相同交易情境,产生的心理和行为反应是不一样的,心理契约违背程度也不一样,对后续的购买行为影响也不同。因此,这些因素可以考虑作为调节变量放入研究中。当前,在营销领域有一个热点研究问题就是性别不同,对品牌的选择和态度是不同的,尤其男性和女性在消费时,其思维、情感、行为均有差异,面对相同的营销情境,是否产生心理契约违背和违背程度如何,这是性别差异引起的不同结果,值得研究者们重视。同时,对零售企业品牌管理实践也具有重要的现实意义。

(三)完善心理契约违背量表的结构与内容

在心理契约违背的测量方面,国内外没有统一定论。本书根据多渠道零售环境,结合文献与焦点小组的结果提炼出新量表的各维度及测量题项。尽管采用信度、效度、探索性因子和验证性因子分析量表后结果比较良好,但是,可能采取其他的方法对量表进行可靠性和有效性的多方验证会更好,更有说服力,本书根据访谈结果形成了心理契约违背的四个维度,未来或许根据研究需要,开发出更细致、更贴切的维度。心理契约违背量表在国外相对成熟,但在中国情境下其信度和效度存在很大差异,需要基于中国环境开发更稳定、更严谨的量表,要充分考虑中西方消费者之间因文化差异而导致的心理契约维度不同。另外,关于心理契约违背的测量方式目前有两种:一是直接用李克特量表进行测量,由消费者根据自己感知到的商家履行承诺的程度进行直接测量打分;二是分别测量商家实际的履行承诺程度和顾客心中期望商家达到的程度,二者反向做差得

到的值就是顾客心理契约违背的程度。目前，学术研究中大多使用的就是这样两种方式，未来的研究可以探究更有效的方法来测量。

（四）探究零售商品牌权益的其他驱动因素

零售商品牌权益是本书的核心变量之一，根据本书理论研究基础和实证检验，研究了心理契约违背、顾客信任、负面情绪和顾客价值等因素在零售商品牌权益形成过程中的作用和影响。而在现实的零售环境中，多渠道零售商在经营过程中会受到诸多因素的影响，非常复杂，对其品牌权益的形成也起重要或轻微的作用。而本书没有严格控制其他因素的影响，有一定的局限性。例如，未来可以在零售商品牌权益的研究中探究商店形象、人口统计变量、顾客之间的互动、商店氛围、转换成本、购物动机等因素对零售商品牌权益的影响。

（五）研究视角实现由顾客到零售企业的转变

现有针对零售商品牌权益的文献大多是从顾客角度来探究对零售商品牌权益的影响机制，研究顾客的认知、情感、行为等方面的因素对零售商品牌权益的驱动作用。多渠道零售商面对的顾客是多样化的，认识方式各有不同，既包括实体渠道购物者，也包括网络平台消费者，影响机制复杂多样。因此，从顾客角度研究零售商品牌权益是非常有必要的。但是，当零售商品牌权益形成后，如何管理品牌权益以及如何让品牌权益产生更大的绩效成为零售企业必须要关注的问题。未来可以从多渠道零售企业的视角出发探讨零售企业营销手段、营销数据等对零售商品牌权益的影响机制，并进一步探究零售商品牌权益对零售企业经营绩效的驱动作用，对二者的关系进行测量与实证检验，为零售企业从顾客视角和企业视角两个方面提出建设性的发展建议，推动多渠道零售商更快适应市场环境的变化、适应消费者的变化，推动企业迈上更高的台阶。

三、理论贡献

（一）开发了心理契约违背的四维度测量量表

本书基于理论文献的梳理，结合深度访谈和焦点小组，基于归因理论、线索理论、购物体验理论等探究了消费者与零售商在品牌的接触与互动中心理契约违背的产生及其内部驱动因素，将心理契约违背划分为四个维度包含30个题项的测量量表，并检验了量表的信度和效度，具有代表性和稳定性。

（二）探索了心理契约违背对零售商品牌权益的影响

目前，很多学者对心理契约违背的研究多集中在组织行为学领域，在营销学领域的研究不多，且维度划分大多采用二维结构量表，涉及中介变量和调节变量的实证研究较少。本研究的理论与实践能够有机结合，深度访谈和问卷调查均以零售商品牌为例，结合消费者的购物经历，尤其以曾发生过心理契约违背的消费者为主要研究对象，结合零售商采取的服务补救措施，探讨其中的影响机制并得出重要的结论和管理启示，可为零售商品牌管理提供一定的借鉴。本研究定量地证明和解释了心理契约违背对消费者行为的影响路径，解释了服务补救对消费者行为的影响差异，提出了带有中介效应和调节作用的结构关系链。从量化的角度丰富了心理契约违背的研究领域，为后续的研究奠定了理论基础。研究模型中的各操作变量都可以成为现实中零售企业改善消费者与企业关系、避免或降低心理契约违背带来的负面效应、增强顾客对品牌的信任和感知价值、提升品牌权益的重要手段，为企业提升顾客关系管理、增强企业绩效提供了可操作的途径。

（三）探究了人口统计变量和行为特征的差异对心理契约违背的影响

顾客心理契约违背的出现，受多种因素的影响，既有来自顾客自身的因素，也有零售企业提供的产品和服务失误等。关于心理契约违背的影响因素，曾经有相关文献进行了探讨，但是对于研究中人口统计变量和行为特征方面的差异是否对心理契约违背造成影响，目前还没有文献进行研究。因此，本书选择这个视角进行探究，希望对零售商更好地管理顾客关系起到帮助作用。

参考文献

［1］ 白长虹，廖伟.基于顾客感知价值的顾客满意研究［J］.南开学报，2001（2）：51-55.

［2］ 薄湘平，尹红.基于顾客价值的服务企业顾客忠诚管理探析［J］.经济与管理，2005（1）：99-102.

［3］ 白长虹，范秀成，甘源.基于顾客感知价值的服务企业品牌管理［J］.外国经济与管理，2002（2）：7-13.

［4］ 白林.顾客感知价值驱动因素研究新进展［J］.外国经济与管理，2006（7）：39-45.

［5］ 常亚平，姚慧平，韩丹等.电子商务环境下服务补救对顾客忠诚的影响机制研究［J］.管理评论，2009，21（11）：30-37.

［6］ 陈明亮.客户重复购买意向决定因素的实证研究［J］.科研管理，2003（1）：111-115.

［7］ 陈加州，凌文栓，方俐洛.心理契约的内容、维度和类型［J］.心理科学进展，2003（4）：437-445.

［8］ 陈加州，凌文栓，方俐洛.心理契约的测量与评定［J］.心理学动态，2001（3）：253-257.

［9］ 曹威麟，陈文江.心理契约研究评述［J］.管理学报，2007，4（5）：682-694.

［10］ 陈瑛.顾客忠诚：品牌资产价值的集中体现［J］.经济问题，2005（6）：33-36.

［11］ 董大海，金玉芳.作为竞争优势重要前因的顾客价值：一个实证研究［J］.管理科学学报，2004，7（5）：84-90.

［12］ 杜建刚，范秀成.服务补救中情绪对补救后顾客满意和行为的影响［J］.管理世界，2007（8）：85-94.

［13］ 杜建刚，范秀成.服务消费中多次情绪感染对消费者负面情绪的动态影响机制［J］.心理学报，2009（3）：82-89.

［14］ 范秀成.基于顾客的品牌权益测评：品牌联想结构分析法［J］.南开管理评论，2000（6）：9-13.

［15］范秀成，刘建华.顾客关系、信任与顾客对服务失败的反应［J］.南开管理评论，2004，7（6）：9–14.

［16］范钧.服务消费情境中的顾客心理契约形成机制研究［J］.江苏商论，2009（2）：30–32.

［17］高丹.B2C电子商务顾客满意度的评价指标浅析［J］.中国电子商务，2004（6）：43–45.

［18］高凯.电子商务模式下顾客感知价值文献综述［J］.经济师，2009（12）：280–281.

［19］耿黎辉.产品消费情绪与满意的关系研究［J］.软科学，2007，5（95）：10–21.

［20］贺爱忠，李钰.论品牌关系生命周期中消费者品牌信任与心理契约的建立［J］.商业研究，2008（6）：175–178.

［21］黄芳铭.结构方程模式：理论与应用［M］.北京：中国税务出版社，2005.

［22］何会文.服务失败的顾客归因及其启示［J］.经济管理，2003（6）：49–55.

［23］金立印.基于关键事件法的服务失败原因及补救战略效果定性分析［J］.管理科学，2005，18（4）：63–70.

［24］江明华，董伟民.价格促销的折扣量影响品牌资产的实证研究［J］.北京大学学报（哲学社会科学版），2003（9）：48–56.

［25］江敏华，郑亚苏.零售商自有品牌商品购买影响因素的分析［J］.价格理论与实践，2007（10）：16–19.

［26］金玉芳，董大海，刘瑞明.消费者品牌信任机制建立及影响因素的实证研究［J］.南开管理评论，2006（1）：19–28.

［27］何旺兵，胡正明.基于顾客视角的B2C网站品牌资产影响要素实证研究［J］.企业活力，2012（3）：25–30.

［28］金立印.本土网站品牌资产及其形成机制——基于网站内容视角的实证研究［J］.营销科学学报，2007，3（3）：31–49.

［29］金立印.虚拟品牌社群的价值维度对成员社群意识、忠诚度及行为倾向的影响［J］.管理科学，2007（2）：36–45.

［30］李存超.电子商务平台服务质量对品牌资产的影响机理研究［D］.山东大学博士学位论文，2014（5）.

［31］乔均.网络品牌虚拟价值链构建实证研究［J］.中国流通经济，2009（2）：50–53.

[32] 罗海成,范秀成.基于心理契约的关系营销机制:服务业实证研究[J].南开管理评论,2005(6):48-55.

[33] 罗海成.营销情境中的心理契约及其测量[J].商业经济与管理,2005(5):574-580.

[34] 罗海成.营销情境中的心理契约概念及其测度研究[J].数理统计与管理,2006,25(5):574-578.

[35] 李教强,徐会奇.基于心理契约的品牌建设研究[J].消费导刊,2007(12):22-24.

[36] 雷亮.基于心理契约视角的顾客满意管理研究[J].北京工商大学学报(社会科学版),2008,23(4):34-37.

[37] 廖成林,李苗.信任视角下心理契约对顾客重复购买意向的影响研究[J].商业时代,2010(19):25-27.

[38] 鲁耀斌,周涛.B2C环境下影响消费者网上初始信任因素的实证分析[J].南开管理评论,2005(6):96-101.

[39] 梁新弘.服务失败的归因及预警机制探析[J].企业经济,2006(2):40-42.

[40] 罗春香.如何提高B2C电子商务的顾客价值[J].企业经济,2005(4):146-147.

[41] 李欣.基于顾客满意的服务补救效应及质量评价研究[J].哈尔滨工业大学学报,2007(3):67-74.

[42] 刘研,仇向洋.顾客价值理论综述[J].现代管理学报,2005(5):78-82.

[43] 李原,郭德俊.组织中的心理契约[J].心理科学进展,2002,10(1):83-90.

[44] 刘永芳.归因理论及其应用[M].济南:山东人民出版社,1998:23-43.

[45] 林艳,王志增.网购顾客心理契约违背、服务补救与顾客品牌态度[J].商业研究,2016(4):52-60.

[46] 李原.心理契约违背的理论模型及其应用[J].经济与管理研究,2006(8):82-85.

[47] 孟庆良,韩玉启.顾客价值驱动的CRM战略研究[J].价值工程,2006(4):27-31.

[48] 宁昌会.基于消费者效用的品牌权益模型及应用[J].中国工业经济,2005(10):121-126.

[49] 欧明洁.基于顾客品牌权益价值的三维度概念模型基本评论框架[J].商业研究,2003(12):10–12.

[50] 欧阳小珍,涂伟,汪涛.网络零售业中交易成本与顾客价值创造模式[J].中南财经政法大学学报,2006(2):98–102.

[51] 彭军锋,景奉杰.关系品质对服务补救效果的调节作用[J].南开管理评论,2006,9(4):8–15.

[52] 翟艳平,程凯.心理契约的品牌关系研究[J].财经丛论,2010(9):46–52.

[53] 孙国强.管理研究方法[M].上海:上海人民出版社,2007.

[54] 沈鹏熠.零售商品牌资产管理策略体系构建——基于多维理论视角的探讨[J].中国流通经济,2012,26(2):94–99.

[55] 申学武,聂规划,沈凌.电子商务情形中的心理契约及测量[J].科技进步与对策,2007(12):164–167.

[56] 宋亦平,王晓艳.服务失误归因对服务补救效果的影响[J].南开管理评论,2005(4):12–17.

[57] 汤发良,阳林.服务管理行为对顾客感知心理契约违背影响的实证研究[J].软科学,2011,25(11):46–50.

[58] 陶沙,刘霞.认知倾向在大学生压力与负性情绪关系中的中介作用[J].中国心理卫生杂志,2004,18(2):107–110.

[59] 温碧燕,韩小芸,伍小奕,汪纯孝.顾客的消费情感与顾客满意感关系的实证研究[J].旅游科学,2003(4):1–6.

[60] 王宝,张明立,李国峰.顾客价值测量体系研究[J].中国软科学,2010(2):142–152.

[61] 王成慧,叶生洪.顾客价值理论的发展分析及对时间的启示[J].价值工程,2002(6):24–28.

[62] 汪纯孝,岑成德,王卫作.顾客满意程度模型研究[J].中山大学学报(社会科学版),1999(5):92–98.

[63] 汪纯孝,温碧燕,姜彩芬.服务质量、消费价值、旅客满意感和行为意向[J].南开管理评论,2001(6):11–15.

[64] 韦福祥.对服务补救若干问题的探讨[J].天津商学院学报,2002,22(1):24–26.

[65] 王高.顾客价值与企业竞争优势[J].管理世界,2004(10):22–29.

[66] 王静一.顾客心理契约的研究[J].江苏商论,2007,28(11):

49-53.

[67] 王淑红.基于心理契约基础上的顾客满意管理[J].中南财经政法大学学报,2005(5):45-47.

[68] 吴强军.顾客关系承诺的形成机理与理论模型[J].浙江大学学报(人文社会科学版),2004,34(4):78-83.

[69] 王锡秋.顾客价值及其评估方法研究[J].南开管理评论,2005(5):31-35.

[70] 魏峰等.国内外心理契约研究的新进展[J].管理科学学报,2005,8(5):82-89.

[71] 汪旭晖,冯文琪,张杨."化险为夷"还是"雪上加霜"?——负面网络口碑情境下零售企业社会责任行为对品牌权益的影响研究[J].商业经济与管理,2015(7):5-15.

[72] 汪旭晖,张其林.用户生成内容质量对多渠道零售商品牌权益的影响[J].管理科学,2015(4):71-85.

[73] 伍颖,邵兵家.顾客满意陷阱的成因及对策[J].商业研究,2003(8):64-68.

[74] 王永贵,韩顺平,邢金刚,于斌.基于顾客权益的价值导向型顾客关系管理——理论框架与实证分析[J].管理科学学报,2005(8):27-36.

[75] 万映红,岳英胡,万平.基于映像理论视角的顾客心理契约中商家责任认知激励研究[J].管理学报,2013(1):110-116.

[76] 吴锦峰.商店形象维度对零售商品牌权益影响的实证研究[J].管理评论,2009(20):65-79.

[77] 谢鸿飞,赵晓飞.服务业顾客维持策略影响顾客忠诚的作用机制研究——一个基于信任、价值与满意的分析模型[J].2010,22(11):63-73.

[78] 谢礼珊,龚金红.服务失误归因于顾客感知的公平性关系研究[J].管理学报,2008(5):903-911.

[79] 许正良,古安伟.基于关系视角的品牌资产驱动模型研究[J].中国工业经济,2011(10):109-118.

[80] 杨德锋,王新新.零售商自有品牌感知质量的形成与提升研究:基于线索视角[J].消费经济,2007,23(6):68-71.

[81] 于春玲,郑晓明,孙燕军等.品牌信任结构维度的探索性研究[J].南开管理评论,2004(2):12-18.

［82］余琛.四类不同心理契约关系的比较研究［J］.心理科学，2004，27（4）：958-960.

［83］袁登华.品牌信任研究脉络与展望［J］.心理科学，2007（2）：434-437.

［84］杨杰等.心理契约破裂与违背刍议［J］.暨南学报（哲学社会科学版），2003（2）：58-64.

［85］燕纪胜.B2C模式下的顾客价值构成维度研究［D］.山东大学硕士学位论文，2008.

［86］杨柯，商凯.基于心理契约违背的顾客抱怨行为研究［J］.嘉兴学院学报，2009，27（5）：55-60.

［87］阳林，李青.基于心理契约违背的顾客行为研究［J］.成都大学学报（自然科学版），2010，29（4）：355-360.

［88］余可发.基于顾客价值优势的品牌竞争力评价分析［J］.商业研究，2006（8）：57-62.

［89］余可发.品牌竞争力生成体系研究［J］.上海市经济管理干部学院学报，2009（2）：43-47.

［90］余可发.品牌关系理论研究述评：视角、主题和核心观点［J］.广西经济管理干部学院学报，2009（2）：54-58.

［91］余可发.品牌竞争力结构维度及其测量研究［J］.商业研究，2008（4）：67-70.

［92］余可发.消费者—品牌关系维系：基于心理契约视角［J］.当代财经，2009（4）：72-75.

［93］余可发.顾客心理契约对品牌忠诚实证研究［D］.江西财经大学博士学位论文，2011.

［94］喻建良，李岳，倪健.基于心理契约的网络消费者重复购买意向的实证研究［J］.财经理论与实践，2011，169（32）：96-100.

［95］于坤章，宋泽.信任、TAM与网络购买行为关系研究［J］.财经理论与实践，2005（26）：119-123.

［96］游士兵，黄静，熊巍.品牌关系中消费者心理契约的感知与测度［J］.经济管理，2007（22）：30-35.

［97］杨学成，郭国庆，汪晓凡，陈栋.服务补救可控特征对顾客口碑传播意向的影响［J］.管理评论，2009，12（7）：56-64.

［98］叶泽川，李燕燕.服务补救方式对消费者服务失误归因及行为意向的影响研究［J］.商业时代，2012（6）：38-41.

[99] 张爱卿,刘华山.人际责任归因与助人意愿的关系[J].心理发展与教育,2002(4):57-61.

[100] 张爱武,李锡元.组织—员工雇佣关系与知识共享[M].北京:经济管理出版社,2006.

[101] 郑彬,卫海英.基于消费者心理契约违背的品牌危机产生机理研究[J].企业活力,2011(8):41-44.

[102] 高斯曼.服务补救对顾客满意度及行为意向的影响[J].中国城市经济,2011(8):101-102.

[103] 张圣亮,高欢.服务补救方式对消费者情绪和行为意向的影响[J].南开管理评论,2011(2):37-43.

[104] 张圣亮,张文光.服务补救程度对消费者情绪和行为意向的影响[J].北京理工大学学报(社会科学版),2009(6):78-80.

[105] 张彤宇,范秀成.基于顾客感知的服务营销组合与服务品牌权益研究[J].营销科学学报,2005(2):87-102.

[106] 张仙锋.B2C交易中消费者信任的生成机理研究[J].山西财经大学学报,2006(3):58-63.

[107] 赵鑫.顾客心理契约违背作用机理研究[D].东北大学博士学位论文,2012.

[108] 庄贵军.关系市场与关系营销组合:关系营销的一个理论模型[J].当代经济科学,2002(3):36-38.

[109] Aaker D. A. Managing Brand Equity: Capitalizing on Value of Brand Name [M]. New York: The Free Press, 1991.

[110] Aaker D. A. Measuring Brand Equity Across Produces and Markets [J]. California Management Review, 1996, 38(3): 102-120.

[111] Anderson E. W., Sullivan M. W. The Antecedents and Consequences of Customer Satisfaction for Firms [J]. Marketing Science, 1993, 12(2): 125-143.

[112] Ajzen I., Driver B. L.Application of the Theory of Planned Behavior to Leisurechoice [J]. Journal of Leisure Research, 1992, 24(3): 207-224.

[113] Ajzen I., Madden T. J. Prediction of Goal-directed Behavior: Attitudes, Intentions, and Perceived Behavioral Control [J]. Journal of Experimental Social Psychology, 1986, 22(5): 453-474.

[114] Amber Jamil, Usman Raja, Wendy Darr.Psychological Contract

Types as Moderator in the Breach Violation and Violation-Burnout Relationships [J]. The Journal of Psychology, 2013(5): 491-515.

[115] Amine A. Consumers' True Brand Loyalty: The Central Role of Commitment [J]. Journal of Strategic Marketing, 1998, 6(4): 305-319.

[116] Anderson, Eugene W., Fornell, Claes. Customer Satisfaction and Stock Prices: High Returns, Low Risk [J]. Journal of Marketing, 2006(1): 3-14.

[117] Andersson L. M. Employee Cynicism: An Examination Using a Contract Violation Framework [J]. Human Relations, 1996, 49(11): 1395-1417.

[118] Argyris C. Understanding Organizational Behavior [M]. Illinois: Dorsey Press, 1960: 196-198.

[119] Babin B. J., Attaway J. S. Atmospheric, Affect as a Tool for Creating Value and Gaining Share of Customer [J]. Journal of Business Research, 2000, 49(2): 91-99.

[120] Babin B. J., Babin L. Seeking Something Different? A Model of Schema Typicality, Consumer Affect, Purchase Intentions and Perceived Shopping Value [J]. Journal of Business Research, 2001, 54(2): 89-96.

[121] Bart Y., Shankar V., Sultan F., Urban G. Are the Drivers and Role of Online Trust the Same for All Web Sites and Consumers? A Large-Scale Exploratory Empirical Study [J]. Journal of Marketing, 2005, 69(4): 133-152.

[122] Bass, F. M. and Talarzyk, W. An attitude Model for the Study of Brand Preference [J]. Journal of Marketing Research, 1972(1): 93-96.

[123] Benard Wimer Reletions and Eviews-atitional Toughts about Consumer Behavior [J]. Joumal of Consumer Research, 2000(27): 382-387.

[124] Berry L. L. Relationship Marketing [M]. Chicago: American Marketing Association, 1983.

[125] Berry Leonard L., Wa11 Eileen A., Carbone Lewis P. Service Clues and Customer Assessment of the Service Experience: Lessons from Marketing [J]. Academy of Management Perspectives, 2006, 20(2): 43-57.

[126] Berry L. L. Cultivating Service Brand Equity [J]. Journal of the

Academy of Marketing Science, 2000, 28 (1): 128-137.

[127] Bejou D., Ennew C. T., Palmer A. Trust, Ethics and Relationship Satisfaction [J]. International Journal of Bank Marketing, 1998, 16 (4): 170-175.

[128] Bendapudi N., Berry L. L. Customers' Motivations for Maintaining Relationships with Service Providers [J]. Journal of Retailing, 1997, 73 (1): 15-37.

[129] Bitner M. J. Evaluating Service Encounters: The Effects of Physical Surroundings and Employee Responses [J]. Journal of Marketing, 1990, 54 (2): 69-82.

[130] Bitner, Booms, Telreault. The Service Encounter: Diagnosing Favorable and Unfavorable Incidents [J]. Journal of Marketing, 1990, 54 (1): 71-84.

[131] Blodgett, Jeffrey G., Donna J. Hill. The Effects of Distributive, Procedural, and Interactional Justice on Postcomplaint Behavior [J]. Journal of Retailing, 1997, 73 (2): 185-210.

[132] Bloemer J., De Ruyter K. On the Relationship between Store Image, Store Satisfaction and Store Loyalty [J]. European Journal of Marketing, 1997, 32 (4): 499-513.

[133] Bloemer J., Odekerken-Schroder G. Store Satisfaction and Store Loyalty Explained by Customer-and Store-Related Factors [J]. Journal of Consumer Satisfaction, Dissatisfaction and Complaining Behavior, 2002 (15): 68-80.

[134] Blois K. J. Trust in Business To Business Relationships: An Evaluation of Its Status [J]. Journal of Management Studies, 36 (2): 197-215.

[135] Bolton R. N., Drew J. H. A Multistage Model of Customers' Assessments of Service Quality and Value [J]. Journal of Consumer Research, 1991 (17): 375-384.

[136] Bonifield C., Cole C. Affective Responses to Service Failure: Anger, Regret, and Retaliatory versus Conciliatory Responses [J]. Marketing Letters, 1998 (18): 85-99.

[137] Boshoff. An Experimental of Study Service Recovery of Service Industry Management [J]. International Journal, 1997 (2): 110-130.

[138] Bosmans, Anick, Hans Baumgartner.Goal-relevant Emotional Information : When Extraneous Affect Leads to Persuasion and When it Does not [J]. Journal of Consumer Research, 2005 (32): 424-434.

[139] Bradach J. L., Eccles R. G. Price, Authority and Trust : From Ideal Types to Plural Forms [J]. Annual Review of Sociology, 1989 (15): 97-118.

[140] Brucks M., Zeithaml V. A., Naylor G. Price and Brand Name as Indicators of Quality Dimensions for Consumer Durables [J]. Academy of Marketing Science, 2000, 28 (3): 359-374.

[141] Buttner O. B., Goritz A. S. Perceived Trustworthiness of Online Shops [J]. Journal of Consumer Behavior, 2008, 7 (1): 35-50.

[142] Campbell D. R., Fiske D. W. Convergent and Discriminant Validation by Multitrait-Multimethod Matrix [J]. Psychological Bulletin, 1959 (56): 81-105.

[143] Cavanaugh M. A., Noc R. A. Antcccdents and Conscqucnccs of Relational Components of the New Psychological Contract [J]. Journal of Organizational Behavior, 1999, 20 (3): 323-340.

[144] Cappelli P. Managing without Commitment [J]. Organizational Dynamics, 2000, 28 (4): 1-24.

[145] Chang T. Z., Wildt A. R. Price, Product Information, and Purchase Intention : An Empirical Study [J]. Journal of the Academy of Marketing Science, 1994, 22 (1): 16-27.

[146] Chaudhuri A., Holbrook M. B. The Chain of Effects from Brand Trust and Brand Affect to Brand Performance : The Role of Brand Loyalty [J]. Journal of Marketing, 2001, 65 (2): 81-93.

[147] Chaudhuri, Holbrook. Product-class Effects on Brand Commitment and Brand Outcomes : The Role of Brand Trust and Brand Affect [J]. The Journal of Brand Management, 2002 (11): 33-58.

[148] Chen S. C., Dhillon G. S. Interpreting Dimensions of Consumer Trust in E-commerce [J]. Information Technology and Management, 2003 (4): 303-318.

[149] Ramnath K. Chellppa and Paul A. Pavlou. Perceived Information Security, Financial Liability and Consumer Trust in Electronic Commerce Transactions [J]. Logistics Information Management, 2002 (15): 358-368.

[150] Christodoulides, de Chernatoni L., Furrer O., Shiu E., Abimbola T. Conceptualizing and Measuring the Equity of Online Brands [J]. Journal of Marketing Management, 2006, 22 (7/8): 799-825.

[151] Churchill G. A. Aparadigm for Developing Better Measures of Marketing Constructs [J]. Journal of marketing Research, 1979, 16 (1): 64-73.

[152] Cobb-Walgren C. J., Ruble C. A., Donthu N.Brand Equity, Brand Preference, and Purchase Intent [J]. Journal of Advertising, 1995, 24 (3): 25-40.

[153] Brian J. Corbitt, Theerasak Thanasankit, Han Yi. Trust and E-Commerce: A Study of Consumer Perceptions [J]. Electronic Commerce Research and Applications, 2003 (2): 203-215.

[154] Corritore C. L., Kracher B., Wiedenbeck S.Online trust: Concepts, Evolving themes, a Model [J]. International Journal of Human-Computer Studies, 2003, 58 (6): 737-758.

[155] Cox D. F. The Measurement of Information Value: A Study in Consumer Decision Making in Decker, W.s (Ed.), Emerging Concepts in Marketing [M]. American Marketing Association, Chicago, 1962.

[156] Coyle-Shapiro J., Kessler I. Consequences of Psychological Contract for the Employment Relationship: A Large Scale Survey [J]. Journal of Management Studies, 2002 (12): 903-930.

[157] Davidow M., Dacin P. A. Understanding and Influencing Consumer Complaint Behavior: Improving Organizational Complaint Management [J]. Advances in Consumer Research, 1997 (24): 450-456.

[158] David Joon-Wuk Kwun, Haemoon. Consumers' Evaluation of Brand Portfolios [J].International Journal of Hospitality Management, 2007 (4): 81-97.

[159] Davis F., Bagozzi R., Warshaw P.User Acceptance of Computer Technology: A Comparison of Two Theoretical Models [J]. Management Science, 1989, 35 (8): 982-1002.

[160] Dellarocas C., Zhang X. Q., Awad N. F. Exploring the Value of Online Product Reviews in Forecasting Sales: The Case of Motion Pictures [J]. Journal of Interactive Marketing, 2007, 21 (4): 23-45.

[161] Delgado-Ballester Elena, Munuera-Aleman, Jose Lu-Yague-

Guillen, Mari Jesus. Development and Validation of a Brand Trust Scale [J]. International Journal of Marketing Research, 2003, 45 (1): 34-53.

[162] Deutsch M. Trust and Suspicion [J]. The Journal of Conflict Resolution, 1958 (2): 265-279.

[163] Dick A. S., Basu K. Customer Loyalty: Toward an Integrated Conceptual Framework [J]. Journal of Academy of Marketing Science, 1994, 22 (2): 99-113.

[164] Dodds W. B., Monroe K. B., Grewal D. Effects of Price, Brand, and Store Information on Buyers' Product Evaluations [J]. Journal of Marketing Research, 1991 (28): 307-319.

[165] Doney P. M., Cannon J. P. An Examination of the Nature of Trust in Buyer-seller Relationships [J]. Journal of Marketing, 1997, 61 (2): 35-51.

[166] Doney P. M., J. P. Cannon, M. R. Mullen. Understanding the Influence of National Culture on the Development of Trust [J]. Academy of Management Review, 1998, 23 (3): 601-620.

[167] Dunaheem H., Wangler L. A. The Psychological Contract: A Conceptual Structure for Management Employee Relation [J]. Personal Journal, 1974 (7): 518-526.

[168] Eroglu, S. and Harrell, G. D. Retail Crowding Theoretical and Strategic Implications [J]. Journal of Research, 1986, 62 (4): 346-363.

[169] Edel, Julic A., Burkc, Marian C. The Power of Feelings in Understanding Advertising Effects [J]. Journal of Consumer Research, 1987 (14): 421-433.

[170] Flint D. J., Woodruff R. B. and Gardial S.F. Exploring the Phenomenon of Customers' Desired Value Change in Business to Business Context [J]. Journal of Marketing, 2002 (66): 102-107.

[171] Flint D. J., Woodruff R.B. The Initiators of Changes in Customers' Desirer Value [J]. Industrial Marketing Management, 2001, 30 (3): 321-337.

[172] Fournier S. Consumers and Their Brands: Developing Relationship Theory in Consumer Research [J]. Journal of Consumer Research, 1998, 24 (4): 343-373.

[173] Frank H., Andreas H., Stephan C. H. Measuring Customer Value

and Satisfaction in Services Transactions, Scale Development, Validation and Cross-cultural Comparison [J]. International Journal of Consumer Studies, 2007 (31): 554-564.

[174] Gardner, Metyl P., Siomkos G. J. Toward a Methodology for Assessing Effects of In-Store-Atmospherics [J]. Advances in Consumer Research, 1986, 13 (1): 27-31.

[175] Goles T., Lee S. J., Rao S. Y. Trust Violations in Electronic Commerce: Customer Concerns and Reactions [J]. Journal of Computer Information Systems, 2009, 49 (4): 1-9.

[176] Gefen D., Karahanna E., Straub D. W. Trust and TAM in Online Shopping: An Integrated Model [J]. Mis Quarterly, 2003, 27 (1): 51-90.

[177] Geok Theng Lau, Scok Han Lee, Consumers' Trust in a Brand andthe Link Brand Loyalty [J]. Journal of Market-Focused Management, 1999, 4 (4): 341-370.

[178] Goles T., Lee S. J., Rao S.V., Warren J.Trust Violations in Electronic Commerce: And Reactions [J]. Journal of Computer Information Systems, 2009 (6): 1-9.

[179] Golledge R. S., Rushton G., Clark W. A. Some Spatial Characteristics of Lowa's Dispersed Farm Population and Their Implications for the Grouping of Central Places Functions [J]. Economic Geography, 1966, 42 (3): 261-272.

[180] Gommans M., Krishnan K. S., Scheffold K. B. From Brand Loyalty to E-loyalty: A Conceptual Framework [J]. Journal of Economic and Social Research, 2001, 3 (1): 43-58.

[181] Gremler D. D., Brown S. W. Service Loyalty: Its Nature, Importance, and Implications.Advancing Service Quality: A Global Perspective [J]. International Service Quality Association, 1996 (6): 80-89.

[182] Grewal D., Monroe K. B., Krishnan R. The Effects of Price Comparison Advertising on Buyers Perceptions of Acquisition Value, Transaction Value, and Behavioral Intentions [J]. Journal of Marketing, 1998, 62 (4): 46-59.

[183] Gronroos Christian. Service Quality: The Six Criteria of Good Perceived Service Quality [J]. Review of Business, 1988, 9 (8): 10-13.

[184] Gronroos C. Relationship Approach to Marketing in Service

Contexts: The Marketing and Organizational Behavior Interface [J]. Journal of Business Research, 1990, 20 (1): 3-11.

[185] Gronroos Christian. Service Management and Marketing: Managing the Moments of Truth in Service Competition [M]. Lexington, MA: Lexington Books, 1990.

[186] Grewal D., Monroe K. B., Krishnan R. The Effects of Price-Comparison Advertising on Buyers' Perceptions of Acquisition Value, Transaction Value, and Behavioral Intentions [J]. The Journal of Marketing, 1998, 62 (2): 46-59.

[187] Guest D. Is the Psychological Contract Worth Taking Seriously? [J]. Journal of Organizational Behavior, 1998 (19): 649-664.

[188] Gulati R. Does Familiarity Breed Trust? The Implication of Repeated Ties for Contractual Choice in Alliances [J]. Academy of Management Journal, 1995, 38 (1): 85-112.

[189] Hair Joseph F., Jr. Anderson, Rolph E., Tatham R. L., Black William C. Multivariate Data Analysis [M]. Upper Saddle River, NJ: Prentice Hall, 1998: 5.

[190] Hakan E., Jamel C. Effects of Trust and Psychological Contract Violation on Authentic Leadership and Organizational Deviance [J]. Management Research Review, 2013, 36 (9): 828-848.

[191] Hallowell R. The Relationship of Customer Satisfaction, Customer Loyalty and Profitability: An Empirical Study [J]. International Journal of Service Industry Management, 1996, 7 (4): 27-42.

[192] Harris L. G., Goode M. M. H. The Four Levels of Loyalty and the Pivotal Role of Trust: A Study of Online Service Dynamic [J]. Journal of Retailing, 2004, 80 (2): 19-158.

[193] Hawes, John M., Kenneth E. Mast, Swan. Trust Earning Perceptions of Sellers and Buyers [J]. Journal of Personal Selling and Sales Management, 1989 (3): 1-8.

[194] Herriot P., Manning W. E., Kidd J. M. The Content of the Psychological Contract [J]. British Journal of Management, 1997, 2 (2): 51-62.

[195] Heider F. The Psychology of Interpersonal Relations [M]. New York: Wiley, 1958.

[196] Herriot P., Manning E. G., Kidd J. M. The Content of the Psychological Contract [J].British Journal of Management, 1997 (8): 151-162.

[197] Hess R. L., S. Ganesan, N. M. Klein. Service Failure and Recovery: The Impact of Relationship Factors on Customer Satisfaction [J]. Journal of the Academy of Marketing Science, 2003, 31 (2): 127-145.

[198] Hiltrop J. M. The Changing Psychological Contract: The Human Resource Challenge of the 1900s [J]. European Management Journal, 1995, 13 (3): 286-294.

[199] Hocutt, Mary Ann, Michael R. Bowers and D. Todd Donavan. The Art of Service Recovery: Fact or Fiction [J]. Journal of Services Marketing, 2006, 20 (3): 199-207.

[200] Holbrook M. B., Hirschman E. C. The Experiential Aspects of Use: Consumer Fan-Tasies, Feelings, and Fun [J]. Journal of Consumer Research, 1982, 9 (2): 132-140.

[201] Holbrook M. Consumption Experience, Customer Value, and Subjective Personal Introspection: An Illustrative Photographic Essay [J]. Journal of Business Research, 2006, 59 (6): 714-725.

[202] Holbrook Morris B. Customer Value. A Framework for Analysis and Research [J]. Advances in Consumer Research, 1996 (1): 138-142.

[203] Hui M. K., Dube L.The Impact of Music on Consumer's Reactions to Waiting for Services [J]. Journal of Retailing, 1997, 73 (1): 87-104.

[204] Jacoby J., Chestnut R.W. Brand Loyalty: Measurement and Management [M]. New York: John Wiley and Sons. 1978: 30-70.

[205] Jean-Charles Chebat, Witold Slusarczyk. How Emotions Mediate the Effects of Perceived Justice on Loyalty in Service Recovery Situations: An Empirical Study [J]. Journal of Business Research, 2005 (58): 180-189.

[206] Jacoby J. A Model of Multi-Brand Loyalty [J]. Journal of Marketing Research, 1973 (1): 1-9.

[207] Jeffrey W., Overbya E. L. The Effects of Utilitarian and Hedonic Online Shopping Value on Consumer Preference and Intentions [J]. Journal of Business Research, 2006, 59 (10): 1160-1166.

[208] Johnson J. L., Cullen J. B. Sakano T. Takenouchi H. Setting the Stage for Trust and Strategic Integration in Japanese-U. S. Cooperative Alliances [J]. Journal of International Business Studies, 1996, 27 (5): 981-1004.

[209] Johnston R., Fern A. Service Recovery Strategies for Single and Double Deviation Scenarios [J]. The Service Industries Journal, 1999, 19 (2): 69-82.

[210] Johnson E. J., Moe W. W., Fader P. S., Bellman S., et al. On the Depth and Dynamics of Search Behaviour [J]. Management Science, 2004, 50 (3): 299-308.

[211] Keaveney S. M. Customer Switching Behavior in Service Industries: An Exploratory Study [J]. Journal of Marketing, 1995, 59 (2): 71-82.

[212] Keeney R. L.The Value of Internet Commerce of the Customer [J]. Management Science, 1999, 45 (4): 533-542.

[213] Keller K. L. Conceptualizing Measuring and Managing Customer-Based Brand Equity [J]. Journal of Marketing, 1993, 57 (1): 1-22.

[214] Keller K. L., Lehmann D. R. How to Brands Create Value? [J]. Marketing Management, 2003, 12 (3): 26-31.

[215] Keller K. L. Building Customer-Based Brand Equity [J]. Maketing Management, 2001 (32): 15-19.

[216] Keller K. L. Brand Synthesis: The Multi Dimensionality of Brand Knowledge [J]. Journal of Consumer Research, 2003, 29 (4): 595-600.

[217] Kevin Mason, Thomas Jensen Scot, Burton Dave Roach. The Accuracy of Brand and Attribute Judgments: The Role of Information Relevancy, Product Experience, and Attribute-Relationship Schemata [J]. Journal of the Academy of Marketing Science, 2001, 29 (3): 308-318.

[218] Kim K. K., Prabhakar B. Initial Trust and the Adoption of B2C E-Commerce: The Case of Internet Banking [J]. Database for Advances in Information Systems, 2004, 35 (2): 50-64.

[219] Kimery K. M., McCord M. Third-party Assurances: Mapping the Road to Trust in E-retailing [J]. Journal of Information Technology Theory and Application, 2002, 4 (2): 63-82.

[220] Kingshott R. P. J. The Impact of Psychological Contracts Upon Trust and Commitment within Suplier-Buyer Relationships: A Social Exchange View [J]. Industrial Marketing Management, 2006, 35 (6): 724-739.

[221] Kline R. B. Software Rreview: Software Programs for Structural Equation Modeling: Amos, EQS, and LISREL [J]. Journal of Psychological Educational Assessment, 1998, 16 (4): 343-364.

[222] Klemperer D. Markets with Consumer Switching Cost [J]. Quarterly Journal of Economics, 1987, 102 (2): 375-394.

[223] Kotter J. P. The Psychological Contract [J]. California Management Review, 1973, 15 (3): 91-99.

[224] Koufaris M. Ham Pton-Sosa W. The Development of Initial Trust in Online Company by New Customers [J]. Information and Management, 2004 (41): 377-397.

[225] Kremer Florence. Viot Catherine. How Store Brands Build Retailer Brand Image [J]. International Journal of Retail & Distribution Management, 2012 (7): 528-543.

[226] Kumar V., Venkatesan R. Who are the Multichannel Shoppers and How Do They Perform? : Correlates of Multichannel Shopping Behavior [J]. Journal of Interactive Marketing, 2005, 19 (2): 44-62.

[227] Lau G. T., Lee S. H. Consumers' Trust in a Brand and the Link to Brand Loyalty [J]. Journal of Market Focused Management, 1999 (4): 341-370.

[228] Lee A. Y. The Mere Exposure Effect: An Uncertainty Reduction Explanation Revisited [J]. Personality and Social Psychology Bulletin, 2001, 27 (10): 1255-1266.

[229] Lee M. K. O., Turban E. A Trust Model for Consumer Internet Shopping [J]. International Journal of Electronic Commerce, 2001, 6 (1): 75-91.

[230] Lee E. J., Overby J. W. Creating Value for Online Shopper: Implications for Satisfaction and Loyalty [J]. Journal of Consumer Satisfaction, Dissatisfaction and Complaining Behavior, 2004 (17): 54-67.

[231] Levinson Harry. Men, Management and Mental Health [M]. Cambridge, MA: Harvard University Press, 1962.

[232] Louviere J. J., Johnson R. D. Reliability and Validity of the

Brand-Anchored Conjoint Approach to Measuring Retailer Images [J]. Journal of Retailing, 1990, 66 (4): 359–382.

[233] Macneil I. R. Relational Contract: What We Do and Do not Know [J]. Wisconsin Law Review, 1985 (10): 483–525.

[234] Mahajan V., Rao V. R., Srivastava K. S. An Approach to Assess the Importance of Brand Equity in Acquisition Decisions [J]. Journal of Product Innovation Management, 1994 (11): 221–235.

[235] Mathwick C., Malhotra N. K., Rigdon E. The Effect of Dynamic Retail Experiences on Experiential Perceptions of Value: An Internet and Catalog Comparison [J]. Journal of Retailing, 2002, 78 (1): 51–60.

[236] Mayer R. C., Davis J. H., Schoorman F. D. An Integrative Model of Organizational Trust [J]. Academy of Management Review, 1995, 20 (2): 709–734.

[237] McCollough M. A., Berry L. L., Yadav M. S. An Empirical Investigation of Customer Satisfaction after Service Failure and Recovery [J]. Journal of Service Research, 2000, 35 (3): 212–237.

[238] McKnight D. H., Chervany N. L. What Trust Means in E-commerce Customer Relationships: An Interdisciplinary Conceptual Typology [J]. International Journal of Electronic Commerce, 2002, 6 (2): 35–59.

[239] McKnight D. H., Choudhury V., Kacmar C. The Impact of Initial Consumer Trust on Intentions to Transact with a Web Site: A Trust Building Model [J]. Journal of Strategic Information Systems, 2002, 11 (3-4): 297–323.

[240] McLean Parks J., Schmedemann D. A. When Promises Become Contracts: Implied Contract and Handbook Provisions on Job Security [J]. Human Resource Management, 1994 (33): 403–423.

[241] Mehrabian Albert, Warren J. Wixen. Preferences for Individual Video Games as a Function Their Emotional Effects on Players [J]. Journal of Applied Social Psychology, 1986, 16 (1): 3–15.

[242] Menezes D., Elbert N. F. Alternative Semantic Scaling Formats for Measuring Store Image: An Evaluation [J]. Journal of Marketing Research, 1979, 16 (2): 80–87.

[243] Michel Laroche. Selected Issues in Modelling Consumer Brand

Choice : The Extened Competitive Vulnerability Model [J]. Advances in Business Marketing and Purchasing, 2002 (5) : 114-169.

[244] Michell P., Reast J., Lynch J. Exploring the Foundations of Trust [J]. Journal of Marketing Management, 1998, 14 (1) : 159-172.

[245] Miles E., Hatfield J., Huseman R.The Equity Sensitivity Construct : Potential Implications for Worker Performance [J] . Journal of Management, 1989 (4) : 581-588.

[246] Millward L. J., Hopkins L. J. Psychological Contracts, Organizational and Job Commitment [J]. Journal of Applied Social Psychology, 1998, 28 (16) : 87-98.

[247] Mitra D., Golder P. N. How Does Objective Quality Affect Perceived Quality? Short-Term Effects, Long-Term Effects, and Asymmetries [J]. Marketing Science, 2006 , 25 (3) : 230-247.

[248] Montes S., Zweig D. Do Promises Matter ? An Examination of the Role of Promises in Psychological Contract Breach [J] . Journal of Applied Psychology, 2009 (5) : 1243-1260.

[249] Morrison A. M., Von Glinow M. A. Women and Minorities in Management [J]. American Psychologist, 1990 (45) : 200-208.

[250] Morrison E. W., Robinson S. L. When Employees Feel Betrayed : A Model of How Psychological Contract Violation Develops [J]. Academy of Management Review, 1997, 22 (1) : 226-256.

[251] Moorman C., Deshpande R., Zaltman G. F. Actors Affecting Trust in Market Research Relationships [J]. Journal of Marketing, 1993, 57 (1) : 81-101.

[252] Mowday R. T., Porter L. M., Steers R. M. The Measurement of Organizational Commitment [J]. Journal of Vocational Behavior, 1979 (13) : 224-247.

[253] Netmeyer R. G., Krishnan B., Pullig C., Wang G. P., Yangei M., Dean D., Ricks J., Wirth F. Developing and Validating Measures of Facets of Customer-Based Equity [J]. Journal of Business Research, 2004 (57) : 209-224.

[254] Niehoff B. P., Moorman R. H. Justice as a Mediator of the Relationship between Methods of Monitoring and Organizational Citizenship Behavior [J]. Academy of Management Journal, 1993 (3) : 527-556.

[255] Nooteboom B., Berger H., Noorderhaven N. G. Effects of Trust and Governance on Relational Risk [J]. The Academy of Management Journal, 1997, 40（2）: 308-338.

[256] Nunnally J. C. Psychometric Theory [M]. New York: McGraw-Hill Education, 2010.

[257] Oliver R. L.When Consumer Loyalty [J]. Journal of Marketing, 1999（63）: 33-34.

[258] Oliver R. L. A Cognitive Model of the Antecedents and Consequences of Satisfaction Decisions [J]. Journal of Marketing Research, 1980, 17（11）: 460-469.

[259] Olson J. C. Product Quality Perception: A Model of Quality Cue Utilization and an Empirical Test [J]. Unpublished Doctoral Dissertation, 1972（6）: 78-93.

[260] Pappu R., Quester P. Does Customer Satisfaction Lead to Improved Brand Equity? An Empirical Examination of Two Categories of Retail Brand [J]. Journal of Product & Brand Management, 2006, 15（1）: 4-14.

[261] Pappu R., Quester P. A. Consumer-based Method for Retailer Equity Measurement: Results of an Empirical Study [J]. Journal of Retailing and Consumer Services, 2006, 34（13）: 317-329.

[262] Parasuraman A. Reflection on Gaining Competitive Advantage Through Customer Value [J]. Journal of the Marketing Science, 1997, 25（9）: 154-161.

[263] Park, Deborah J. MacInnis. Effects of Store Characteristics and In-Store Emotional Experiences on Store Attitude [J]. Journal of Bussines Research, 1998（42）: 253-263.

[264] Patterson Paul G., Johnson Lester W., Spreng Richard A. Modeling the Determinants of Customer Satisfaction For Business-to-Business Professional Services[J]. Journal Academy Marketing Science, 1997, 25(1): 4-17.

[265] Pavlou P. A., Gefen D. Psychological Contract Violation in Online Marketplaces: Antecedents, Consequences, and Moderating Role [J]. Information Systems Research, 2005, 16（4）: 372-399.

[266] Pavlou P. A. Cousmuer Acceptance of Electronic Commerce: Intergrating Trust and Risk with the Technology Acceptance Mode [J].

Journal of Electronic Commerce, 2003, 7 (3): 101-134.

[267] Peppa V., Lysikatos S., Metaxas G. Human-computer Interaction and Usability Testing: Application Adoption on B2C Web Sites [J]. Global Journal of Engineering Education, 2012, 14 (1): 112-118.

[268] Peter R. Davis, Marcus Jefferies, Yongjian Ke. Psychological Contracts: Framework for Relationships in Construction Procurement [J]. Journal of Construction Engineering and Management, 2017 (8): 17-28.

[269] Podsakoff P. M., Organ D. Self-reports in Organizational Research: problems and Prospects [J]. Journal of Management, 1986, 12 (4): 531-544.

[270] Preece J., Abras C., Maloney-Krichma D. Oesigning and Evaluating Online Communities: Research Speaks to Emerging Practice [J]. International Journal of Web Based Communities, 2004, 1 (1): 2-18.

[271] Preece J. Sociablity and Usability in Online Communities: Determing and Measuring Success [J]. Behavior and Information Technology, 2001, 20 (5): 347-356.

[272] Restubog S. L. D., Bordia P., Tang R. L. Behavioral Outcomes of Psychological Contract Breach in a Non-western Culture: The Moderating Role of Equity Sensitivity [J]. British Journal of Management, 2007 (18): 376-386.

[273] Ring P. S., Van de Ven A. H. Structuring Cooperative Relationships Between Organizations [J]. Strategic Management Journal, 1992, 13 (4): 483-498.

[274] Rousseau D. M. Schema, Promise and Mutuality: The Building Blocks of the Psychological Contract [J]. Journal of Occupational and Organizational Psychology, 2001, 74 (4): 511-542.

[275] Stkin S., Roth N. Examining the Limited Effectiveness of Legalistic "Remedies" for Trust/Distrust [J]. Organization Science, 1993, 8 (4): 367-392.

[276] Shankar V., Smith A. K., Rangaswamy A. Customer Satisfaction and Loyalty in Online and Offline Environments [J]. International Journal of Research in Marketing, 2003, 20 (2): 153-175.

[277] Robinson S. L. Trust and Breach of the Psychological Contract [J]. Administrative Science Quarterly, 1996, 41 (4): 574-599.

[278] Rousseau D. M. Psychological and Implied Contracts in Organizations [J]. Employee Rights and Responsibilities Journal, 1998 (2): 121-139.

[279] Rousseau D. M. New Hire Perception of Their Own and Their Employer's Obligations: A Study of Psychological Contracts [J]. Journal of Organizational Behavior, 1990, 11 (5): 389-400.

[280] Richardson P. S., Dick A. S., Jain A. K. Extrinsic and Intrinsic Cue Effects on Perceptions of Store Brand Quality [J]. Journal of Marketing, 1994, 58 (4): 28-36.

[281] Roehling Mark V. The Origins and Early Development of the Psychological Contract Construct [J]. Journal of Management History, 1997, 3 (2): 204-217.

[282] Roehling M.V. The Origins and Early Development of the Psychological Contract Construct [J]. Academy of Management Proceedings, 1996 (7): 202-206.

[283] Rotter J. B. Generalized Expectancies for Interpersonal Trust [J]. American Psychologist, 1971 (26): 443-450.

[284] Schwartz S. H., Bilsky W. Toward a Theory of the Universal Content and Structure of Values: Extensions and Cross-cultural Replications [J]. Journal of Personality and Social Psychology, 1990, 58 (4): 878-891.

[285] Selnes F. Antecedents and Consequences of Trust and Satisfaction in Buyer-seller Relationships [J]. European Journal of Marketing, 1998, 32 (3): 305-322.

[286] Singh J., Sirdeshmukh D. Agency and Trust Mechanisms in Consumer Satisfaction and Loyalty Judgments [J]. Journal of the Academy of Marketing Science, 2000, 28 (1): 150-167.

[287] Straub D. W. Validating Instruments in MIS Research [J]. MIS Quarterly, 1989, 2 (13): 147-169.

[288] Shapiro S. P. The Social Control of Impersonal Trust [J]. American Journal of Social Psychology, 1987 (3): 623-658.

[289] Simon C. J., Sullivan M. W. The Measurement and Determinants of Brand Equity: A Financial Approach [J]. Marketing Science, 1993, 12 (1): 28-52.

[290] Sirdesmukh D., Singh J., Sabot B. Consumer Trust, Value and

Loyalty in Relational Exchanges [J]. Journal of Marketing, 2006 (1): 15-37.

[291] Smith A. K., Bolton R. N. An Experimental Investigation of Customer Reactions to Service Failure and Recovery Encounter: Paradox or Peril [J]. Journal of Service Research, 1998 (1): 5-17.

[292] Smith A. K., Bolton R. N. A Model of Customer Satisfaction with Service Encounters Involving Failure and Recovery [J]. Journal of Marketing Research, 1999, 36 (3): 7-19.

[293] Stewart K. J. Transfer of Trust on the World Wide [J]. Organizational Science, 2003, 14 (1): 5-13.

[294] Smith A. K., Bolton R. N. An Experimental Investigation of Customer Reactions to Service Failure and Recovery Encounter: Paradox or Peril [J]. Journal of Service Research, 1998 (1): 5-17.

[295] Spector P. E., Fox S., Penney L. M. The Dimensionality of Counterproductivity: Are All Counterproductive Behaviors Created Equal? [J]. Journal of Vocational Behavior, 2006, 68 (3): 446-460.

[296] Spector P. E., James H., Kenneth K. B., Karen D. D., Peter T. W. The Relative Impact of Attribute, Severity and Timing of Psychological Contract Breach On Behavioral andAttitudinal Out Comes [J]. Journal of Operations Management, 2013 (31): 567-578.

[297] Sujan Bettman M. Jr., Baumgartner H. Influencing Consumer Judgments Using Autobiographical Memories: A Self-Referencing Perspective [J]. Journal of Marketing Research, 1993, 30 (4): 422-436.

[298] Sweeney J. C., Soutar G. N. Consumer Peceived Value: The Development of a Multiple Item Scale [J]. Journal of Retailing, 2001, 77 (2): 203-220.

[299] Terblanche N. S., Boshoff C.The Relationship Between a Satisfactory in-store Shopping Experience and Retailer Loyalty [J]. South African Journal of Busines Management, 2006, 37 (2): 33-43.

[300] Terblanche N. S., Boshoff C.In-store Shopping Experience: A Comparative Study of Supermarket and Clothingstore Customers [J]. South African Journal of Business Management, 2004, 35 (4): 1-10.

[301] Terrence, Gordon. Service Problems and Recovery Strategies: An Experiment [J]. Canadian Journal of Administrative Sciences, 2000, 17

(1): 20-37.

[302] Tim Vantilborgh.Volunteers' Reactions to Psychological Contract Fulfillment in Terms of Exit, Voice, Loyalty, and Neglect Behavior [J]. International Journal of Voluntary and Nonprofit Organizations, 2015, 26 (2): 604-628.

[303] Turnley W. H., Feldman D. C. The Impact of Psychological Contract Violations on Exit, Voice, Loyalty, and Neglect [J]. Human Relations, 1999 (52): 895-922.

[304] Vander Heijden H., Verhagen T., Creems M.Understanding Online Purchase Intention: Contribution from Technology and Trust Perspectives [J]. European Journal of Information Systems, 2003 (12): 41-48.

[305] Verhagen T., Meents S., Tan Y.Perceived Risk and trust Associated with Purchasing at Electronic Marketplace [J]. European Journal of Information Systems, 2006 (15): 542-555.

[306] Vilareo A. F., Sanchez M. J. The Impact of Marketing Communication and Price Promotion on Brand Equity [J]. Brand Management, 2005 (12): 431-444.

[307] Weiner B. A theory of Motivation for Some Classroom Experiments [J]. Journal of Educational Psychology, 1979 (71): 3-25.

[308] Weiner B. Judgments of Responsibility: A Foundation for a Theory of Social Conduct [M]. New York: Guilford Publication, 1995.

[309] Weiner B. An Attributional Theory of Achievement Motivation and Emotion [J]. Psychological Review, 1985, 92 (4): 548-573.

[310] Wiles Judith A., Bettina T.Comwell. A Review of Methods Utilized in Measuring Affect, Feelings, and Emotion in Advertising [J]. Current Issues and Rescarch in Advertising, 1990, 13 (2): 241-275.

[311] Williams D. G. Neuroticism and Extraversion in Different Factors of the Affect Intensity Measure [J]. Personality and Individual Differences, 1989, 10 (10): 1095-1100.

[312] William H. Turnley. A Discrepancy Model of Psychological Contract Violations [J]. Human Resource Management Review, 1999, 9 (3): 367-386.

[313] Witz J., Mattila A. S. Consumer Responses to Compensation,

Speed of Recovery and Apology after a Service Failure [J]. International Journal of Service Industry Management, 2004, 15 (2): 150-166.

[314] Wolfe Morrison E., Robinson S. When Employees Feel Betrayed: A Model of How Psychological Contract Violation Develops [J]. Academy of Management Review, 1997 (22): 226-256.

[315] Woodruff. Customer Value: The Next Source for Competitive Advantage [J]. Journal of Academy of Marketing Science, 1997, 25 (2): 139-153.

[316] Wood J., Boles J., Johnston W., Bellenger D. Buyers' Trust of the Salesperson: An Item-Level Meta-Analysis [J]. Journal of Personal Selling and Sales Management, 2008, 28 (3): 263-284.

[317] Yang Z., Jun M., Peterson R. T. Measuring Customer Perceived Online Service Quality: Scale Development and Managerial Implications [J]. International Journal of Operations and Production Management, 2004, 24 (11): 1149-1174.

[318] Yeung Catherine W., Robert S. Wyer, Jr. Affect, Apraisal, and Consumer Judgment [J]. Journal of Consumer Research, 2004, 31 (2): 412-424.

[319] Yoo B., Naveen D., Lee. An Examination of Selected Marketing Mix Elements and Brand Equity [J]. Journal of the Acadermy of Marketing Science, 2000, 28 (2): 195-211.

[320] Yoon S. J. The Antecedents and Consequences of Trust in Online-Purchase Decision [J]. Journal of Interactive Marketing, 2000, 16 (2): 47-63.

[321] Zeelenberg M., van Dijk W. W., Manstead A. S. R. & Joop Vanrde Pligt. On Bad Decisions and Disconfirmed Expectancies: The Psychology of Regret and Disappointment [J]. Cognition and Emotion, 2000, 14 (5): 521-541.

[322] Zeithaml V. A. Consumer Perception of Price, Quality and Value: A Mean-End Model and Synthesis of Evidence [J]. Journal of Marketing, 1988, 52 (3): 2-22.

附　录

附录A　深层访谈提纲

尊敬的先生/女士，您好！

感谢您在百忙之中填写问卷。本问卷纯属学术研究之用，完全匿名，请您放心。您完全根据自己感受填写即可。

限制性题项：您是否有过多渠道购物的经历？您是否曾经遭遇过心理契约违背？

A. 是（继续作答）　　　　B. 否（停止作答）

访谈提纲
1. 您在购买哪些零售商品牌时感到心理契约违背？
2. 您觉得这些品牌具有什么样的共同特点？
3. 结合您以往的网络购物经历，您认为哪些责任和义务商家履行得比较好，哪些责任和义务商家履行得不好？简单描述一下您遭遇过商家不履行或者不完全履行其应负的责任和义务的那些情况。您认为商家应该履行的这些责任和义务可以大体分为哪几类？
4. 引发心理契约违背的内在驱动因素是什么？
5. 心理契约违背带来的后果有哪些？调节因素是什么？
6. 线上和线下渠道购物，商家应履行的责任和义务一样吗？有哪些区别？

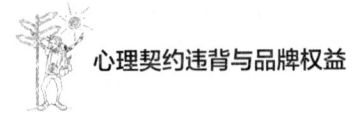

心理契约违背与品牌权益

第一部分　基本信息

1. 性别	（1）男；（2）女
2. 年龄	（1）18 岁以下；（2）18~24 岁；（3）25~30 岁；（4）31~40 岁；（5）40 岁以上
3. 学历	（1）大专以下；（2）大专；（3）本科；（4）硕士及以上
4. 职业	（1）公司员工；（2）公务员；（3）教师；（4）学生；（5）其他
5. 您的网购时间	（1）1 年以下；（2）1~3 年；（3）3~5 年；（4）5~10 年；（5）10 年以上
6. 个人每月生活消费	（1）1000 元以下；（2）1000~2999 元；（3）3000~5999 元；（4）6000~7999 元；（5）8000 元以上

品牌已经成为我们生活的一部分，现实生活中您可能会经常购买某些品牌或光顾某些零售商品牌店，请根据您的经历回答：

7. 请列举您曾经购买过并首先想到的零售商品牌：_____

8. 您已经购买该品牌多少次了：_____
（1）1 次；（2）2 次；（3）3 次；（4）4 次；（5）5 次；（6）5 次以上

9. 该品牌价格相对于您的购买能力而言，您觉得：
（1）非常奢侈；（2）奢侈；（3）一般；（4）便宜；（5）非常便宜

10. 您对该品牌的购买频率：_____
（1）经常购买；（2）一般；（3）偶尔购买

第二部分　调查项

请结合您的购物经历，评定某品牌零售商履行责任和义务的程度。其中 7 表示完成得非常差，6 表示较差，5 表示略差，4 表示一般，3 表示略好，2 表示较好，1 表示非常好，并根据实际情况在相应的数字空格中画"√"。

测项	描述的情形	商家履行责任程度 远高于承诺→远低于承诺						
		1	2	3	4	5	6	7
基本规范型	该店能够为顾客提供质量可靠的商品							
	该店商品价格公道合理，质价相符							
	该店提供的商品能够很好地满足我的实际需求							
	商品图片与实物要一致，文字描述真实							
	商家介绍商品时，不夸大、不隐瞒							
	遵守承诺，按时发货，不让顾客等待							
	热情解答顾客关于商品的一切问题							
	该店能够为我提供便捷的服务，不会浪费我的时间							
	该店能够提供舒适的购物环境和周到的服务							
交易利益型	经常购买，商家应该给予我价格上的优惠							
	作为老顾客，应该为我提供某些免费服务							
	作为老顾客，应该为我提供特殊照顾							
	经常购买，应该给我一些赠品							
	商家应该主动关心我使用商品后的情况和感受							
	一旦出现问题，商家应该积极主动承担责任并解决							
	提供完善的退换货服务，解决后顾之忧							
	确保我的交易方式是便捷和安全的，个人信息不会泄露							
人际关系型	销售人员应关心我对商品的意见和建议							
	应该让我及时便捷地查询到所需商品的有关信息							
	商家很重视我对产品及服务的评价							
	销售人员在交易过程中应尽力替我着想							
	不应该为了赚钱向我推荐不适合的产品							
	销售人员真心重视与我的个人友谊关系							
社会情感型	该品牌应该不断增加我的生活乐趣							
	该品牌能让我不断快乐							
	该品牌能增添我的自信							
	该品牌有助于提升我的个人形象							
	该品牌应不断创新，开发出更多的产品							
	该品牌应取长补短，吸取竞争对手的优点以使自己更卓越							
	该品牌应采取各种营销手段提高知名度和美誉度							

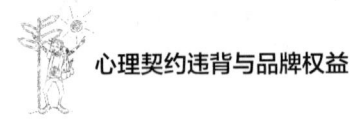

附录 B 心理契约违背和零售商品牌权益

尊敬的先生/女士，您好！

感谢您在百忙之中填写问卷。本问卷纯属学术研究之用，完全匿名，请您放心。您完全根据自己感受填写即可。

限制性题项：您是否有过多渠道购物的经历？您是否曾经遭遇过心理契约违背？

  A. 是（继续作答） B. 否（停止作答）

第一部分 基本信息

1. 性别	（1）男；（2）女
2. 年龄	（1）18岁以下；（2）18~24岁；（3）25~30岁；（4）31~40岁；（5）40岁以上
3. 学历	（1）大专以下；（2）大专；（3）本科；（4）硕士及以上
4. 职业	（1）公司员工；（2）公务员；（3）教师；（4）学生；（5）其他
5. 您的网购时间	（1）1年以下；（2）1~3年；（3）3~5年；（4）5~10年；（5）10年以上
6. 个人每月生活消费	（1）1000元以下；（2）1000~2999元；（3）3000~5999元；（4）6000~7999元；（5）8000元以上

  如今品牌已渗透到我们生活的各个领域当中，现实生活中您可能会经常购买某些品牌或光顾某些零售商品牌店，请回答以下问题：

  7. 请列举您已经购买过并首先想到的零售商品牌：_____

  8. 您已经购买该品牌多少次了：
（1）1次；（2）2次；（3）3次；（4）4次；（5）5次；（6）5次以上

9. 该品牌价格相对于您的购买能力而言,您感觉:_____
(1)非常奢侈;(2)奢侈;(3)一般;(4)便宜;(5)非常便宜

10. 您对该品牌的购买频率:_____
(1)经常购买;(2)一般;(3)偶尔购买

第二部分　调查项

请您对上述品牌的购买经历及相关态度进行回答,在相应的数字空格中画"√"。

维度	请您就您对该品牌购买过程中的行为及购买评价发表意见	1	2	3	4	5	6	7
负面情绪	1. 对于购物过程,我感到很气愤							
	2. 对于购物过程,我感到不满							
	3. 对于购物过程,我很厌烦							
	4. 对于购物过程,我很沮丧							
顾客信任	5. 我认为该店是诚实可靠的							
	6. 我相信该店能够遵守对顾客的承诺							
	7. 我相信该店会维护顾客的利益							
	8. 我愿意和该品牌一直保持良好关系							
顾客价值	9. 我觉得该零售商品牌质量一直很好							
	10. 我觉得购买该品牌的付出是值得的							
	11. 该品牌让我感觉物超所值							
	12. 该品牌解决了我的实际问题							
零售商品牌权益	13. 同其他品牌零售商相比,该品牌零售商是与众不同的							
	14. 我愿意再次到该品牌零售商处购物							
	15. 我愿意将该品牌零售商推荐给别人							
	16. 我能迅速回想起该零售商的特征							
	17. 该零售商能提供及时的服务							
	18. 该零售商的商品质量很稳定							
	19. 即使涨价,我也愿意买该零售商的商品							

续表

维度	请您就您对该品牌购买过程中的行为及购买评价发表意见	1	2	3	4	5	6	7
服务补救	20. 该零售商从实物方面给予了补偿，例如给予赠品、退换货、折扣、承担运费等							
	21. 该零售商解决问题比较有效，针对投诉能够及时响应							
	22. 该零售商能够针对失误进行道歉，并主动承担责任							
	23. 该零售商提供了多种沟通渠道							

后 记

悄然间博士论文的撰写已到致谢部分,自己的学习生涯即将结束,我要带着几年来收获的知识踏上新的征途。在此情此景下,不禁回首,就像是攀登高峰至某一高度停下小憩时目光会不自觉地回望一路走来的风尘。近五年博士研究生生活点滴如泉水般喷涌,有太多的事情值得细细回味,这注定是一段难以封存的岁月。在自我审视中不经意发现在近五年的历练中自己的成长与成熟,我深知在这背后凝结了多少尊敬的师长和可爱的学友的期许、教诲、鼓励和帮助,在此我想表达心中深深的感激之情。

首先,我要感谢授业恩师汤定娜教授。汤老师严谨求实的学风深深地影响着我,正是她将我引入一个新的学术领域——多渠道零售与消费者行为。汤老师的言传身教和严格要求,使我在跟踪国内外学术研究前沿的同时,系统掌握了国外先进、规范的研究方法,并完成了研究方法上的重要转型,这将使我受益终身。感谢汤老师为我提供多次参加市场营销和零售管理国内研讨会的机会,这不仅开拓了我的研究视野,而且使我能够与本专业学者、同学们在会议上进行交流。感谢汤老师在我论文写作过程中提供的无尽激励、支持和帮助,从毕业论文的选题、反复修改到最后定稿,汤老师都倾注了大量的心血,给予了耐心、细致、全面、深入的指导,衷心感谢汤老师多年来在生活上给予我的无私帮助和无限支持!五年时光悄然已逝,再回首,我已不能数清从恩师身上所学到的东西。所谓大海无量,我知道,即使再给我五年,我也不能学尽汤老师的所有!如今,学业已成,我将远行。在未来的人生旅途上,我会时刻践行"天行健,君子以自强不息;地势坤,君子以厚德载物"。谢谢恩师!

感谢中南财经政法大学的张新国老师、宁昌会老师、费显政老师、杜鹏老师在学业上的授业解惑,没有你们的悉心指教和无私帮助,就没有我今天呈交的这篇博士毕业论文。我要用一生铭记你们对我的真诚付出。

感谢中南财经政法大学工商管理学院博士生办公室的罗老师、姜倩倩老师等在我博士学习过程中提供的辛勤的服务与帮助,感谢师少华老师,帮我查询英文文献和提供专业翻译帮助。感谢隋智勇、李社球、肇丹丹、周明、谭娟、刘煜、刘遗志、刘梦伟、廖文虎、郑丽娇、陈猛、吕摇、宋小琳等同门在学习过程中的学术分享、帮助与支持,是你们与我无数次学习探讨和沟通交流,帮助我形成清晰的写作思维,并助我完善整个论文的内容和形式,使论文得以最终完成,你们都是我一辈子的好同学。

感谢我的同事、同学、朋友对我多年来的支持、鼓励与帮助。尤其我的同事游喜喜、王燕嘉、王小平、刘万霞、李岩松、智渊老师等对我无数次的鼓励与帮助,才使我坚定信念完成学业。感谢内蒙古财经大学旅游学院的各位领导对我的关心与帮助,使我有更多的精力、信心并免除一切后顾之忧地去攻读博士学位,谢谢你们。

最后感谢我的家人。他们不断给我鼓励和关爱,这种祝福和支持成为我继续深造的动力和勇气,让我信心倍增,更心怀感激。乖巧、懂事的女儿是我的快乐和希望之源!在我攻读博士期间正值女儿上小学一年级之始,尤其在写博士论文期间,更无暇顾及女儿的学习与生活。但是有了爱人的理解与支持,加上女儿的懂事与温暖,家庭一切完美,女儿学习成绩优秀,这是最值得我欣慰与感动之处。在此不敢言谢,只有在心中祝他们每日快乐、一生平安!感谢我的父母,一直默默支持我的学业并时刻关注我的动态,从不给我施加压力,但却更是我努力的动力。

感谢所有一直以来关心、支持、帮助、鼓励我的朋友,是你们的关心和帮助给了我信心和力量,激励我勇敢地面对学习的挑战和生活的压力,支持我完成了学业。深深感谢你们!

刘俊清

2018 年 3 月于中南财大南湖校区